图解 精益制造 *039*

生产管理系统构建

プロジェクトを必ず成功させる
生産管理システム構築のすべて

［日］北村友博 著

郑振勇 译

人民东方出版传媒
People's Oriental Publishing & Media
东方出版社
The Oriental Press

图字：01-2015-8363 号

SEISANKANRI SYSTEM KOCHIKU NO SUBETE by Tomohiro Kitamura
Copyright © T.Kitamura 2010
All rights reserved.
Original Japanese edition published by Nippon Jitsugyo Publishing Co.,Tokyo.
This Simplified Chinese edition published by arrangement with
Nippon Jitsugyo Publishing Co.,Tokyo in care of Tuttle-Mori Agency,Inc.,Tokyo
Through Hanhe International(HK)Co.,Ltd.,Hong Kong

本书中文简体字版权由汉和国际（香港）有限公司代理
中文简体字版专有权属东方出版社所有

图书在版编目（CIP）数据

生产管理系统构建 /（日）北村友博 著；郑振勇 译 . —北京：东方出版社，2017.2
（精益制造；039）
ISBN 978-7-5060-9496-2

Ⅰ.①生… Ⅱ.①北… ②郑… Ⅲ.①生产管理 Ⅳ.① F273

中国版本图书馆 CIP 数据核字（2017）第 031167 号

精益制造 039：生产管理系统构建
（ JINGYIZHIZAO 039: SHENGCHAN GUANLI XITONG GOUJIAN ）

作　　者：[日]北村友博
译　　者：郑振勇
责任编辑：崔雁行　高琛倩　吕媛媛
出　　版：东方出版社
发　　行：人民东方出版传媒有限公司
地　　址：北京市东城区朝阳门内大街 166 号
邮　　编：100010
印　　刷：北京文昌阁彩色印刷有限责任公司
版　　次：2017 年 5 月第 1 版
印　　次：2024 年 2 月第 4 次印刷
开　　本：880 毫米 ×1230 毫米　1/32
印　　张：9.625
字　　数：229 千字
书　　号：ISBN 978-7-5060-9496-2
定　　价：45.00 元
发行电话：（010）85924663　85924644　85924641

第 **3** 章 按照顾客的意愿对需求进行定义的要点

第4章 在生产计划中使用最新高精度需求信息的要点

第5章 制订生产计划与处理计划变更

第6章 MRP（物料需求计划）的思路与实践

第 7 章 掌握生产管理的核心数据库 BOM

第 8 章 构建满足 CQD 的采购管理子系统

第9章 提高工序管理子系统控制功能的措施

第10章 从生产管理角度思考库存与库存管理

第11章 工厂财务与成本管理系统的要点

附章 基于本书内容的生产管理系统外部设计书

前　言

本书是为从事生产管理系统开发工作的 SE（软件工程师）、制造业中正在考虑系统化的人员编写的。

目前存在很多生产管理系统，但大多数企业使用的并不是软件包，而是自行开发的订单系统。这点与其他业务系统有很大区别。人们思考各种各样的理由来解释这种现象，不过我觉得，SE 与制造业人员生产管理的范围（scope）不同才是真正的原因。

事实上，制造业中并不存在生产管理的"范围"。因为制造业所需要的是能够使整个工厂以最佳状态顺利运行，也就是说能够保证"工厂处在最佳状态"的系统功能。但是，坚信"生产管理＝生产计划＋采购"的 SE 似乎太多了。

另一方面，制造业的人员养成了"未动口先动手"的习惯，能够准确地说出所需系统条件的人少得可怜。

于是，"发挥不了作用的生产管理系统"和"无法使用的生产管理系统"泛滥，落了个"软件包不实用"的名声。

为此，本书尽量包罗涉及生产方面的全部业务、介绍与业务有关的事项。关于 MRP 和生产计划，仅选一些要点进行介绍，如果读者希望了解更详细的内容，可以同时阅读论述有关知识的专业书籍。

在编写本书的同时，我还与同事共同研究了"生产管理系统本来应当怎样"这一课题。因此，我在本书最后一章介绍了我们研究、制作的生产管理系统外部设计。它是基于本书内容并作为具体的生产管理系统设计出来的，如果读者能在开发系统时把它当作模板，我将感到不胜荣幸。

这套系统于 2012 年作为选择定做型软件包"PDCA"实际发布（咨询邮箱：info@peak-cg.com）。我们打算利用它在制造业验证软件包的实用性。

2008 年夏天，美国爆发了雷曼危机，导致全球经济一蹶不振，特别是给日本的制造业造成了巨大损害。时至今日，除部分行业外，绝大部分行业还未能恢复到原来的状态。"生产制造"虽然是日本的拿手好戏，但在"生产制造"领域，不仅未能恢复到原来的状态，步欧美和亚洲企业后尘的情况反而日趋增多。就是在这样的时期和这样的情况下，我完成了本书的写作，以实现我的愿望：

期望让制造业各阶层用户都满意、能够可靠地发挥作用的生产管理系统更多一些，期望借此机会为"日本生产制造"的复兴做出自己的贡献。

工程师（信息工学）

北村友博

第1章

生产管理系统并非单纯地
把工厂业务IT化

1-1 生产管理系统是改善 CQD 的措施

生产管理系统并非单纯地把工厂业务系统化

不可靠的数据和交织在一起的业务常常会引发问题

生产管理系统产生较早，至今仍困扰着很多 SE。因为相比其他系统，生产管理系统更加让人难以领会。

第一个原因是，很多情况下它并不像其他应用程序那样处理交易结果数据（即事实数据），而是处理那些将来有可能会变更的数据，诸如订单数据和生产计划数据等。

第二个原因是，生产管理常常与供应和设计、库存管理等相关业务交织在一起，关系错综复杂，难以看清整体。

改善 CQD 的关键是活用经营资源和信息

100 人以上的工厂，大都在以某种形式使用生产管理系统。而目前所开发的生产管理系统，几乎都是把以前的旧系统重新进行设计或进行系统更新的产物。

另一方面，制造业中有很多企业想要自行构建生产管理系统，可以说有很多是想通过实施系统化来实现业务革新和生产革新的计划。从这点来看，生产管理系统可以说是"为了让工厂更好的系统"。

生产管理属于一种业务，如果它管理整个工厂，那么生产管理系统的目的就是"制定措施"，追求 CQD（Cost、Quality、Delivery：成本、质量、交货期）的改善。为了追求 CQD 应该如何用好经营资源（人力、物品、资金）、为了追求 CQD 应该如何使用"信息"，设计生产管理系统的切入点就在这当中。

▌要重新设计考虑企业整体的系统

系统功能的优劣取决于设计的巧拙，而设计的巧拙又取决于 SE 水平的高低。因此，能够提出"让工厂更好的系统"方案的 SE 大受欢迎。即使顾客要求的系统范围（scope）比较小，与顾客沟通时也应当把考虑优化整个企业的系统设计理念贯穿始终。

应当避免为图安逸而照搬以前的系统功能和方法进行系统设计，要根据企业商务战略和工厂生产流程的研究结果重新设计系统。下图是 IT 系统开发的一般阶段与流程。

◉　**IT 系统开发的阶段与流程**

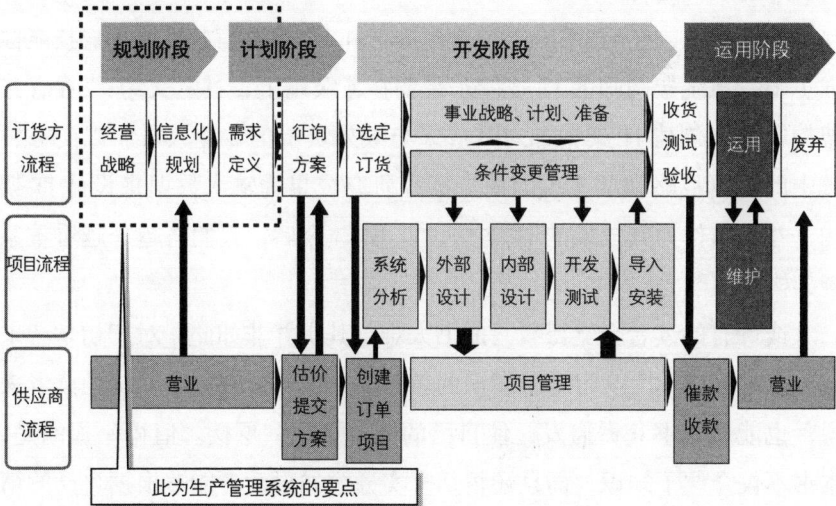

系统开发项目当中，包括规划阶段、计划阶段、开发阶段、运用阶段（工序）。一般情况下，SE 在开发和导入后自己的业务便结束了，而订货方企业要从运用阶段开始工作。因此，根据经营战略进行信息化规划、根据需求定义进行系统开发至关重要，且在需求定义中要增添让工厂更好的措施。

要以能够提出优秀系统解决方案的"系统架构师"为目标

能够胜任这种工作的 SE 叫作**系统架构师**（System Architect，也叫作高级 SE 或 IT 架构师）。系统架构师精通顾客的行业和业务，知道准备哪种系统环境会使工厂变得更好并能掌握相关流程。

顾客需要的是能够作为系统架构师积极工作的 SE。因此，本书介绍的生产管理系统不是单纯地把以前的生产管理方法进行 IT 化的系统，而是"直接结合并借鉴企业商务战略和工厂业务流程研究成果的、系统架构师应当构建的 IT 系统"。

一般来说，在 ITSS（IT 技能标准）和 UISS（信息系统用户技能标准）中，系统架构师的 IT 技能水平要在 4 级以上，其定义为："所谓 IT 架构师是指创建 IT 架构并对其成果与效果负责的专业人员。以商务领域中的经营战略和要实现的商务流程研究成果为输入数据来设计 IT 架构，并输出作为其成果的 IT 架构设计书。"今后，人们将越来越看重系统架构师的能力。

或许有的读者会觉得我写的书太难。其实并非如此。对于初学者来说，本书可以作为学习基础知识的教科书，而对于有一些经验的读者来说，也能从本书获得启发，使自己的能力更上一层楼。值得一提的是，本书不仅介绍了知识，而且还很切合实务。如果读者能够根据自己的情况灵活利用的话，我将不胜荣幸。

1–2 系统化的对象因行业和行业状态而异

> 不同的立场使得供应商与顾客对于生产管理的印象相差悬殊，前者的印象是狭义的生产管理，后者的印象则是广义的生产管理

"control" 与 "management" 完全不同

对于读者来说，生产管理当中的"管理"是什么意思呢？管理这个词，译成英语是"**control**"或"**management**"。这 2 个词是完全不同的概念。日本人对这 2 个词的差异含糊不清，在写文章和谈话的时候经常会糊里糊涂地乱用。Control 有"控制、操纵"的意思，而 management 有"经营、统治"的意思。首先，我们应当了解，生产管理（production control）是指"控制、操纵"生产。

生产管理的定义因人而异

如下所述，生产管理的定义因人而异也是一个比较麻烦的问题。

所谓生产管理，是指：
- 制订生产计划的系统（订单经办人）
- 按照生产计划进行生产的系统（计划经办人）
- 了解工厂在制品库存的系统（工厂财务经办人）
- 工厂的经营系统（厂长）

由此看来，对生产管理的理解会因部门而异，需求和视点也会因经

5

办人的职务而异。经营层期待的是经营战略的信息，管理层期待的是能够优化其所负责部门的信息，而实务层期待的往往是能够把所负责业务合理化的措施。

因此，这会让提问者感到迷茫："到底想干什么？"**狭义的生产管理**是指"制订生产计划"与"采购管理"这2项功能，而**广义的生产管理**新增了"订单管理"、"工序进度管理"、"库存管理"、"成本管理"、"生产率管理"这5项功能。根据我的经验，大多数情况下，系统供应商理解的生产管理是狭义的生产管理，而顾客理解的生产管理是广义的生产管理。那么，为了领会顾客的意图，就必须要理解广义的生产管理。

基于上述原因，本书致力于介绍广义的生产管理。对于制造业来说，生产管理是经营的基础，生产管理的优劣在很大程度上会左右业绩的好坏。也就是说，制造业的系统化，生产管理是根本。

系统化的关注点因行业和行业状态而异

虽说都叫作"制造业"，但企业的形态多种多样，例如有组装汽车和电机设备的生产厂商、为其制造零件的生产厂商、为制造业提供机器设备的生产厂商、生产钢材和化工产品等原材料的生产厂商等等。如下所示，对于生产管理系统的关注点，也会因行业和行业状态而异。

- 设备生产厂商总是把设计管理和开发管理作为管理中心
- 零件生产厂商和承包企业对交货期与成本要求严格
- 全球企业当中的汽车生产厂商和大型企业当中的电机生产厂商以构建高效的 SCM（Supply Chain Management，供应链）为中心课题
- 电子零件生产厂商以产品的生命周期与价格为中心
- 季节更替左右销售情况的服装产业以商品的库存管理为中心

> ● 食品生产厂商把重点放在原料价格与可追溯性（traceab-
> ility）上

2008 年日本经济产业部的《工业统计调查》（2009 年 10 月 2 日公布）显示，日本拥有 4 名员工以上的制造业机构数量达到 262893 家。也就是说，日本这么多工厂，都在各自进行着不同的生产管理，这就要求我们应当首先弄清楚哪个行业在期待、哪种行业状态在期待、都期待些什么，然后再着手设计生产管理系统。

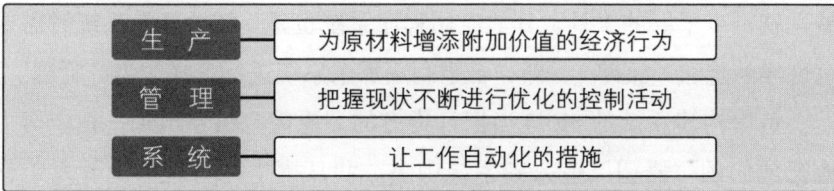

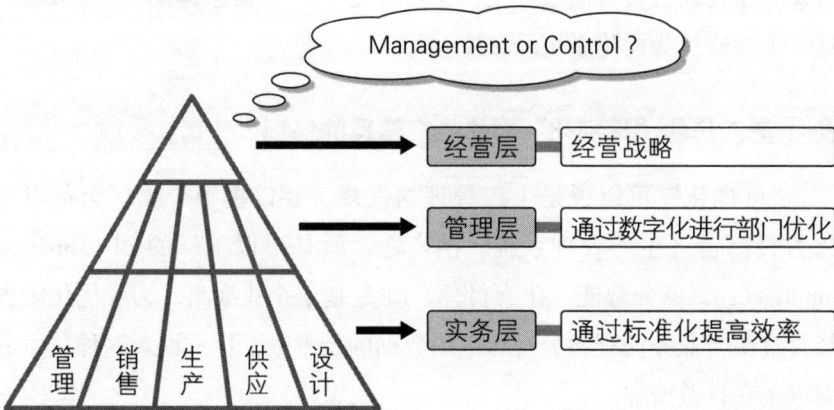

◉ **生产管理系统**

生　产	为原材料增添附加价值的经济行为
管　理	把握现状不断进行优化的控制活动
系　统	让工作自动化的措施

Management or Control ?

经营层 — 经营战略

管理层 — 通过数字化进行部门优化

实务层 — 通过标准化提高效率

管理　销售　生产　供应　设计

1-3 最大限度地引导出顾客意愿的三大策略

> 必须把"可视化"策略、"信息速度"策略、"改善"策略嵌入到系统中

系统需要策略

　　如最初所述，生产管理系统并非是"仅仅把此前所采用的老方法机械化就可以了"的工具。其他应用程序系统也是一样。开发系统时需要有这样的想法（**策略**），即"希望利用那个系统进行怎样的生产管理"。

　　负责构建系统的 SE 应当把订货方的"愿望"引导出来，积极努力地把他们的"愿望"嵌入到系统中去。我从事生产管理系统开发工作时，总是建议订货方高层要把"①**可视化**"、"②**信息速度**"、"③**改善**"这 3 个策略作为构建系统的支柱。

① 把工厂的"可视化"当作生产管理的目标

　　"可视化"可以说是生产管理的铁规，要以把整个工厂全都可视化为目标设计生产管理系统。换言之，就是要以工厂的 BI（Business Intelligence，商务智能）化为目标。BI 是基于企业战略，为了优化配置经营资源与业务流程而分析和应用数据的技术。工厂方面对这种技术的需求正在日益增加。

　　相对于企业经营的 BI，我把生产管理称为 PI（Production Intelligence，生产智能化）。PI 能够对生产状况、发货进度、库存状况等进行数字化处理，从而达到实时监控它们的目的。要知道，在无法把握工厂现状的

情况下进行生产管理，无异于蒙着眼睛开车。

②要重视"信息速度"

"信息速度"是 IT 是否易于发挥威力的前提。无论哪个行业的工厂，生产速度都是越来越快的。也就是说，原材料加工、装配、制成产品这一生产过程所需要的时间是不断减少的。

最近，已经很难见到产品在工序间"积压"的状态了。因为工厂内敷设的 LAN 能够很灵敏地采集到制造现场的最新信息。

此外，在管理经常变动的产品状态方面，进行事后处理并没有太大的意义。应当设法改善信息基础设施与系统，以期能够提供当前的最新信息。要把系统设计成能够利用 POP（Point of Production，生产现场数据采集）系统实时采集制造现场作业实绩的状态。当然，所采集的信息必须是准确、可靠的。

③优秀的工厂利用 PDCA 推动"改善"

最后是"改善"。它从以前开始就在日本的生产现场里出现并由全员参与实行了。目前欧美的工厂也在把"改善"这个日语单词当作日常用语来使用。

如果每次改善工厂状况时都需要对生产管理系统进行大幅度调整的话，那可就没必要费那么大工夫，引入系统了。生产管理系统应当以平常就能进行现场的改善为前提进行灵活设计，这样才能经得住变更。改善的常规做法是 PDCA 循环。优秀的系统能够及时地提供出应当检查的信息，并且能够与下一次的改善衔接上。

◉ "可视化"的原点是 PDCA

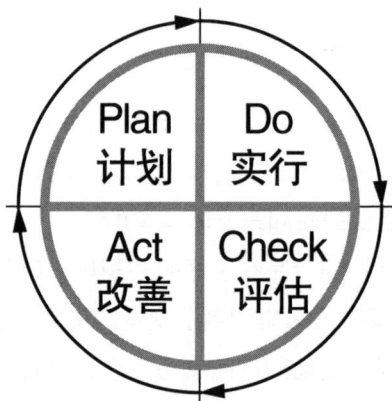

Plan
计划

Do
实行

Act
改善

Check
评估

◉Plan（计划）　设置目标与流程（步骤和方法）

◉Do（实行）　实施实现目标的流程

◉Check（评估）测定和评估其结果

◉Act（改善）　实施能够不断提高生产管理系统的措施并与下一个循环进行衔接

▷Act 是 Check（评估）的结果，决定是否要延续、修改、撤销当初的 Plan

▷以螺旋式（Spiral）不断地进行改善的管理方法，叫作螺旋式上升管理法

▷这种思维方法在 ISO9000 和 ISO14000 中也有体现

第2章

总览生产管理系统不可或缺的
基础知识

制造业的信息系统以生产管理为中心考虑

> "供应（采购）"、"生产"、"销售"、"开发"、"管理"是基础功能

生产结构按照 5 大基础功能理解

所谓生产，是指为原材料增添附加价值制造出商品的经济行为。简而言之，就是"购进（供应）"、"制造（生产）"、"卖掉（销售）"原材料。并非除去"生产"就会变成流通业，所以初学生产管理的 SE 不必纠结。以尽量简洁、高效的手段实行这 3 个行为的控制（反馈）活动就是生产管理。换言之，生产管理是以投入最少的原材料、利用最少的经营资源、在最短的时间内、无差错地进行以生产为目的的控制活动。

"①供应（采购）"、"②生产"、"③销售"这 3 项功能，加上"④开发"、"⑤管理"这 2 项功能，就是制造业的 5 大基础功能。大部分制造业是按照这些功能进行组织构建的。

开发部门通过商品的规划、研究、实验、分析、设计等来开发新商品和改良商品。因此，它们做的总被认为是与信息系统几乎无关的业务，但事实上并非如此。利用 CAD（Computer Aided Design，计算机辅助设计）和 CAE（Computer Aided Engineering，计算机辅助工程）开发商品及其结构零件后，这些商品和零件的技术属性信息可以注册到叫作 E-BOM 的产品数据库中并进行管理。然后，附加各种信息的 E-BOM，就构成了生产管理所需的产品数据库 M-BOM。这一系列的工作就是 PDM（Product Data Management，产品数据管理）（参阅第 38 页）。

供应部门负责向供应商订购原材料、零件、包装材料等辅料，根据生产时间进货并将这些辅料提供给生产部门的工厂。此外，他们还负责把一部分工序的作业外包出去，接收加工好的零件。供应的要点是"从订货到交货的前置时间"，具体内容会在第 8 章中进行论述。

生产与销售后面单独介绍，此处先谈一下最后的管理。管理的对象是 3 个经营资源，即人力（出勤与生产率）、物品（设备与产品）、资金（资产与进出款）。管理者要全神贯注履行好控制职责，确保生产率、成本、库存等保持在适当的水平，实现经营资源的最高效利用。

◉　**制造业的 5 大基础功能**

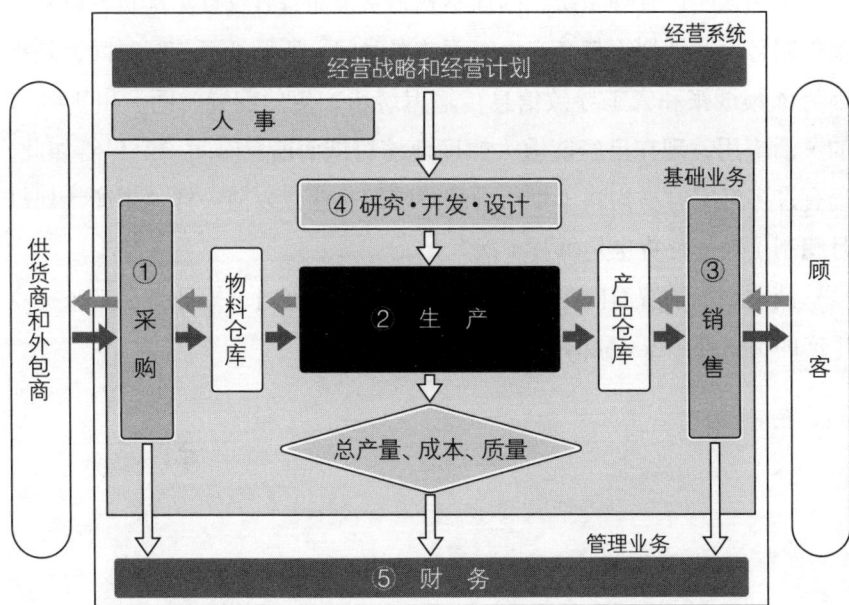

以"生产管理"为中心考虑制造业的信息系统

考虑制造业的信息系统应当以生产管理为中心。有的经营顾问认为

"在制造业中生产管理系统就是 ERP 本身"，我也赞同这个观点。如果生产管理系统陈旧化、不周全，制造业就无法维持企业运营。与流通业一样，制造业信息系统的要点也是"物品的移动与信息的流动"。

有一种说法叫作"物品会承载着信息移动（物信一致）"。由于 IT 的出现，我们已经进入了从原材料到产品、从经销商到最终顾客，所有的商品全都承载着信息进行移动的时代。这就确保了缺陷商品的**可追溯性**（制造履历可追溯性），即可追踪"到底是什么时候在哪个工厂制造的物品、与其相同的商品数量有多少、分别流动到了哪个经销店"。由此，为原材料和产品记录电子信息的工具，诸如条形码和叫作 IC 标签的 **RFID**（Radio Frequency Identification）等得到了广泛应用。

未引入生产管理系统、因尚不熟悉系统而每月仅订 1 次货、以月为单位制订生产计划等都会产生**纸面前置时间**。所谓纸面前置时间，是指因为依赖纸张和人工导致信息传输迟缓所产生的前置时间。由于对 IT 的灵活应用，现在已经能够大幅度地缩短纸面前置时间了。尽管如此，仍有许多好不容易构建了生产管理系统的企业像以前一样"生产计划每月编制 1 次、订货也是每月 1 次"。

消除纸面前置时间是生产管理的要点。应通过缩短业务周期来提高生产的灵活性（flexibility）、提升企业的竞争力。

2-2 每个企业都不一样的"生产制造"思路

弄清楚生产形态的分类至关重要

生产形态分类的 5 个切入点

生产活动的形态会因品种、生产规模、设备特性、交易状况等的不同而不同。顾客对于生产管理系统的需求因其生产形态而异，这会导致系统性能与结构的变化。

①订货型生产与备货型生产

生产形态根据接受订单时间与开始生产时间分为**订货型生产**与**备货型生产**。所谓订货型生产，就像它的名称一样，是一种先接受订单再进行制造的生产形态。定制住宅和特殊机械等即属此类。制造方确认订单后开始制造，能够确保将商品销售出去，不过从订货到交货需要时间，这会给顾客带来不便。

订货型生产与备货型生产的要点是**顾客前置时间**，即"顾客从订货开始愿意等待多长时间"。订货型生产容易延长生产前置时间，所以"缩短生产前置时间"、"尽量均衡订单的变动，保持一定的工厂开工率"就成了重要课题。

所谓备货型生产（预测型生产），是指接受订单前根据预测制造商品的生产形态，即事先预测需求制造产品，接受订单后再从仓库提货销售。通常，经过货比三家后才购买的商品（逛多个商店、对比类似产品后才购买的商品），诸如便利店盒饭、家电商品、书籍等即属此类。需求预测不准使得产品生产过剩会导致库存过剩，反之会丧失销售机会。因而，提高需求预测的精准度、确立能够灵活处理需求变动的生产体系都是备货型生产的课题。事实上，纯订货型生产和纯备货型生产并不多见，制造业几乎都愿意采取中间的生产形态。

②少品种多数量生产与多品种少数量生产

要根据市场规模与设备的运作力来决定生产的品种与生产量。所谓少品种多数量生产，是指少数几个产品品种的大量生产。而多品种少数量生产，是指多个产品品种的少数量生产。多品种少数量生产的生产管理比较烦琐，成本也较高，但可以满足消费者需求的多样化、缩短商品的生命周期。因此，日本制造业已开始从少品种多数量生产转变为变种变量生产，即按当下急需的数量生产产品。

③ Pull 生产与 Push 生产

无论产品和设备有多少种类，全部产品都要按 Pull 生产（拉动式）或 Push 生产（推动式）当中的任意一种方式进行制造，可以说这两种方式是生产方式分类的根本。Pull 生产是指上工序根据从下工序传来记载着生产指示信息的"看板"进行生产的生产方式。相反，Push 生产是指从上工序传来加工完的产品后，再由下工序进行生产的生产方式。

丰田生产方式（TPS）完成了从 Push 生产向 Pull 生产的转变。Pull 生产不仅可以减少成品库存和半截工序的在制品库存，还可以通过减少停滞时间来缩短制造前置时间。

④流水线车间型与加工车间型

按照机器设备的布置分类，可以将生产车间分为**流水线车间型**与**加工车间型**。所谓流水线车间，是指按照产品加工工序排列机器设备的布局（生产线）。一般来说，流水线车间用于备货型生产和量产，均衡各工序的作业时间是它的重要课题。

　　另一方面，加工车间是指把功能和种类相同的机器集中布置到一处的布局，且用哪台机器加工并不确定。它的适应性强，能够灵活处理生产量和产品的变化，加工路线不一样时也能够灵活应对。加工车间适用于订货型生产和多品种少数量生产，但生产率低、难以提高效率。

⑤单件生产、批量生产与连续生产

　　还可以根据生产方式进行如下分类：

- **单件生产**

  是一种接受订单后进行生产的生产形态，很多情况下会采用叫作"生产号方式"的方法进行生产管理。

- **批量生产**

  也叫作分批生产，是一种把每个品种凑到一定生产量后集中进行生产的生产形态。大量制造产品和零件时多采用这种方式。

- **连续生产**

  是一种在一定时间内连续生产同一产品的生产形态。在石化、水泥、钢铁等原料产业中比较多见。

　　自行构建生产管理系统时，除了可以根据生产方式进行的分类以外，还可以用哪些分类方法进行怎样的分类呢？如下图所示。

◉ **生产形态的分类**

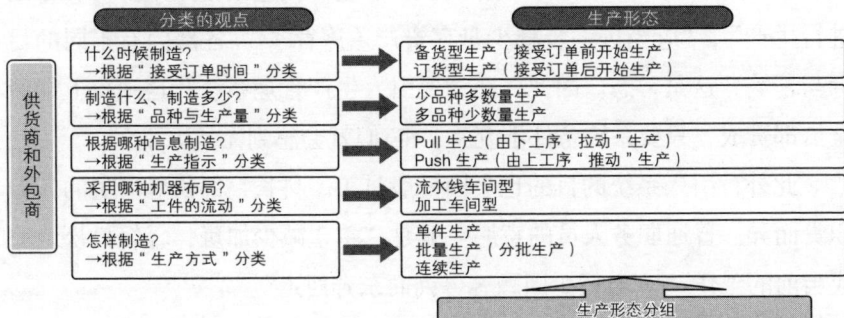

分类的观点		生产形态
供货商和外包商	什么时候制造？ →根据"接受订单时间"分类	备货型生产（接受订单前开始生产） 订货型生产（接受订单后开始生产）
	制造什么、制造多少？ →根据"品种与生产量"分类	少品种多数量生产 多品种少数量生产
	根据哪种信息制造？ →根据"生产指示"分类	Pull 生产（由下工序"拉动"生产） Push 生产（由上工序"推动"生产）
	采用哪种机器布局？ →根据"工件的流动"分类	流水线车间型 加工车间型
	怎样制造？ →根据"生产方式"分类	单件生产 批量生产（分批生产） 连续生产

生产形态分组

2-3 统一全部利益相关者意见的系统化

找出超越工作岗位和职务的最佳方案至关重要

系统化的目的因部门而异

虽然都叫作生产管理系统，但是每个部门系统化的对象是不同的。开发部门的意愿是"希望采用新技术接连不断地开发划时代的产品"、"不希望在产品功能和质量方面输给竞争对手"。营业部门的想法是"为了战胜竞争对手，希望尽量抑制价格"，"增加产品种类并备齐商品，为了方便顾客再难也要进行计划变更、处理插队订单"，"为防备有短交货期订单而希望尽量持有库存"。

与此相对，生产部门的想法是"提高生产效率，要减少产品种类"，"希望尽量避免设计变更和计划变更"，"希望按照计划进行生产，提高作业效率"，"希望持有足够的材料和零件库存"，"营业部门的信息靠不住"。

管理部门则认为"为了确保利润，制造部门应当使用最少的操作工进行生产"，"应当进一步减少盘存资产（库存）"。各部门有不同的目标与苦恼，这是常态。因此，在"要引入生产管理系统"这一点上即使全员都赞成，只要系统条件不统一，SE 们就会感到无从下手。

此外，引入系统的目的也会因一般员工、科长、部长等肩负的任务职责而异。普通职务人员的意愿一般是"希望减少加班，轻轻松松地完成当前的工作"，"希望少因顾客咨询而东奔西走"。

另一方面，管理部门科长的意愿是"希望迅速、准确地汇总成本"、"希望削减库存"，厂长的意愿则是"希望实现产销同步化"、"希望提高机器的运转率、提高现场生产率"。大家说得都对，可是 SE 却犯难了："天呀，我该从哪里着手呢？"

很遗憾，各部门和各职务人员都在从"部分最佳"的视点看问题。对于各部门和各职务来说他们提出的也许是最佳方案，但是一旦超越部门需要进行权衡便会陷入"左右为难"的境地。生产管理系统是一种信息基础设施，它与制造业中几乎所有的部门业务都有关系，所以需要的不是部分最佳，而是整个企业的"整体最佳"。

● **因立场而异的部门需求**

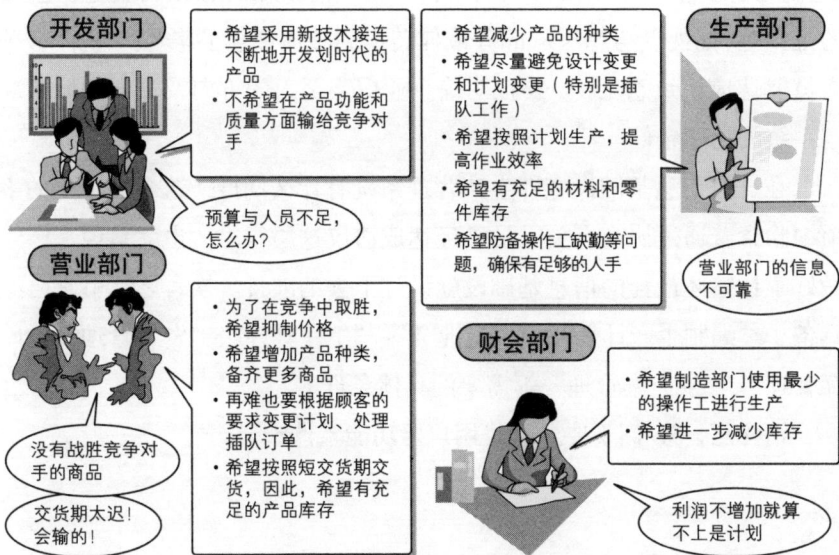

开发部门
· 希望采用新技术接连不断地开发划时代的产品
· 不希望在产品功能和质量方面输给竞争对手

预算与人员不足，怎么办？

营业部门
· 为了在竞争中取胜，希望抑制价格
· 希望增加产品种类，备齐更多商品
· 再难也要根据顾客的要求变更计划、处理插队订单
· 希望按照短交货期交货，因此，希望有充足的产品库存

没有战胜竞争对手的商品

交货期太迟！会输的！

· 希望减少产品的种类
· 希望尽量避免设计变更和计划变更（特别是插队工作）
· 希望按照计划生产，提高作业效率
· 希望有充足的材料和零件库存
· 希望防备操作工缺勤等问题，确保有足够的人手

生产部门

营业部门的信息不可靠

财会部门
· 希望制造部门使用最少的操作工进行生产
· 希望进一步减少库存

利润不增加就算不上是计划

从部分最佳转变为整体最佳

系统功能条件暂且不谈，其实明确"到什么时间、以什么为目标"的出发点就是构建优秀系统的捷径。而且，这种优秀的系统还会为使用

方明确制订出"谁做、怎样做来实现它"的行程表。

如果仅让系统原封不动地取代现行的业务，会让绝大多数案例变得不合理。此时，便需要进行业务改革，把生产管理系统列为业务改革的一部分，作为人机系统重新设计整个企业。这是 BPR（Business Process Reengineering，业务流程再造）的第一步，也是引入生产管理系统的第一步。

召开由有关部门代表参加的"生产管理改革项目规划会议"、进行 SWOT 分析，在设置好 CSF（Critical Success Factor，重要成功原因）的基础上，请顾客制订项目方案。系统项目的上游部分，即形成协议的方法涉及多个方面，本书不做过多说明，详情请读者参阅其他书籍。我个人认为 IT 顾问等第三方人员看待问题的客观眼光很值得借鉴。重要的是，"要把视点与想法从部分最佳转换到整体最佳上来"、"全体有关人员要达成一致意见"。要在明确企业应当努力的方向及其行程后再决定系统的功能条件。

在"对信息基础设施即生产管理系统有什么期待"这个最重要的事项中隐含着通过协商有关人员已经达成协议这层意思。也就是说，已经做好了让整体最佳的信息基础设施设计下去的准备。换言之，就是已经具备了"编制生产计划"、"供应业务"、"工序管理"、"发货管理"、"库存管理"、"生产率管理"等需要的具体条件。

请注意，SE 们不要急着找用户要功能条件。

2-4 生产管理中的 4 类信息

分为"计划信息"、"事实信息"、"属性信息"、"管理信息"

①生产计划是"计划信息"之一

生产管理系统中处理的信息（数据）可以分为 4 类，即"①**计划信息**"、"②**事实信息**"、"③**属性信息**"和"④**管理信息**"。

首先是计划信息。生产计划、销售计划、库存计划、需求预测、预订货数据、生产现场的作业指示数据等均属此类。相比其他应用程序，生产管理系统处理的信息中计划信息更多一些，这就是它的特点。而计划信息的特点是，随着时间的推移信息内容会发生变化，与初始数据有所不同。设计生产管理系统时，既要使计划信息的数据能够时时更新，也要确保管理好数据履历。

②生产管理的"事实信息"范围广

事实信息大体上类似于传票数据。传票数据被认为是财会凭证数据，所以要注意保管好数据和原始账本。生产管理系统处理的事实数据种类繁多，这就是事实信息的特点。

与销售和进货有关的传票数据也发生在其他应用程序中，但如果把生产管理系统的事实数据按发生顺序列出来就会涉及诸如"顾客确认订单"、"向供应商订货"、"供应商交货"、"仓库的入库与出库"、"在制品和半成品的入库与出库数据"、"各工序的作业实绩"、"发货"、"装运"等多个方面。这些事实信息要及时完整地传输到会计系统并保管一定时间。

③生产管理需要的"属性信息"

所谓属性信息，是指像"名称"、"规格"、"地址"那样具备固有性质和特点的信息，它们都是为系统"对象"准备的，而系统对象包括产品和零件、机器设备、员工、顾客、供应商等。属性数据是固定的，不能频繁地产生新数据或发生数据更新。此外，由于它可以作为信息处理的参照数据，因此，大部分的属性数据是作为主数据信息使用的。

与产品和零件相关的属性信息是生产管理中最重要的信息，通常会被注册到 BOM（Bill of Materials，**物料表**）中。不同产品、不同零件的进货单价和成本也会作为标准成本数据注册到 BOM 中。而工序信息会被注册到工序主数据中，它与工厂的生产工序顺序、该工序耗费的设备产能有关。此外，员工所属部门、职位、本领技能以及供货商和外包商的"地址"、"交易条件"、"信用等级"、"质量评估"、"前置时间"等也会作为属性信息建成数据库。

④"管理信息"是"可视化"的关键

管理信息也叫作汇总信息，用于把一定时间内的原始数据整合到一起进行汇总分析，还用于时间序列分析或者与其他信息组合的横向分析。

所谓**横向分析**，是指分析影响因子对于指定事项的作用。例如，分析"年龄这种因子怎样影响商品"时就使用横向分析。也就是说，某个时间节点的横向分析，是与时间序列分析成对的分析方法。

有几种管理信息，诸如"生产实绩数据"、"劳动总时间"、"进货实绩数据"、"生产率指标"、"库存量"等即属此类。明确"为了什么管理、管理什么、怎样管理"，即明确管理目的与管理方法、致力于把管理对象"可视化"是十分重要的。

大量输出管理资料的单位比比皆是，但明确了管理目的与管理方法的却寥寥无几。无论哪种行业、规模是大还是小，管理内容都是没有太大差异的。应当注意的是，不要盲目增加管理信息，因为对它进行的一些不必要处理会降低工作的生产率。

◉ **制造业的 4 类信息**

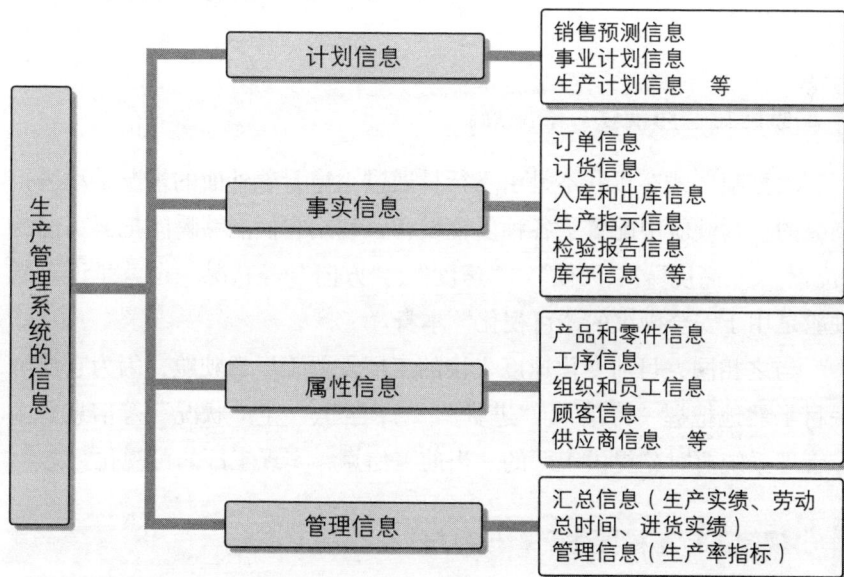

```
                    ┌─────────┐   ┌──────────────────┐
                    │ 计划信息 │───│ 销售预测信息      │
                    └─────────┘   │ 事业计划信息      │
                                  │ 生产计划信息  等  │
                                  └──────────────────┘
                    ┌─────────┐   ┌──────────────────┐
                    │ 事实信息 │───│ 订单信息          │
┌──────┐            └─────────┘   │ 订货信息          │
│ 生   │                          │ 入库和出库信息    │
│ 产   │                          │ 生产指示信息      │
│ 管   │                          │ 检验报告信息      │
│ 理   │                          │ 库存信息   等     │
│ 系 ──┤                          └──────────────────┘
│ 统   │            ┌─────────┐   ┌──────────────────┐
│ 的   │            │ 属性信息 │───│ 产品和零件信息    │
│ 信   │            └─────────┘   │ 工序信息          │
│ 息   │                          │ 组织和员工信息    │
└──────┘                          │ 顾客信息          │
                                  │ 供应商信息   等   │
                                  └──────────────────┘
                    ┌─────────┐   ┌──────────────────┐
                    │ 管理信息 │───│ 汇总信息（生产实绩、劳动│
                    └─────────┘   │ 总时间、进货实绩）│
                                  │ 管理信息（生产率指标）│
                                  └──────────────────┘
```

> 定义属性信息的信息就是主数据信息，而属性信息是全部活动的基础

把工厂里的哪种业务"可视化"至关重要

> 要把握好订单、采购、生产、销售、库存

驾驶舱是"可视化"的原点

大型喷气式客机并不是由飞行员通过小窗看着外面的情况手动进行操纵的。驾驶舱中配置了各种监视设备，利用它们能够瞬间把握当前的"位置"、"高度"、"天候"、"速度"、"方向"等状况。也就是说，驾驶舱是用于安全操纵的**"可视化"**本身。

与之相同，目前变化速度飞快的工厂需要工厂驾驶舱，因为它能够一目了然地把握"订单"、"进货"、"库存"、"生产状况"等信息。生产管理系统要时刻提供工厂的"当前"信息，实现工厂的可视化。

小规模工厂不需要生产管理系统

轻型客机与大型喷气式客机不同，从驾驶舱把握到的信息量有限。因为"高度"、"飞行距离"、"速度"、"乘客数量"都是不同的。同样，一眼就可以看到整个厂区的小规模工厂，其情况与大型工厂是不一样的。

小规模工厂也需要生产管理，但是不需要生产管理系统。因为如果人工做就能做得很好的话，引入系统是没有什么意义的。根据我的经验，引入生产管理系统的标准是：员工数量 30 人以上、工厂发货量每年 3 亿日元以上、发货品目超过 500 个零件编号、投入计划每月 100 批以上。如果这些规模指标当中有多个指标未达到标准值，就可以说引入

生产管理系统的作用不大。

- **订单的可视化**

  能够从现场把握最新的订单内容。迅速对超短交货期订单和订单变更做出调整，同时要应对好顾客的"EDI 订货系统"。

- **采购的可视化**

  能够把握供货商的进度情况。装配零件供货商和外包商临近下工序，容易受到生产调整的影响，如果有能够确认订货方（自己工厂）工序进度的措施就方便了。自己公司的 EDI 采购系统会成为能够给供货商提供可视化的强大工具。

- **生产的可视化**

  从工厂的任何地方都能够把握好"当前"的生产进度与运转的实际状态。有的工厂总是凑到月末才拼命地把写好的作业报告输入到系统中，以致不到月末就无法看到"当前"的工厂情况。

- **销售的可视化**

  要把握最新的销售状况。特别是对于那些根据需求预测来决定生产计划的食品、季节性强的服装等而言，把握好"当前"的销售状况与产品库存至关重要。

◉ **生产管理系统是生产的可视化**

驾驶舱

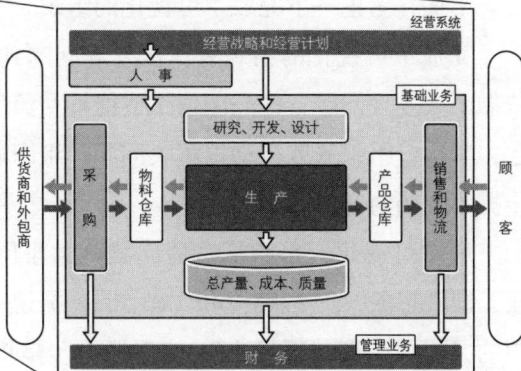

通过 IT 共享工厂的问题

要及时提示最小限度的需求信息

所谓"可视化"是指共享问题

现在，我们研究一下"可视化"这个词。未完成可视化的企业组织很常见，经办人发现什么问题后，把该信息报告给直属管理人员，该管理人员如果认为那是个问题的话，就会把该情况报告给高层。如果高层也认为这是个问题，会把解决问题的指示与方针反馈给管理人员，再由管理人员按照反馈的意思给经办人下达指示。反之，如果中间管理人员和高层不认为这是个问题，该问题就会被搁置起来。当然，也会有因管理人员疏忽而没有进行问题跟进的情况发生。即使在那些被认定是个问题并已得到解决的案例中，从发现问题到解决问题也是要花一定时间的。

下面，考虑一下完成了可视化的组织。

完成了可视化的组织有"从发现问题到解决问题的步骤"。首先，依靠个人发现问题，把问题加工成能够交流的信息并在组织内部共享问题；其次，组织采取行动以解决问题。组织通过重复这样的步骤来进一步提高现场的竞争力。

所谓可视化，是指从发现问题到共享问题的流程。经营有 3 大要素，即"想象"、"战略"和"操作"。据说 3 大要素中能体现各企业差距的是操作，即"**现场力**"。"现场力"是指组织解决问题的能力。提高现场力，可视化必不可少。

◉ "可视化"可以提高竞争力

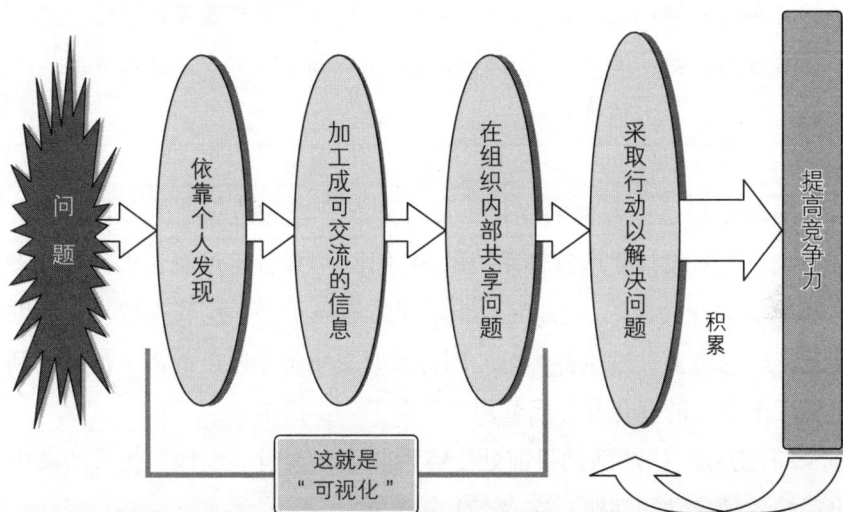

任何类型的制造业都通用的必要信息

　　几乎所有的制造业都在推进可视化。目前很多工厂都在使用一种可以把可视化落到实处的工具，叫作"**安灯**"。"安灯"源自丰田的生产方式，可以迅速把生产现场的异常状况反馈给现场负责人。顺便提一下，据说"安灯"一词是设法把问题照亮使人能够发现它的意思。

　　将生产管理的各种信息数字化、制成图表从而纵观整体，这一点至关重要。要把系统设计得能够发挥出 IT 能力，这是构建优秀生产管理系统的诀窍之一。那么，要把哪种信息可视化呢？任何类型的制造业都通用的必要信息如下。

①**需求信息**：需求预测、订单数量、未交付订单数量等的变化

②**生产计划**：计划投入量、运转率、未投入计划、负荷率等的变化

③**工序进度**：准备工序实绩、在制品库存量、缺勤率、故障机
器、不合格率等的变化

④**采购实绩**：进货量、外包交货量、原材料库存量等的变化

⑤**发货实绩**：发货量、索赔退货、交货期延误、产品库存量等
的变化

实时把握这些数值的变化、及时采取恰当的措施是生产管理的关
键。我一直对设计生产管理系统的 SE 们说："设计工厂经营驾驶舱要参
考棒球场的计分板。"计分板上非常简洁地显示出了比赛现状与此前的
经过。信息过多、过少都不行。因为及时提示最小限度的需求信息有利
于展现出事态的变化并提醒管理者采取下一步措施。

"看得到"生产活动目前处于哪种状态，及时"发现"生产活动中
出现的各种异常和问题，这一点十分重要。

◉ **缩短准备工序的"可视化"**

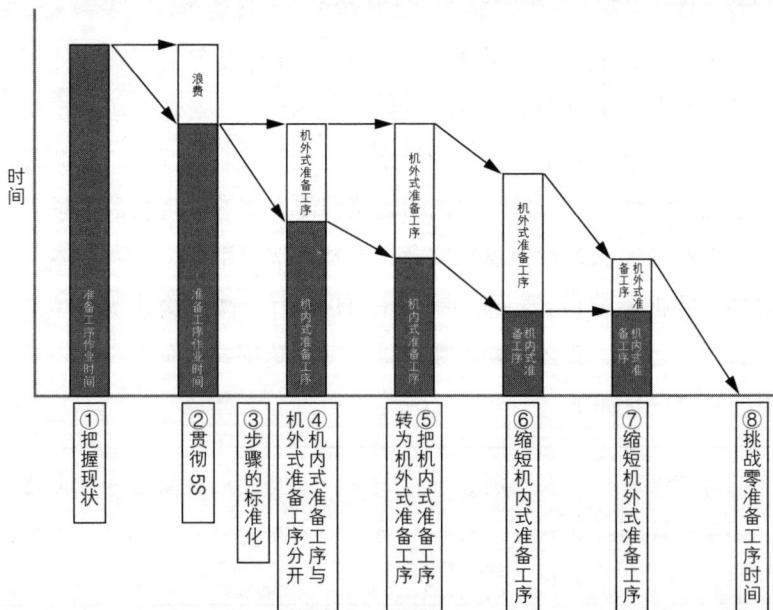

2-7 制造业的价值链（value chain）

利用 3 大链打造附加价值链

价值链是附加价值的链条

价值链的概念是哈佛大学商学院的迈克尔·波特教授提出的。简单来说，就是世间的商品要经过原材料的生产、加工制造、批发、销售等环节之后才能到达消费者手中，而包括售后服务在内的所有阶段都会产生附加价值。这种附加价值的链条就叫作价值链。

此外，波特教授指出，生产是"购进（供应）原材料制造（生产）后卖掉（销售）"；而生产管理是"进行控制，以期投入最少的原材料、利用最少的经营资源、在最短的时间内、零失误地进行生产活动"。

那么，"优秀的生产管理"控制的是什么，又是怎样控制的呢？我认为，"优秀的生产管理"要优化控制物品的流动、信息的流动、技术（知识）的流动，即要"优化价值链"。因此，要打造的是各部门和外部交易企业能够实时地共享信息、能够反映到业务中的信息基础设施。

近年来，互联网作为把信息共享推广到中小企业的基础设施得到了广泛应用。

供应链是物品的流动

物品的流动叫作供应链（Supply Chain）。从企业内部来看，"进货→生产→发货"就是物品的流动；而从企业外部来看，物品是按照"原料→材料→自家工厂→物流仓库→贸易公司→经销商→消费者"的顺序流动的。自家工厂可以比作接力赛中接过物品这一接力棒的运动员。维持物品在企业内部的流动，利用信息维持物品在企业间的流动（链条）从而避免半截断链，这样的系统叫作 SCM（Supply Chain Management，供应链管理）。

需求链是信息的流动

顾客需求信息的流动叫作**需求链**（Demand Chain）。需求信息会被传输给供应（supply）方和技术（engineering）方。制造业从原材料到产品、再到把产品送到消费者手中是一个完整的过程，作为一名接力赛运动员，不能掉棒，也不能慢速跑，既要聚精会神关注物品的流动态势，也要根据需求信息对其做出响应。

技术链是技术的流动

技术链（Engineering Chain）是技术的流动，也是技术信息和设计信息，即智慧与知识的流动。改善功能、提高质量有利于增加产品的价值，因此一定要在早期阶段就把设计数据交给生产技术部门，请他们研究生产工序。

派人递送或邮寄规定设计内容的图纸和规定生产方法的作业指导书，来来往往过于费时。因此，要利用 LAN 和互联网让产品设计（CAD）信息实时流动到制造业部门和外包企业，缩短零件订货时间并压缩成本，以期缩短开发新商品和改良旧商品的时间。

价值链的重要性

价值链不是系统，而是"概念"，即供应链、需求链、技术链这 3 大链可以增加产品附加价值的概念。

相关企业必须要做到信息共享，因为只要有一家链上的公司脱离信息共享圈，价值链就会失去作用。要着眼于顾客需求迅速制成商品，要根据顾客期望的交货期供应商品，要管控好自家工厂和相关企业以免业务停滞。实现以上几点，需要推动经营驾驶舱可视化。

◉　制造业的 3 大价值链

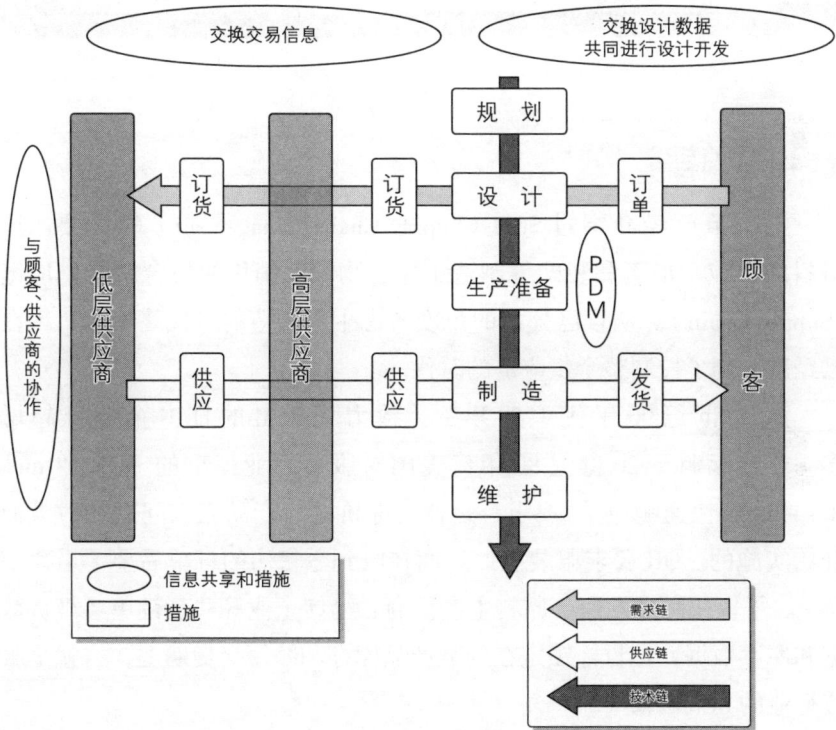

交换交易信息	交换设计数据 共同进行设计开发

与顾客、供应商的协作

低层供应商　　高层供应商

规　划

订货　订货　设计　订单

PDM

生产准备

供应　供应　制　造　发货　顾客

维　护

信息共享和措施

措施

需求链

供应链

核心链

2-8 全体企业共同考虑生产制造的 SCM

供应链与需求链是关键

SCM 的起源

上一节已经介绍过 SCM（Supply Chain Management）的概要，原材料的供应、加工和装配等制造工序、物流、销售的集合就是供应链（Supply Chain）。从自己公司的角度考虑生产制造的时代终结了，现在已经进入到了控制整个供应链的时代。

从 20 世纪 90 年代中期开始，致力于 SCM 的日本企业日趋增多。SCM 起源于 20 世纪 80 年代美国对服装行业提出的"QR（Quick Response，快速响应）"要求，是作为廉价进口产品流入问题的对策而开始实施的。QR 要求服装生产厂商在收到零售店的订单后要"迅速交货"。零售业和批发商、原料生产厂商、缝纫企业等共享订单／订货数据和库存数据，把目标锁定在削减产品库存和缩短交货期上，这就是服装行业的 SCM 原型。

供应链与需求链是关键

供应链当中如果某个环节效率低或者有所欠缺，就会导致整体成本上升、利润下降。因此，如果采购和制造方能够实时从销售方共享到顾客信息的话，就可以及时购进生产畅销商品所需要的材料、重新制订生产计划，达到抑制库存浪费、缩短前置时间的目的。

供应链与需求链可以说是生产管理系统的关键。最近，越来越多的生产管理系统的研发者开始重视 SCM 并以制造企业间能够共享生产信息和销售信息的系统为目标。

在企业间共享信息可以利用 EDI 实现

企业间共享信息也是 SCM 的重要条件，它交换 EDI（Electronic Data Interchange，电子数据交换）订单 / 订货数据，并在互联网发展的推动下迅速得到了普及。EDI 从以往的书面文件转变为电子数据，提高了交易速度。

如上所述，EDI 的直接效果是促进了事务处理的合理化、缩短了从订货到交货的时间、减少了库存、缩短了结算前的时间，极大地改善了现金流量。此外，EDI 还有提高顾客服务水平、利用网络拓展客户等间接效果。

为了避免供应链停滞要进行物流改革

SCM 的目标是规避供应链内的停滞、提高链速。把目光集中到之前几乎未曾关注过的物流上，便出现了 3PL 和循环取货方式等新的物流思路。3PL（Third（3rd）Party Logistics，第三方物流）是指拥有物流全面技术的第三方站在货主的立场上对物流进行规划、设计、运营的事业形态。主要是向货主提出综合性物流改革的解决方案，受托、办理其整体业务。

实现巡回集货的循环取货方式

循环取货方式类似于围绕牧场收集牛奶，即一辆车通过巡回多个供货商进行牛奶集货。共同配送以货主为主体进行，而循环取货以订货方生产厂商和大型零售业等为主体进行。当然，采用循环取货方式的前提是集货目的工厂在一定的可巡回距离范围内选址。

缩短物品移动的距离

把互联网用于需求链，全球就可以同步实时地传输信息，但供应链是有实体的物品流动，其移动是要花一些时间（前置时间）与运输费用的。

频繁配送会导致 CO_2 排放量增多，破坏环境。因此要慎重选定工序设计与供应商，缩短从原材料到零件、产品整个工序的距离。

◉　**供应链范例**

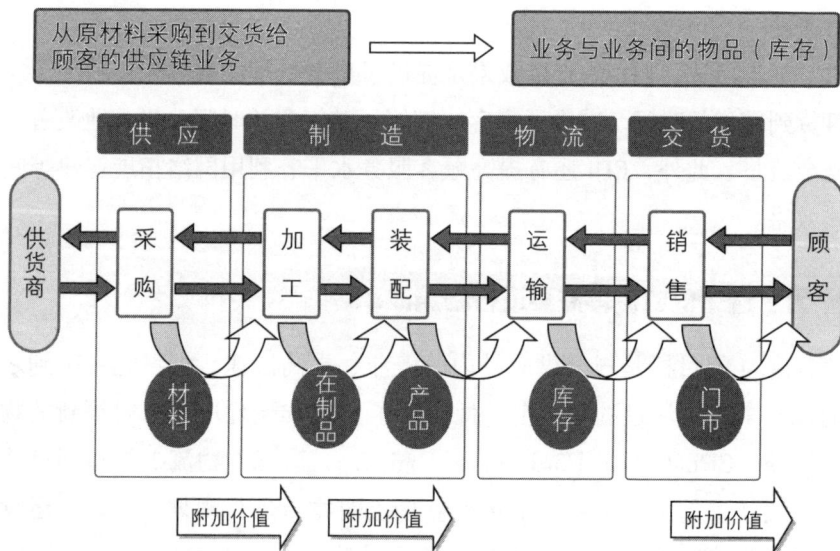

2-9 技术链是 BOM 的源流

> 通过进行工序设计来决定工序顺序与负荷信息，从试制开始依次
> 进行量产、产品改良

产品设计的流动

制造业中的技术链是知识与智慧的链条，即研究、开发、技术的流程。产品开发业务的步骤与信息的流程如下。

①进行商品规划，通过分析消费者需求来进行产品的基本设计。要在这个阶段明确产品的造型、功能、性能、主要尺寸、成本等。

↓

②对构成产品的零件进行详细设计，画出零件图。在这些设计作业中处理形状数据，可以使用二维（2D）或三维（3D）的 CAD（Computer Aided Design，计算机辅助设计）。CAD 能够简洁有效地沿用现有的设计数据，并在制造通用零件方面发挥威力。此外，CAD 还可以用于变更一部分规格和尺寸进行产品系列化的类似设计中。

↓

③在设计阶段通过分析来确认部件产品的强度、振动、导热等功能和性能。除了试制实物的机械进行实验分析以外，还包括一种使用计算机 3D-CAD 数据的仿真分析，叫作 CAE（Computer Aided Engineering，计算机辅助工程）。CAE 通常采用 FEM（有限元法）模型进行分析

并根据分析结果修正设计方面的缺陷。

↓

④反复进行这一系列的设计作业，推动最佳产品设计。设计结果经过校图完成设计作业后，还要进行**设计审查**（Design Review），接受生产和采购等有关部门对生产、采购、质量、生产率等诸多方面的检验。

↓

⑤最终设计完成的装配图、零件图被称为原图，保存在叫作 E-BOM（Engineering BOM，设计 BOM）的设计数据库中。而作为第二原图的副本图纸会被分发（出图）给制造方有需求的部门。接到图纸的生产方各部门，会根据该图纸的指示进行工序设计，决定从原材料到产品、包括外包在内的工序顺序。决定工序顺序与负荷信息后，编制为各工序规定作业步骤与标准时间的工序图和作业要领书，分发给制造现场。

↓

⑥生产技术部门准备各工序要使用的工夹具和模具。把传输过来的 CAD 设计数据作为输入数据，利用 **CAM**（Computer Aided Manufacturing，计算机辅助制造）软件，编写 MC（加工中心）和 NC 机床等自动机器的动作程序。

↓

⑦采购部门就图纸所指定的原材料和各种零件问题，找拟订货的生产厂商预估价格、交货方法和质量，决定供货商，为量产做准备。

↓

⑧出图以后的一系列业务叫作生产准备，要将设计创建的产品属性信息以及后续添加的生产工序信息、供应信息、计划成本信息等全都注册

到 **M-BOM**（Manufacturing BOM，生产 BOM）中。

$\downarrow$

⑨做好以上准备后，开始制造小批量的试制品。从各个角度对做好的试制品进行验证，如果"OK"的话就开始进行量产，但 1 次就 OK 的案例实属罕见。制成产品的工作通过以上步骤做好制造准备后，下一步将进入取决于需求量的量产体系。要以市场需求与降低成本为目标，不断努力进行产品改良。这叫作 **VA/VE**（Value Analysis/Value Engineering，价值分析 / 价值工程）活动，可以回溯设计加以改良。设计变更又被称为**设变**（**EC**，Engineering Change），它是产品可追溯性的关键。

◉ **生产准备与 PDM/PLM 的功能**

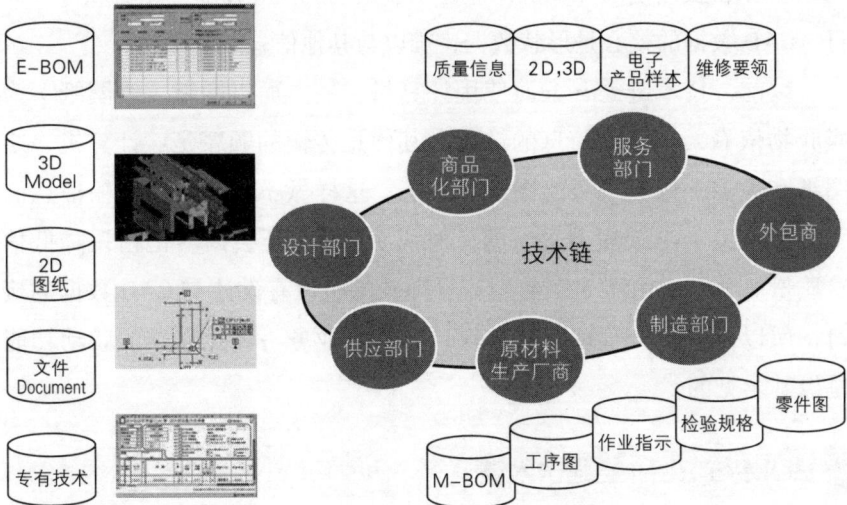

37

2-10 增强技术链的 PDM 与 PLM

利用 PDM 与 PLM 可以大幅度强化知识与智慧的链条

CAD 存在致命问题

产品数据在开发产品的过程中经过电子化成为 CAD 数据，它在设计和技术业务中是产品属性信息的源流。然而，此前的 CAD 存在一些问题。CAD 虽然使用计算机，但也不过是辅助设计作业的工具软件。而且，CAD 数据的核心是形状数据，难以与其他信息系统联动。

以前，技术链是一方面使用计算机，一方面以图纸（绘图纸）为媒介物依靠人工传输信息的链条，其信息传输的顺序是：计算机→绘图纸和人工→计算机→绘图纸和人工。这样做不仅会耗费传输信息的工时（人工）与纸面前置时间（时间），而且还会因转记错误降低信息质量。之前，由于大多数生产管理软件包没有设计与 CAD 数据的接口，所以像把生产管理系统与设计和技术业务一体化那样的联动功能是极其罕见的。

PDM 与 PLM 增强技术链

统一管理设计信息必要性的提高，促进了 **PDM** 的产生（Product Data Management，产品数据管理）。PDM 根据所设计的产品结构来管理形状数据和文件数据。它不仅能进行图纸管理，还能简单有效地进行产品零件的展开和反展开以及设计变更（EC）的履历管理。此外，其他部门也能够利用视图功能，参照电子版的设计数据。

　　进一步发展 PDM，在产品生命周期的整个阶段，即从产品的开发规划到设计、制造乃至发货后的售后支持，对 CAD 的电子数据进行统一管理，这就是 PLM（Product Lifecycle Management，产品生命周期管理）的概念。

　　PLM 可以说是通过统一产品信息来综合提高技术链业务效率的系统。产品设计所创建的 CAD 形状数据，与产品的规格、尺寸等属性数据一起，作为电子数据在各部门进一步附加信息后流动到了下一个业务。由此，技术链，即知识与智慧的链条便得到了大幅度增强。事实上，最近有许多经由网络将电子版的 CAD 形状数据传输给外包企业的案例。

◉　技术链范例

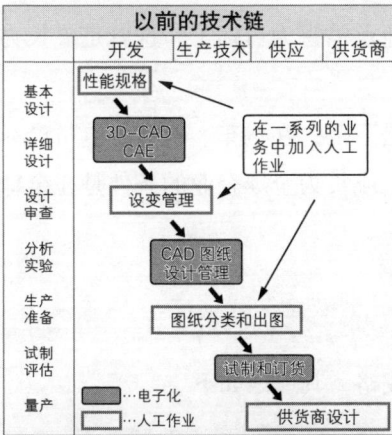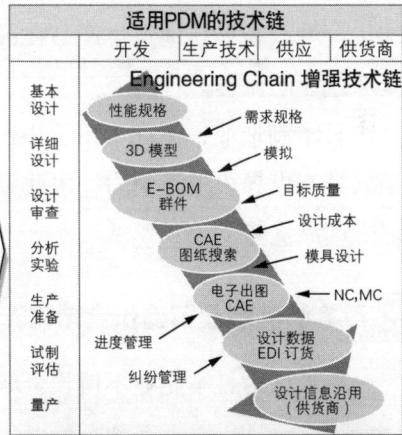

2-11 生产管理的全球化

制造业企业的成长不能避开全球化

成长为全球企业的流程

制造企业一旦规模扩大，就会向国外寻求销路与市场。最先尝试的是出口。这是制造业打入国外市场时的初期战略。接下来，会在国外设立生产网点，开始在当地生产。然后，如果国外市场规模扩大发展到**全球化**，就以在最佳地点生产与在最佳地点销售为目标了。这就是成长为全球企业的流程。

日本制造业，诸如丰田、小松、松下等，在汽车、机械、电机产品领域具有世界级的竞争力。由此可见，成长为全球企业的条件是在全球确立产品优势。

日本的制造业不擅长全球化？

有人认为日本企业不擅长全球化战略，其原因如下。

- **不能成熟应对当地企业的支配问题与道德问题**

  打入国外市场，必须设立国外子公司、收购当地企业并与当地企业进行合作。而且，还要咨询一些与日本国内不同的当地企业的支配与经营管理问题，诸如雇佣和安置当地员工、企业道德与社会责任等。

- **针对法务风险的对策不齐全**

  发生各种国际法务风险的概率很高。例如，与母公司之间产生的人员关系和交易关系风险、专利和商标等知识产权纠纷、专有技术、事故、制造责任纷争等。

- **网点配置与生产、销售、物流体系的不周全**

  大部分日本制造业还在根据销售地区与品目决定制造工厂。由于销售方产品准备过程繁杂，当地工厂即使有生产余力也会因所需产品不足而错过销售机会。也就是说难以在全球水平的层面上应用剩余物品和剩余产能。

全球 SCM 系统的必要性

国外负责销售的子公司在为非平常路径或为国外多个工厂准备产品时，要考虑蜘蛛网状的路径和时差并进行信息传输和调整。这就是日本派往国外的员工抱怨自己在进行"24 小时工作"的理由。为了解决这个问题，要仿照先进制造业构建全球规模的网络与 SCM 系统，在全球设置负责生产、销售、库存管理与调整的组织。

2000 年前后，利用 SAP 和 Oracle 等大规模 **ERP 软件包**构建全球 SCM 系统的企业日趋增多。全球 SCM 系统是一种通过在全球范围内进行统一管理来优化生产（Production）、销售（Sales）、库存（Inventory）的系统。也有人取上述三个英语单词的字头，把它叫作 **PSI 计划系统**。此外，全球市场不仅有提供产品、技术、服务的销售市场，而且还有为全球供应原材料和零件、设备机器等的采购市场。因此，以前各工厂独自使用的旧生产管理系统，要作为全球 SCM 系统的子系统重新进行编制。

重新评估不同国家和地区的"需求→准备→生产→供应"流程，将其整合为全球通用的标准系统。全球 SCM 系统通常都构建成"全球→地区→各网点"的三层结构，各地区考虑供需与物流体系，在 3 ~ 5 个区域（例如：日本、美洲、欧洲、亚太地区、中国）建立企业。

此时，充实全球数据仓库的内容、把设计和产品名称等按国际标准统一起来就成了重要课题。另一方面，设置总部机构，即控制全球生产、销售、库存及物流的全球 SCM 中心，通过它向各地的销售子公司和生产子公司下达供需指示。

◉ **生产管理系统的全球化**

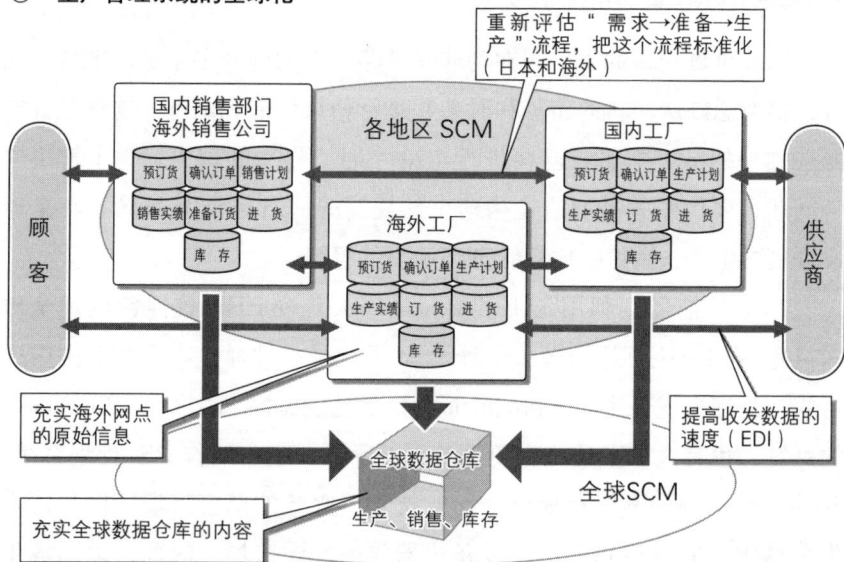

重新评估"需求→准备→生产"流程，把这个流程标准化（日本和海外）

各地区 SCM

国内销售部门
海外销售公司

| 预订货 | 确认订单 | 销售计划 |
| 销售实绩 | 准备订货 | 进货 |
| 库存 |

国内工厂

| 预订货 | 确认订单 | 生产计划 |
| 生产实绩 | 订货 | 进货 |
| 库存 |

海外工厂

| 预订货 | 确认订单 | 生产计划 |
| 生产实绩 | 订货 | 进货 |
| 库存 |

顾客

供应商

充实海外网点的原始信息

提高收发数据的速度（EDI）

全球数据仓库
生产、销售、库存

全球SCM

充实全球数据仓库的内容

第3章

◇◇

按照顾客的意愿对需求进行
定义的要点

生产管理系统分为 7 大子系统

要把范围扩大到生产管理的周边业务

生产管理系统要分 7 大子系统来考虑

用户所考虑的生产管理范围（scope）不清晰的案例有很多，这些都令系统开发人员感到为难。遇到这种情况，要先把范围扩大到生产管理的周边，确认用户所考虑的生产管理范围。

具体来说，就是先把生产管理分成 7 大子系统，再确认用户把重点放在哪个子系统上就行了。

那么，7 大子系统是什么呢？前面已经介绍过，制造业的基础功能是"采购（供应）"、"生产"、"销售"这 3 项功能，加上"开发"、"管理"共计 5 项功能。生产管理系统首先把核心，即生产功能分解成"**生产计划**"、"**工序管理**"、"**库存管理**" 3 个部分。其次，把管理功能视为与生产管理有密切关系的"**成本和生产率管理**"。这些功能，再加上"**销售管理**"、"**采购管理**"、"**主数据管理**"，就是生产管理系统的 7 大子系统。

开发功能不在其中，因为它仅与机床和模具制造业等一部分行业相关，而且仅在与 M-BOM 设置有关的一部分"主数据管理"中起作用。

销售管理的要点是把握需求信息

备货型生产从销售管理子系统获得需求预测，而订货型生产从订单信息中获得应当加到生产计划中的"品目"、"数量"和"交货期"。

生产计划随着时间的推移更具体地分类

随着时间的推移，生产计划一般可以进一步细分为"经营计划→大日程计划→中日程计划→小日程计划"。首先，拟订作为事业计划的下期决算目标，并拟订季度生产计划，即大日程计划。

大日程计划根据需求预测的结果或订单数据下分成的逐月或逐周的分件号生产计划，被称为**中日程计划**或**基本生产计划**（MPS）。对该计划进行**需求量展开**（Material Requirement Planning，MRP），按照需求量订购生产所需部件（原材料、零件）。给每种零件的生产工序下达指示，明确逐日分工序作业的内容，这个内容被称为**小日程计划**、**作业指示**或**工序指示**。

采购管理的要点是订货与交货管理

把需求量展开的结果，即计划所需部件的"品名"、"数量"、"交货期"信息传达给采购部门，由采购部门向供应商和外包企业订货。每份订单上都会标明收货日期（交货期）与需求质量。交货及验收完成的交易会被列入应付款。

工序管理是工厂改善的基础

可以根据各工序作业实绩来管理生产进度、在制品、设备运转状况、工序质量和生产率。为了实时采集工序实绩数据，可以使用在生产现场直接输入数据的POP(Point of Production)、条形码、RFID(IC标签)等可以读取它的信息终端。

生产管理的好坏取决于库存管理

生产现场有诸如原材料、外购件、辅料、半成品、在制品、产品、流通库存等多种库存。在库存管理中，重要的是出入库管理，需要能够正确且及时地把数据采集齐全的措施。日常使用的订货方法中，比较著名的有 OPS（Order Point System，订购点法）和丰田的**准时制交货方式**等。此外，还可以把库存周转率和库存周转期用于整个库存管理。

成本和生产率管理是生产管理的真正目的

通过采集、分析工序实绩数据来实施提高生产率的对策。比较、分析**标准作业时间（ST）**与实际作业时间是最常用的方法。其中，ST 是**分工序标准成本（SC）**的基础数据。

主数据管理是生产管理的要点

生产管理中最重要的主数据是 BOM（Bill of Material，**物料表**）。需要有名称设置的规则、从 BOM 设置到因设计变更而进行的修正更新再到因生产中断而删除的管理、初样管理、重要管理件等产品属性数据的管理等。

◉ **生产管理系统分 7 个主要功能来考虑**

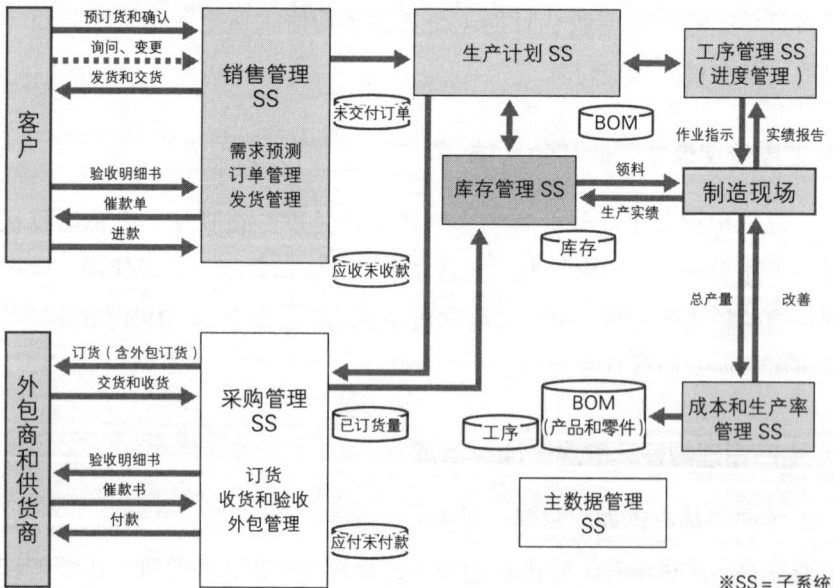

※SS＝子系统

46

3-2 与周边系统的接口至关重要

不仅要制订生产计划，还要发现、解决生产中真正的问题

生产管理系统并非仅制订生产计划

有很多经营资源（人力、物品、资金）消耗在了生产现场。因此，对于制造业来说，"生产"就是企业活动的核心。这么来看，生产管理系统就不仅仅是制订生产计划的系统了。生产管理可以说是对生产进行"可视化"、进而发现生产的真正课题并改善课题的措施，即在 PDCA 中使得生产活动螺旋式上升的措施。

另一方面，经常会有这样的情况，即"虽然有构建生产管理系统的函询，但是销售管理与库存管理还有会计，都已经用上其他供应商的系统了"。因此，与现有业务系统进行数据交换是极其有必要的。以此为前提，我们来简单了解一下几个生产管理的周边系统。

* **与生产管理关系深的系统**

①**销售管理**

如上节所述，订单数据与需求预测数据是生产计划的输入信息。并且，发货指示日期就是生产交货期。

②**EC 和 EDI 订单**

销售管理系统的子功能。请注意，如果是由预订货变为确

定的订单数据，则要利用生产计划与采购管理、库存管理进行复杂的处理。

③ POP

如上节所述，在以生产"可视化"为目的的工序管理中，POP是不可或缺的。但是，与通常的业务系统不同，POP需要利用现场设备直接采集数据或利用手持终端采集条形码和RFID数据。总之，POP需要及时采集数据。

④**库存管理**

生产管理以外的系统进行以"**产品**"为对象的库存管理，而生产管理系统加上了"**原材料**"、"**零件**"、"**在制品**"、"**半成品**"等管理内容。因此，需要进行金额评估、未来库存计算和库存分析等，但这些问题处理起来比较麻烦。特别是工厂现场实务跟不上在制品库存移动的案例有很多，这一点要注意。

⑤**会计**

生产管理不以财务会计为主体，而以管理会计为主体。包括利用标准成本把握制造成本、收益率管理、生产率评估、固定资产管理等内容。

- **与生产管理关系浅的系统**
①设计开发管理（CAD/CAM/CAE）

一般来说，除了模具制造业等设计与制造一体化的制造业以外，其他行业基本上不涉及生产管理。但是，与诸如设置生产品目名称、设置设计方面的**计划成本（成本表）**等一部分业务会有些联系。

②产品管理（PDM/PLM）

材质、尺寸、重量等的"产品属性数据"、"产品生命周期信息"、"维修零件信息"、"质量履历信息"等应用于生产管理主数据 BOM 中的案例比较多。

③自动仓库

自动仓库系统很多都是独立运行的，可以说与生产管理的直接关系比较浅。但是，库存的品目与数量、出入库履历数据等应用在生产管理中的案例比较多。

④人事劳动

虽然与生产管理没有直接关系，但把握人工生产率需要从工资劳动系统获取直接人工（Direct labor）的出勤数据。

◉ **生产管理的周边系统**

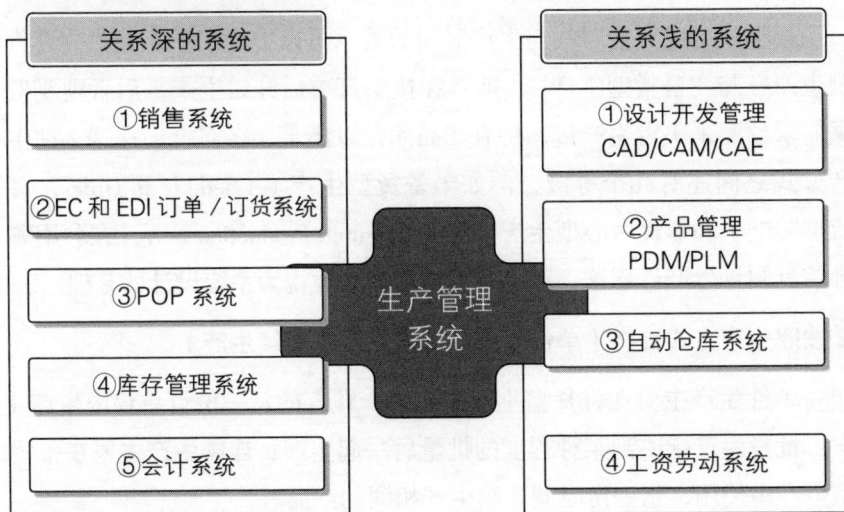

关系深的系统	关系浅的系统
①销售系统	①设计开发管理 CAD/CAM/CAE
②EC 和 EDI 订单／订货系统	②产品管理 PDM/PLM
③POP 系统	③自动仓库系统
④库存管理系统	④工资劳动系统
⑤会计系统	

生产管理系统

构建适合工厂生产形态的系统

从 6 个视点对工厂生产形态进行分类

首先要对生产形态进行整理、分类

生产品种、生产规模、设备特点、交易情况等不同，其生产形态也会千差万别。因此，设计生产管理系统前，一定要根据造成影响的原因来进行整理、分类。

①按照生产时间分类（订货型生产与备货型生产）

根据顾客的订货时间与生产时间的关系可以将生产形态分为"订货型生产"与"备货型生产"。前者在接受订单后开始生产，后者则要根据需求预测来决定生产量，持有产品库存以满足顾客需求。在这 2 种生产方式之间还有几个等级，例如**半备货型生产**（Assemble to Order，订货型装配）和**零件中心型生产**（Parts Oriented Production）等。在利用哪种信息制订生产计划这一点上，可将这种分类视为系统设计的基础。

②按照生产方式分类（单件生产、批量生产、连续生产）

单件生产主要在订货型生产中使用，顾客的每一份订单仅限生产 1 次；**批量生产**指凑到某种程度的批量后一起生产；**连续生产**主要在备货型生产中使用，指一定时间连续生产相同的产品。

③按照设备布局分类（加工车间型与流水线车间型）

相同种类的机器集中布置到一处，叫作"**加工车间型**"，一般在订货型生产和单件生产中使用。按照产品加工工序配置必要的机器，叫作**"流水线车间型"**，一般在备货型生产和大量生产中使用。生产管理系统在研究"怎样把作业指示传输给工序"这个问题时，关键就是按照设备布局分类。

④按照操作工与工序分类（生产线式生产与单元式生产）

"生产线式生产"要求操作工按照工序顺序排列，在单一的工序中作业；**"单元式生产"**要求一名或少数几名操作工在多个工序进行作业。把握工序生产率的方法因系统而异。

⑤按照品种与生产量分类（多品种少数量生产和少品种多数量生产）

"多品种少数量生产"是指多个品种每个品种仅生产一点点。**"少品种多数量生产"**是指少数几个品种大量生产。对于多品种少数量生产而言，机器的"前置时间"对生产率有较大影响。

⑥按照给工序下达的指示分类（Push 生产与 Pull 生产）

包括**"Push 生产（推动式）"**与**"Pull 生产（拉动式，准时制生产方式）"**。前者要求根据生产计划，下工序以上工序为准进行生产；后者要求以下工序为准，上工序补充下工序取走的数量。

◉ 生产形态分类表

生产时间	订货型生产		备货型生产	
生产方式	单件生产	批量生产		连续生产
设备布局	加工车间型		流水线车间型	
操作工与工序	单元式生产		生产线式生产	
品种与生产量	多品种少数量	中品种中数量		少品种多数量
给工序下达的指示	Push	Push/Pull		Pull

前置时间是最重要的
关键词之一

所有的企业活动都是前置时间的对象

前置时间的定义

所谓前置时间，是指"为了某种目的而花费的时间"。"某种目的"有时是指生产和采购，有时是指销售。也就是说，所有的企业活动都是前置时间的对象。由此可见，前置时间是生产管理中最重要的关键词之一。

生产管理中的前置时间

生产前置时间是从着手生产起到产品发货为止的时间。换句话说，就是"各工序加工＋检验＋停滞所花费的时间"。

顾客前置时间是顾客自订货到入手所要等待的时间（交货期），也叫作订货前置时间。例如，拉面馆通常 5 分钟就能上的拉面等了 30 分钟也没上，因为你点拉面以前有很多人都点了拉面。如果做拉面的产能与点拉面的数量是均衡的话，是不会让所有的客人等待那么长时间的。可见，顾客前置时间取决于订单的数量与生产能力的平衡。

配送前置时间是从工厂到达顾客交货地点的配送时间，它的长短取决于与交货地点的距离和配送服务的频度。出口时，"日本国内＋海上＋当地国内或地区内配送所需时间"就是前置时间。**供应（订货）前置时间**与配送前置时间相反，指从原材料和零件订货起到交货为止的时间。

前置时间与产品需求量的关系

总前置时间是原材料经几个制造公司后产品到达最终顾客手中的时间。如下图所示，前置时间与产品的**生产量（需求量）**密切相关。一般来说，需求量越多，顾客越希望不用等待就能拿到产品。因此，制造业无论其生产前置时间是长还是短，都进行**备货型生产**（Make to Stock）。

备货型生产也叫作库存型生产，根据需求预测生产一定的产品库存。具有代表性的有家电产品、PC、药品、食品服装等消费品，还有钢材等**生产资料**。

制造业一直在想方设法缩短前置时间。例如，以往，PC 一直在进行备货型生产，但是戴尔公司却利用互联网搞直销，在不延长顾客前置时间的条件下开始实施半备货型生产，从而更细腻地满足了顾客需求，扩大了市场份额。这种生产方式被称为 BTO（Billed to Order，按客户订

◉　**前置时间与产品的需求量**

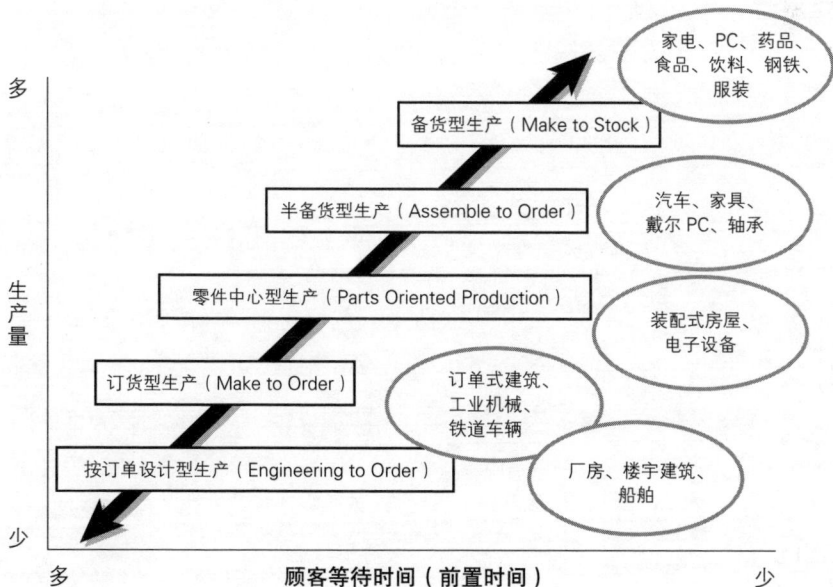

53

单生产），非常有名。除了 PC 以外，家具和汽车、普通机械等，也在以半备货型生产的方式进行生产。产量再少一些的产品，例如装配式房屋，采用的是零件中心型生产方式。

订单式建筑和铁道车辆等产品几乎都是**订货型生产**。厂房建设和造船等生产量受限、要求一对一设计的产品采用的是**完全订货型生产方式**。

容易被遗忘的纸面前置时间

所谓**纸面前置时间**，是指往账本上记账或传输信息等时事物处理所需要的时间，也指等待会议决定和计算机处理结果的时间。

一般来说，由于事物处理都要进行批处理（batch），所以会产生等待时间（前置时间）。利用 IT 实时进行记账处理，能够同时给有需求的工作岗位传输信息，从而缩短纸面前置时间。

3-5 因生产形态而异的前置时间与库存的关系

顾客前置时间与生产前置时间的差值由库存补偿

顾客前置时间与库存的关系

委托建筑公司建设住宅时，如果订购定制的欧洲门窗没有库存，顾客就必须等建筑公司进货。这段时间就是前面所说的顾客前置时间。另一方面，建筑公司接受顾客的订单后便会开始准备该门窗，而建好的住宅一旦交给顾客，该库存就会消失。但是，如果商品能够很容易到手，顾客就不愿意等了。因此，为了不让顾客被竞争对手夺走，必须持有一定的库存。

一般来说，大部分产品生产制造所需要的时间（生产前置时间）都要比顾客前置时间长。为了让生产前置时间与顾客前置时间协调一致，必须要按照**需求预测**进行生产并持有库存，由库存补偿顾客前置时间与生产前置时间的差值。

完全订货型生产

有些时候顾客愿意花费一定的时间等待。例如，点外卖时，店方接受饭菜与份数的预约后才会开始供应食材做饭。当然，这种情况下生产前置时间会比较长，基本没有库存。没有库存且根据顾客需求进行生产的方法，叫作完全订货型生产。

SE 们根据用户的要求进行设计和开发的业务系统，也可以说是完全订货型生产的形态。

订货型生产

在法式餐馆就餐的顾客愿意等一小会儿时该怎么办呢？餐馆预先购进食材，根据顾客点餐来制作菜单所列的菜肴。问题是，有的日子点餐偏于指定菜肴。如果指定食材不足，其他食材有余，那么过了保质期的食材就会被丢弃。因此，需要高精度的需求预测。

把菜单换成"设计图"、食材换成"原材料"，就正好与一般的制造业吻合了。这种生产形态被称为订货型生产。订货型生产是这样一种方法，即根据需求预测事先准备材料作为库存，然后再根据顾客的订单进行生产。

半备货型生产

使用库存中的原材料制造产品时，如果赶不及顾客的等待时间该怎么办呢？此时，可以事先制成**半成品**（半截工序的产品）准备好库存。烤鸡串店事先穿好鸡串，有顾客点烤鸡串时就烧烤穿好的鸡串交给顾客。

也就是说，穿好的鸡串就是半成品库存。前面提到的戴尔公司的PC和外卖盒饭店的盒饭使用的就是这种方法，叫作半备货型生产。半备货型生产根据顾客前置时间，事先做到半截工序（半成品库存），缩短了顾客前置时间。

备货型生产

顾客不愿意等待、订完货要求马上交货时，可以利用门市库存。门市畅销的商品、铁路车站上销售的盒饭、便利商店的盒饭等都在使用这种模式。此外，百货商店和专卖店的服装、家电产品等大部分消费品也适用这种持有门市库存的销售模式。剩货是不良库存，脱销会错过销售机会。

　　这些商品就是根据备货型生产方式进行生产的。备货型生产根据准确的需求预测生产，持有门市库存和流通库存。

◉　**前置时间与库存的关系**

为了让制造前置时间与顾客前置时间协调一致要持有库存

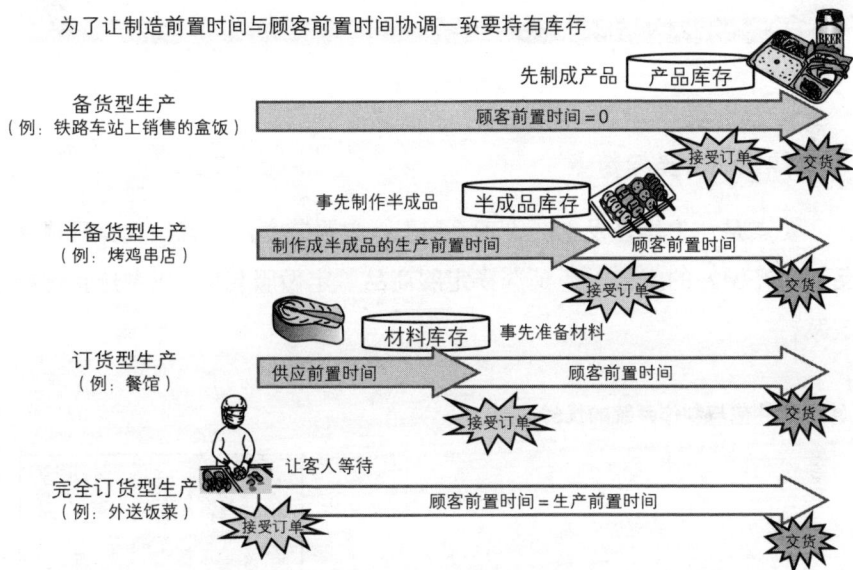

备货型生产
（例：铁路车站上销售的盒饭）

先制成产品　产品库存
顾客前置时间＝0
接受订单　交货

半备货型生产
（例：烤鸡串店）

事先制作半成品　半成品库存
制作成半成品的生产前置时间　顾客前置时间
接受订单　交货

订货型生产
（例：餐馆）

材料库存　事先准备材料
供应前置时间　顾客前置时间
接受订单　交货

完全订货型生产
（例：外送饭菜）

让客人等待
顾客前置时间＝生产前置时间
接受订单　交货

3-6 顺利引入软件包的窍门

考虑好系统的目的和成本后决定引入的形态

软件包的种类与特点

要点是"怎样开发生产管理系统"。拿服装举例，就是选择**现成商品**（已经做好的服装）还是选择**定制商品**（定做服装），或者选择**选样定做**。

◉ 软件包与制作系统的优劣

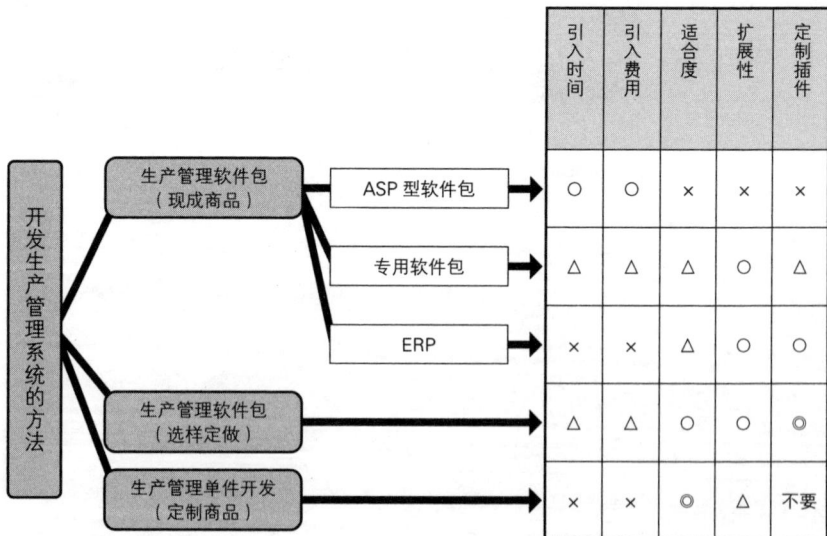

开发生产管理系统的方法			引入时间	引入费用	适合度	扩展性	定制插件
	生产管理软件包 （现成商品）	ASP 型软件包	○	○	×	×	×
		专用软件包	△	△	△	○	△
		ERP	×	×	△	○	◎
	生产管理软件包 （选样定做）		△	△	○	○	⦾
	生产管理单件开发 （定制商品）		×	×	◎	△	不要

58

相比其他业务，生产管理这项业务更为繁杂，每个行业、产品、企业的工作方法都千差万别。因此，能够顺利找到现成的适用软件包的案例很少。搞一大堆**插件**（附加功能）、大幅度定制（变更软件包）的结果是有的企业无法再支持版本升级。有的顾客给差评，说：“太难，不如以前的好。”下面，我们简单了解一下软件包（现成商品）与单件开发（定制商品），好好地考虑考虑适合顾客业务的方法。

软件包（现成商品）

生产管理系统的软件包可以分为 4 类，即 “**ASP 型**（Application Service Provider，应用程序服务提供商）”、“**生产管理软件包**”、“**ERP**” 及 “**选择定做型软件包**”。

① ASP 型

最近也有人称其为 SaaS，和字面意思一样，这是一种通过网络使用生产管理系统功能的方法。付费转天可以使用，这未免有些夸张，不过如果适合顾客的生产管理业务的话，它会突显价格低廉且使用简便的优势。但是，系统功能无法进行扩展和变更。

② 生产管理软件包

有不下数十种面向国内制造业的生产管理软件包在市面上销售。这些软件包设想了各式各样的行业，具备丰富的功能，似乎比 ASP 型适合度更高一些。如果需要还可以添加某种功能的插件，但插件一多费用就会增加，这会使它失去在成本方面的优势。

Nork Research 公司在《2009 年骨干企业和中小企业生产管理应用程序使用率与评估调查报告》中称，生产管理系统软件包利用率低至44.4%，很多企业虽然引入了软件包，但安装了大量插件。

③ ERP（Enterprise Resource Planning，企业综合资源优化计划）

从 20 世纪 90 年代中期开始，很多日本企业引入了 ERP 软件包。虽然制造业生产管理系统也在朝着纳入 ERP 的方向发展，但由于困难重重，连其投资效果一起来看，成功的企业似乎并不多。

④选样定做型软件包

某些软件包采用这样的方法制作，即把生产管理功能分解成若干子系统，再根据顾客的需求，把它们组合起来。这样做虽然花费了一些引入时间和费用，但 MRP 引擎等基础设施的完成度高，自由度也高，插件还好用，所以我大多推荐这种方式。

单件开发型系统（定制商品）

由有生产管理经验的 SE 负责时，单件开发系统最合适。因为大部分的引入时间和开发费用取决于 SE 的巧拙。理清所需生产管理的功能，把所需最小限度的功能全部开发出来，这样的系统与穿着合身、质量上乘的套装无异。

为什么软件包不发挥作用？

事实上，因不能让系统很好地适应现有的业务而无法提高效果的案例有很多。虽然不能一概而论，但相比定制的系统，与业务的匹配度低、软件包本身不精致、完成度低等都可以认为是无法提高效果的原因。而且，最大的问题是，懂生产管理的 SE 太少。

第4章

在生产计划中使用最新高精度需求信息的要点

4–1 备货型生产关键是需求预测

在需求预测中营业信息特别重要

备货型生产需要需求预测

备货型生产把"**需求预测信息**"作为制订生产计划的基本信息，而订货型生产则把"**顾客订单信息**"作为制订生产计划的基本信息。在旅游景点销售的盒饭和在棒球场销售的饮料等就是典型的备货型生产的例子。其销售量要根据当天的天气和气温、过去的销售量等进行需求预测后再决定。

除了零件加工等部分转包生产以外，大部分商品接受订单的时间要早于生产前置时间，因此各企业都在根据需求预测进行备货型生产。

首先，根据需求预测制订销售计划与库存计划，据此来制订将来的生产计划。还可以利用中长期的需求预测来制订设备投资计划、人员录用计划以及筹集所需资金的资金计划。

准确预测需求是涉及经营基础的问题。预测过多会导致过剩投资，挤压企业现金流；预测过少则会导致不能满足顾客需求，丧失销售机会。

需求预测的方法

需求预测有许多方法，各企业应选择最适合自己公司产品的方法。具有代表性的需求预测方法是**移动平均法**（moving average）与**指数平滑法**（exponential smoothing）。

移动平均法是这样一种方法，即计算过去的销售移动平均值，然后预测今后的销售额。如果过去 3 个月的销售额分别为"30 亿日元、35 亿日元、37 亿日元"的话，就把这过去 3 个月的销售平均值"34 亿日元"作为下个月的需求预测。

指数平滑法是这样一种方法，即利用过去的预测值与实绩值来预测未来的需求。其计算公式为：本期的需求预测 ＝ w ×（上期实绩值）+（1–w）×（上期预测值）。w（权重系数）为 0 ~ 1 的数值。希望重视近期的需求或者需求不稳定时，可令 w 接近于 1，以免把较大的上期预测误差带到本期预测中。而当重视过去的需求或者需求稳定时，则可令 w 接近于 0，以减小把上期预测误差带到本期预测中的比例。

此外，也经常使用一种叫作**回归分析**的方法。它利用数学模型进行预测，并且其中的数学模型是借助统计方法建立的。无论采用哪种方法，都要重视销售实绩等过去的数据。除上述方法之外，还有一种采用"多变量分析法"进行需求预测的方法。

需求的波动

需求波动包括多种类型。其中，具有代表性的是以下 3 种。

---

①**季节波动**

类似于服装和食品那样的由季节左右需求量的商品波动。它受气候与顾客的生活影响较大，可以通过过去的数据了解季节波动模式，易于进行预测。

②**突发波动**

类似于豆腐和调料那样的，超市一特价销售需求就会增加的商品模式。难以仅根据过去的发货实绩来预测，必须事先加进超市等经销商信息再判断需求量。

---

③激增波动

在媒体等报道后，需求得以飞跃性增长的商品模式。此时，过去的发货实绩完全没有参考价值。人气突然爆棚的产品持续脱销，生产商如果匆匆增加生产线进行增产的话，就要面临一定的风险了。因为等生产的产品抵达市面时，畅销的光景一旦消退，就会留下大量卖不出去的库存。

根据营业信息展开

需求预测最重视来自营业方的信息。也就是说，业务员得到顾客的生产计划和库存状况后，会据此为自己公司的产品掌握需求量。

零件公司的大部分中长期需求预测都是根据营业信息做出来的。而来自营业的信息内容总是容易过多，所以参考哪部分信息才能做好需求预测就成了重要课题。

◉ **备货型生产需要需求预测**

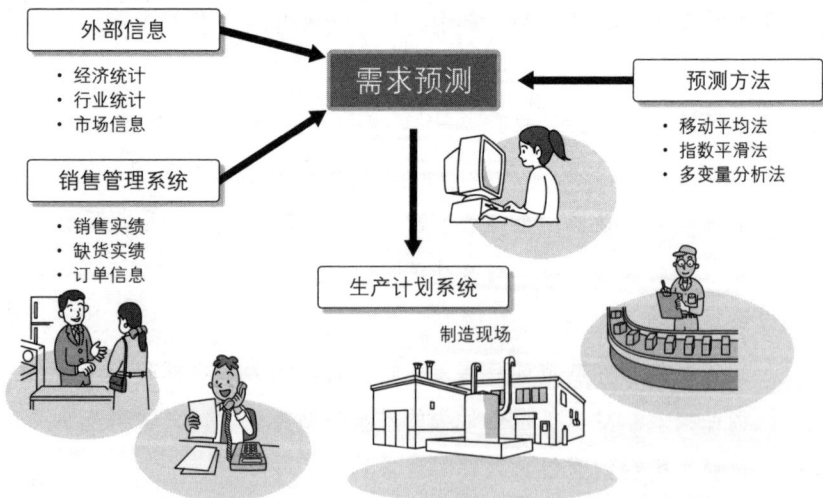

外部信息
· 经济统计
· 行业统计
· 市场信息

需求预测

预测方法
· 移动平均法
· 指数平滑法
· 多变量分析法

销售管理系统
· 销售实绩
· 缺货实绩
· 订单信息

生产计划系统

制造现场

4-2 开发人员容易忽略的订单形态

在订单形态中"接受订单时间与交货期"最重要

接受订单时间与交货期

对订货型生产而言，**订单信息**是生产计划的基础。因此，订单信息极为重要。但是，SE 容易忽略 4 个订单形态（接受订单时间与交货期、供货商的种类、信息传输路径、订单内容）。如果对这些马马虎虎进行

◉ 订单形态

〔顾客〕

经销商

贸易公司

产品生产厂商

订货　　　接受订单

· 什么时候接到的订单？
· 从哪里接到的订单？
· 通过哪种途径接到的订单？
· 订单的内容是什么？（预订货和确认）

系统设计，得到的很有可能是"无法使用的系统"。

在订单的形态中，最重要的是**接受订单时间与交货期**。即使在号称"本公司是订货型生产"的企业中，也经常会有前半工序是备货型生产，从后半工序开始一直到发货才是订货型生产的现象。例如，编制生产计划后一直到供应、生产、发货，生产前置时间就需要 3 个月，但订单确认的时间是 1 个月前，此时就必须按"前半工序是备货型生产"来设计系统。在前置时间与接受订单时间协调一致的时间节点持有库存的话，该工序以后就必须按订货型生产进行管理，系统很容易因接受订单时间节点与生产计划时间节点的时间差而产生矛盾，这一点应当注意。

供货商的种类（从哪里接到的订单）

订单的性质因订单的来源，即销售渠道而异。顾客因自己用而订购某种零件时，顾客实际使用该零件的时间节点就是本来的交货期。另一方面，经销商和贸易公司等流通企业因采购而订购时，由于其持有流通库存且在考虑进货的前置时间后才订货（从生产厂商方看就是接受订单），所以交货期多少会有些余量。

与多个顾客交易相同产品时，也要注意每个顾客订货内容的差异和趋势。有时业务员接到的订单好像是确认了的，但事实上却是预估信息，以后是有可能会取消、发生订单变更的。另外，"A 公司订的产品要交货给子公司 B 公司"等这种收货人不同的案例也要注意。

信息传输路径（通过哪种途径接到的订单）

订单的性质也因信息传输路径而异。第一次业务员需要先拜访顾客再接受订单。而再次接受订单时，业务员不仅可以通过电话和传真，还可以经由电子邮件或顾客的 **EDI（电子交易）**系统完成工作。

特别是经由 EDI 时，由于必须把订单数据变更、插队订单及时反映到生产计划中，所以必须要做到系统间的数据联机，这种情况时有发生，一定要注意。

订单内容（订单的内容是什么）

订单的内容与拟订生产计划的方法也会因正在生产的产品"是最终产品还是零件"、"是消费品还是生产资料"、"是新订货还是再次订货"的情况而异。因此一定要事先仔细倾听订单经办人对每一个案例的处理步骤。

制造零件时，顾客生产厂商为了把零件库存压缩到最低限度，会根据供货商的生产前置时间，提交"**预订货**"通知和自己公司的生产计划。接下来，大部分的顾客生产厂商会等该产品到达需要的时间节点时，再按照超短交货期提交"**确认订货**"通知。

汽车生产厂商和电机大型生产厂商所采用的准时制交货，在预订货以后，在交货日由运货卡车带回"看板"，无法确定应当交货的零件数量。因此，零件生产厂商必须在自己公司或距离顾客比较近的**仓库（寄存仓库）**中事先准备好某种程度的产品库存。

站在生产管理的视点处理生产计划的基础，即订单信息，对于 SE 来说是至关重要的，一定要引起重视。

4-3 订单管理系统的思路

订单管理所需的功能有 5 个

订货型生产订单信息是生产计划的基础信息

零件制造业的大部分企业都在进行订货型生产。但是，其大部分的上游工序不是确认订单，而是根据顾客的生产计划和预订货进行备货型生产。完全订货型生产中具有代表性的是机床和大型机械、模具制造。由于每份订单设计规格都不一样，发货前为了把每份订单联系起来，一般会采用生产号管理的方法进行生产管理。其中，生产号管理要求以订单为单位管理零件与产品。此时，每份订单都标有生产号的案例比较多，这一点要注意。

订单管理需要订单输入功能、产品库存核对功能、交货期与价格预估功能、生产计划准备及产品发货指示功能，具体情况如下。

①在品目主数据中决定正确的品目名称、价格，必要时开具订单确认单

②核对产品库存主数据中的自由库存，确认净需求量

③管理每个订单 No.（传票）项下的订单明细 / 交货期，按供货商 / 按商品管理订单汇总

④作为产品准备数据把信息提交给生产计划，必要时答复交货期

⑤根据订单数据和交货指示数据，创建满足交货期的发货指示数据

◉　**订单管理系统的思路**

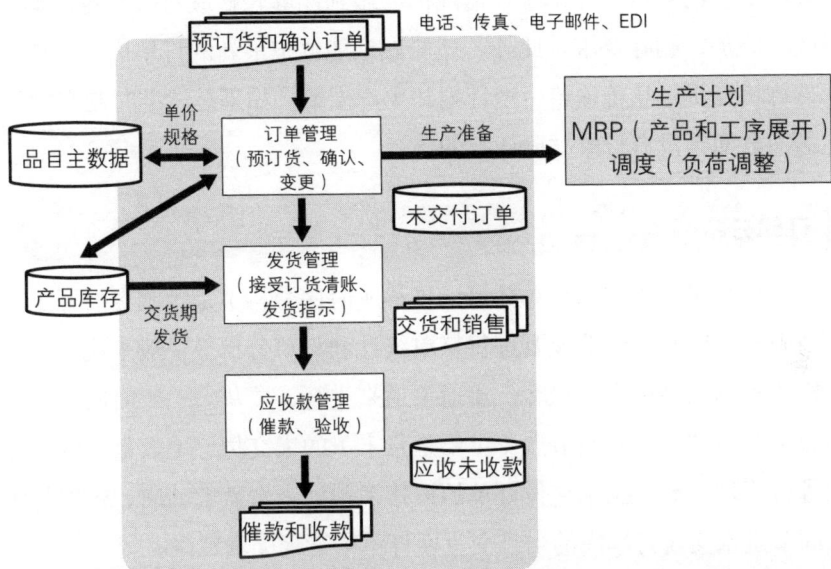

此外，在设计订单管理系统时应当注意的是，从接受订单起到发货结束为止既要能够进行**未交付订单管理（存量数据）**，也要能够进行一定时间的**订单数量管理（流量数据）**。因为未交付订单的发展变化是今后作业计划的指导方针，而订单数量的发展变化是决定今后营业战略的重要因素。由于订单管理与发货管理密切相关，因此系统作为"销售管理系统"一体化的案例有很多。

添加、更新、删除订单数据

由于顾客的原因，有时会发生订单变更（交货期、数量）、紧急订单插队或订单取消等意外状况。此外，当"预订货"部分转变为"确认"时，顾客生产商变更数量和交货期、在交货期前夕用"交货指示"代替"确认订单"细致地划分交货时间的状况也时有发生。

由于生产计划延误和生产批次的关系，有时仅能交付订单数量当中的一部分货物（分批交货）。因此，分批交货时，要从未交付订单中扣除分批交货的数量。无论哪种情况都要做到能够轻松应对客户对订单的修改、添加、删除要求。此外，还要做到能够把最新的订单内容，包括部件订货变更信息传输给生产计划和生产现场。如果是"准时制交货"，在结构方面是没有订单"确认"的。

订单分析

　　订单数量与未交付订单数量的推移（时序分析）是预测今后开工率的晴雨表。因此，制造业要进行订单统计和订单分析。一般来说，订单分析要根据产品种类、顾客、流通渠道来进行，要从"一定时间内的订单数量"与"某个时间节点（主要是月末）的未交付订单数量"两个方面进行管理。要根据未交付订单的推移来预计未来需求动向，根据月末时间节点未交付订单中的当月交货期订单来管理交货延误。

4-4 与 EDI 订单 / 订货系统的联机

利用 EDI 可以降低物流成本、进行企业联机

什么是 EDI

EDI（Electronic Data Interchange，电子交易）是一种通过计算机网络以电子数据的形式交换商品的供应、物流、结算等商务交易系统数据的业务过程。最近，Web-EDI 已成为主流。它是一种借助互联网的 EDI，具有成本低、易于引入的优势。

利用 EDI 交换的是诸如设计信息、订单 / 订货信息、交货信息、验收信息、催款信息、支付信息等企业间的交易信息。EDI 的主要功能是促进企业间的数据交换，如引用、创建、接收、发送业务消息，以及输出订货单和交货单单据等。因此，各企业都需要一个接口以便与处理这些数据的业务系统之间建立联系。

交换在线订单 / 订货数据的发展史

利用网络传输企业交易信息的尝试，始于较早时期。20 世纪 70 年代初期，商用计算机面市不久便出现了利用电传机（teletype）交换数据的行为。当时，输入输出的媒介是纸带。

进入 20 世纪 80 年代，EDI 的原型 VAN（Value Added Network，附加价值网络）面市。大型企业利用专线连接集团公司旗下的企业，构建了自己的在线交易网络。在 VAN 当中，比较著名的是一种庞大的叫作

行星的行业在线网络。它涵盖了化妆品行业的生产厂商、流通企业及代理商。

随着企业交易的全球化，1987 年，ISO（国际标准化组织）将 UN/DEIFACT（联合国商业运输标准电子数据交换）定为国际标准，EDI 由此诞生。企业利用 EDI 不仅能够在全球范围内及时与多个企业交换交易信息，还可以降低物流成本、与供应链上的企业联机。此后，EDI 在国际化与标准化、互联网的推动下得以迅速普及。

在日本的汽车产业中，每个企业集团都推进了与零件生产厂商之间的 CAD 设计数据、订单／订货数据交换。各汽车生产厂商按照自己的规格构建了自己公司系列企业间的 EDI，因而独立系列的零件生产厂商要为每个汽车生产厂商准备终端和转换软件。由于独立系列的零件生产厂商还要忙于很多软件转换业务，所以很难提高业务效率。汽车行业深感 EDI 标准化的重要性，开始研究 EDI 系统行业标准。但是，由于存在企业集团的壁垒，很难全面普及。

EDI 的效果及与业务系统的联机

EDI 的效果有很多，例如，①能够确保数据的准确性；②能够谋求提高交易速度；③易于整合供应链内企业的交易系统。

利用 EDI 订单／订货系统不仅要及时导入所接收到的订单／订货数据，还要与自己公司的订单系统进行联机。所导入的数据内容必须先进行检查，即利用品目主数据等检查从顾客零件编号到品目代码的转换有无失误、检查数据有无重复和遗漏等，然后将结果及时输入到公司内部订单管理系统和生产计划系统中。此外，由于 Web-EDI 会经由互联网，所以必须事先想好强有力的数据安全对策。

◉　**一般的 Web–EDI 订单／订货系统**

> EDI订单／订货系统一般在订货方企业建立和运用
> ・顾客的订货经办人输入订货数据，上传到EDI的文件夹中
> ・启动EDI的订货处理任务，按供应商分配数据
> ・利用电子邮件自动给自己公司（供货商）发送通知
> ・接受订单经办人下载订货数据，上传交货期答复数据
> ・传输到顾客（订货方）方的答复交货期，自动更新订单数据库

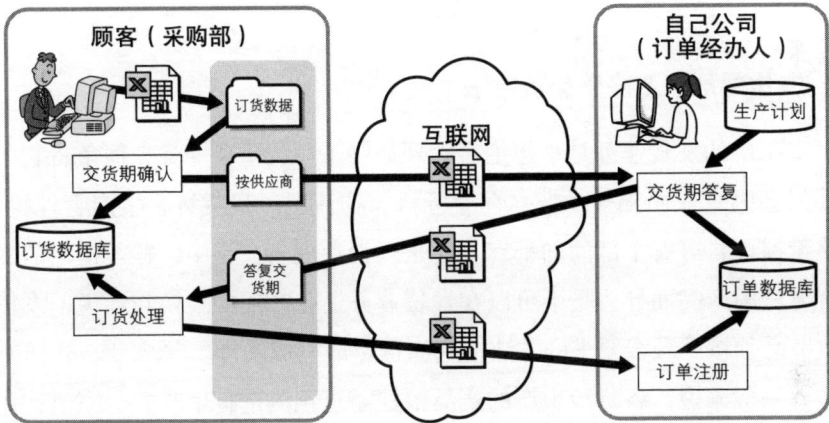

发货管理系统的功能

必须按照顾客要求的方法准确而迅速地发货

发货的形态取决于交货方法

工厂的发货业务是承担生产管理最终工序的重要业务，但负责它的部门会因企业而异——挂靠在业务科、物流科、发货科、生产管理科、质量保证科等哪个部门的都有。这是因为在现实交易中，顾客指定的交货方法因产品而异，是不可以在发货业务上花时间的。换句话说，发货业务必须按照顾客要求的方法准确而迅速地完成发货。

一般来说，备货型生产的产品根据需求预测进行生产，一完成就作为库存存放在产品仓库中，并从该库存发货（被称为库存发货），这样的案例很常见。

大部分的订货型生产会根据顾客的订货内容与交货期，决定"生产品目"、"数量"、"交货期"且在完成的同时发货（生产发货）。

几乎所有的汽车和家电零件生产都是订货型生产。但装配最终产品的生产厂商（顾客）为了避免背负多余的库存，会根据自己公司的生产计划，细致地指定交货时间。因此，供货方零件生产厂商会选择在顾客工厂附近设置寄存仓库，采用经由寄存仓库交货的方法。

发货业务的流程

现在，我们简单了解一下发货业务的大体流程。首先，按照"发货指示书开单→拣货→包装和打包→按配送目的地分类→编制发货文件→装车→发货记录"的顺序在短时间内开展发货业务。

发货指示书在订单指定交货期加上配送前置时间的当天编制。从产品仓库发货时，要开具"**拣货单（指定发货品目货位明细）**"以确保能够先入先出。然后，再由发货经办人根据发货指示书和拣货单，如数准备所指示的品目。

接下来要进行包装和打包。货物要按照顾客指定规格的"内装数"装入到纸箱、搬运箱、塑料盒等中。食品和消费品有时会在此阶段套上礼品盒进行打包。年末用品和情人节巧克力的包装就是例子。此外，有时还要增加一些作业，如在服装上粘贴销售用的条形码等。

准备好给运输企业的配送单、给收货人的交货单、包装式样标签等，按托盘类别装车，这些托盘已把要配送的产品按收货人分类。接下来，只要把发货记录记入（或输入）账本中，列入销售，当天的发货业务就结束了。

一般来说，顾客指定交货时刻和运输企业配送班车时刻等，无论发货量有多少，都是规定了时间的业务。所以，发货业务需要配备计算机系统，以便及时处理各种单据、订单、库存、销售等问题。

大部分发货业务都包含在系统中，但要注意有很多业务突发异常的案例。例如，因部分交货产品不足而要进行分批交货；发货时出现破损；有缺陷的产品要进行退货处理等。

发货管理系统的功能

发货管理系统没有通用的模式。虽然各企业在发货指示书、拣货单、包装式样标签、交货单的一系列发货文件、发货实绩表的开单、库存和订单的扣除、列入销售等有关数据库的更新问题上大体都相同，但在产品的特性、顾客的指示、物流的安排方面，系统的情况会因企业的不同而有相当大的差异。此外，出口发货时，系统也会变得相当复杂。

⊙ 发货管理系统范例

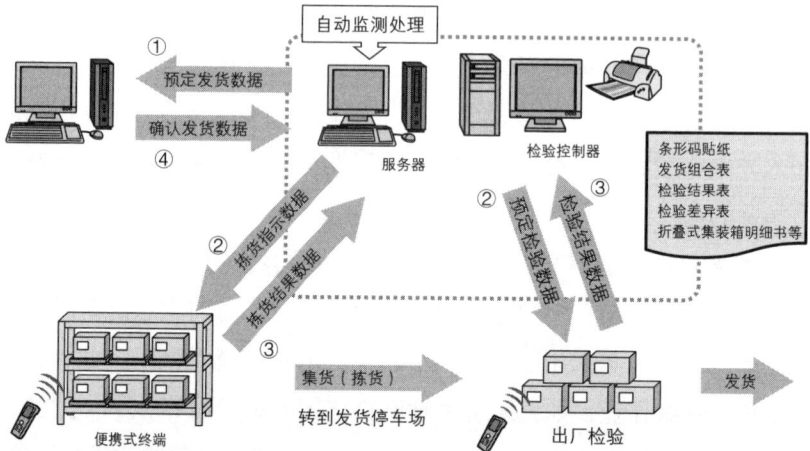

⊙ 汽车零件工厂发货系统范例

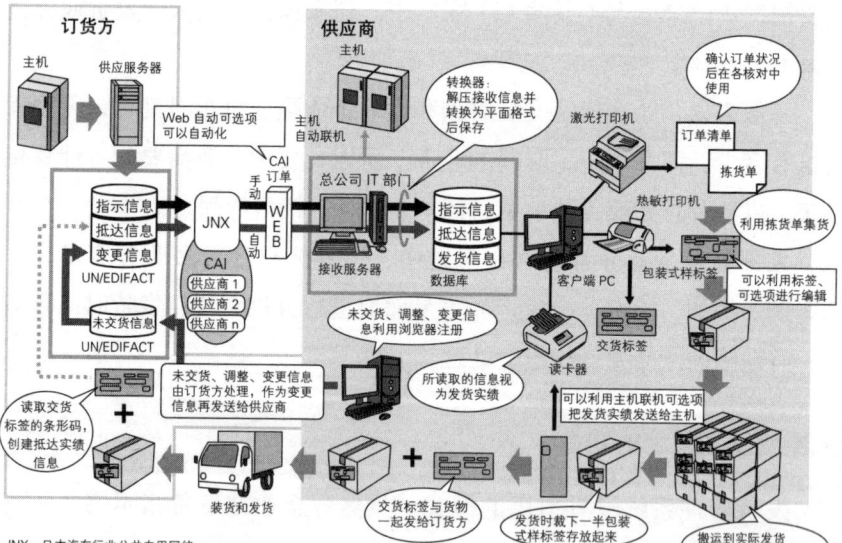

JNX：日本汽车行业公共专用网络

CAI：JNX上各加盟公司（网点）之间交换数据时的电商交易公共基础

UN/EDIFACT：与联合国规定的 EDI 有关的规程集标准（可变长度和压缩格式的文件）

由日立商务解决方案株式会社 HP 提供

4-6 交货给顾客的方法

列入销售的主要标准是"发货标准"、"交货标准"、"验收标准"

■ 交货方法多种多样

产品订货方企业为了提高生产率和销售率，并不愿意持有多余的库存。因此，订货企业会向供货厂商提出各种有关交货方法的要求。本节将着重介绍交货方法中具有代表性的 2 种方法，即**"准时制交货方式"**与**"循环取货方式"**。

■ ①准时制交货

丰田生产方式（TPS）为了提高生产效率，物品移动以**准时制**（JIT）为根本，使用了为 JIT 服务的工具，即"看板"。准时制生产方式既适用于自己公司的工厂，也适用于交易的生产厂商。也就是说，这种方法可以在产品交货时带回下次交货所需数量的"看板"。这样便可以控制生产量，做到"在需要的时间生产需要数量的所需物品"。准时制生产方式以大型企业为主，在其他行业中也得到了普及。

最近，看板的形式已从以往靠操作工"手工作业"处理的看板，转变成了带条形码、RFID 的"电子看板"。

● 交货给顾客

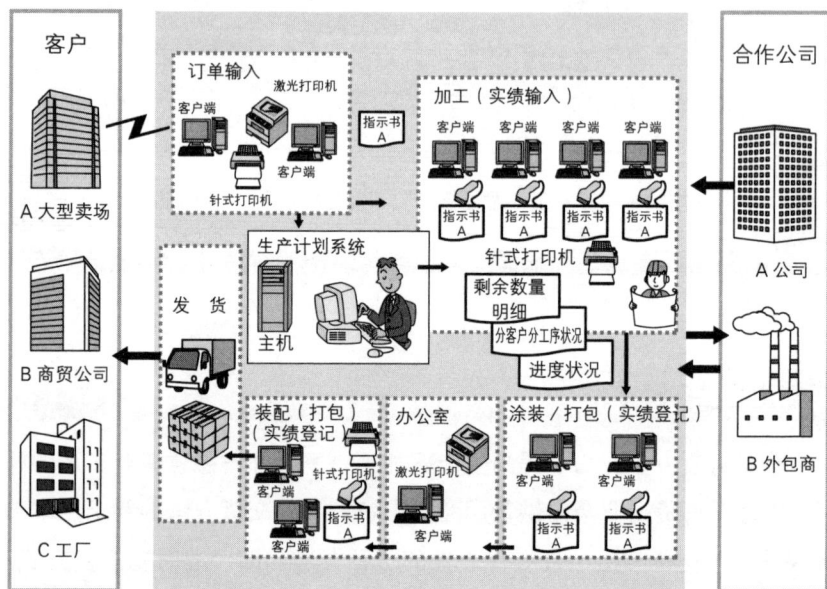

②循环取货方式

循环取货（milk run）方式结合了物流与集货。它模仿了美国牛奶企业巡回奶农进行牛奶集货的做法。日本惯行的交易规则是供货厂商相关人员负责交货，而循环取货方式是由订货方负责按照决定的路线转到供货商那里进行集货。

通过把供货厂商的配送费用负担转嫁到工厂交货价格中，可以提高配送费用的透明度。当附近聚集了多个供货生产厂商或交货量少时，还有利于降低物流成本、减轻道路拥堵或二氧化碳（CO_2）的环境负荷。

交货单的作用

很多人认为"只要交货单开单销售就成立"。一般来说，产品交货时会把"交货单"提交给对方。但是，交货单仅列为商业习惯，未必具有法律效力。交货单的作用仅限于"确认所交货的商品"。

一般来说，交货单都后附多联复写传票，即催款单和收据。这 3 份（交货单、收据、催款单）文件上，记载了相同的品目、数量、价格，收据经领收人签字后返还给发货人，催款单送达支付货款部门，交货单则由领收人妥放存根。

达到一定规模的企业，会要求交易生产厂商用自己公司指定格式的交货单（指定交货单）交货。但是，供货厂商为每一个顾客编制样式各不相同的交货单会妨碍到事务性工作的合理化。因此，电子设备行业团体 EIAJ（现称 JAITA）以提高供货商编制交货单业务的效率为目标，把 EIAJ 标准交货单定为行业标准。但事实上，很少有成功替换订货企业指定交货单的情况发生。

列入销售时间节点是什么时候

"什么时候销售成立"取决于企业的"列入销售标准"。例如，零件制造业 A 公司（3 月份决算）"3 月 31 日把 100 万日元的产品发货给了 B 公司"时，如果不了解 A 公司的列入销售标准，也就不知道可以列入销售的时间。通常情况下，交易按照"①接受订单→②制造→③检验→④发货（至此为 A 公司的行为）→⑤交货、移交（产品移动到 B 公司）→⑥验收（B 公司接收完毕）→⑦催款→⑧收款"的流程进行。交易过程中，什么时间列入销售，取决于 A 公司所采用的"**列入销售标准**"。

制造业的列入销售标准主要有"**①发货标准**"、"**②交货标准**"、"**③验收标准**"这 3 种，可以在该流程结束的时间节点列入销售。假设产品抵达 B 公司是在 4 月 1 日，那么按照交货标准和验收标准，列入销售会被拖延到 4 月。即使是相同的交易事实，有时也会因列入销售标准的不同而异，这一点需要注意。

4-7 验收、催款、应收款管理

这是生产管理中销售管理系统里的最终流程

核对顾客的验收

生产管理中销售管理系统的最终流程是"验收、催款、应收款"业务。

首先，介绍一下验收。把产品交付给顾客时，顾客在检查、确认"所交付的产品是否与所订购的产品相符"、"是否没有质量不合格产品"、"数量是否正确"后才会接收它们，这个过程就是"**验收**"。由此可见，验收是交货的后处理。

收据仅代表"收到了"，但验收单对于供货厂商来说是"确实已交货"、"几月份可以支付货款"的证明资料，而对于顾客来说是"确实进货了"的证明资料。

一般来说，顾客验收后才会产生支付义务。企业会于验收的月末进行汇总，于"汇总月的下个月或下下个月末"支付货款。接近月末交货时，会被告知"因验收推迟所以下个月才能处理"，这就意味着支付也会迟1个月。

顾客不会支付未验收的交货部分（叫作未验收）。所以对于供货厂商来说，要做好未验收的检查，核对好交货情况与顾客的验收情况，做到毫无遗漏地收回全部货款。

利用进款扣除应收未收款

根据发货标准、交货标准列入销售后，即使已经交货，只要不进款，包括未验收部分的款项就会成为**应收款**。进款会根据每个顾客"**交易基本合同**"中的结算条件，决定为"验收后支付或下月末支付"等。企业的会计处理单据中截止日期与支付日期多"以月为单位"，但有时应收款也会被拖延几个月。

最近，把以往的**票据结算**转变为**限期现金结算**的企业日趋增多。例如，由"验收月末结算，下月末 60 天票据"转变为"验收月末结算，下月末 60 天限期现金"。下面，我们来对比一下票据与限期现金。

"60 天限期现金"是指虽然不开票据，但为了具有相同的效果，在规定的日期（60 天后）通过银行转账现金。开票据会发生开票事务、购票费用、管理、印花税等负担，而限期现金支付的目的就是削减它。限期现金有不能像本票那样贴现和背书转让的缺点。此时，只要向应收款保理公司（从事应收款债权支付保证和买进金融服务公司）支付规定的手续费便可以在期限以前收到货款（相当于票据贴现）。但是，为了保护建筑行业承包企业的利益，**承包法**禁止从票据支付变更为限期现金支付。会计科目上限期结算与票据结算的较大差异在于限期现金被视为应收款，而票据被视为收款。

退货（销货退回）处理

"交货"的反面一定有"退货（销货退回）"。有的行业会因产品破损、质量不合格、"剩货"而退货。一般来说，如果因传票出错而改正，就进行**红黑修正**（取消销售：为取消已列入一次的传票而进行的传票处理，暂时变成白纸状态，然后再新起票），这样做既能平衡收支，也能保留修改的履历。

但如果是退货，像改正传票那样仅取消销售就不妥了。由于销售传票取消销售而入库（退货）的产品是可以销售的正常库存，而退货时很多入库的产品是存在某些缺陷不能再销售的。此时，退货产品的传票要转作其他传票，记录好退货原因和产品评估亏损额。

利用记录的珍贵数据汇总流向市场的产品不合格实绩，可以有效防止今后再发生类似的失误。

如上所述，明确业务手续与传票上的记录，有利于提升顾客企业的事务性制度，揭示舞弊和错误，从而确立无漏洞的业务态势。

◉ 验收、催款、应收款管理系统的功能

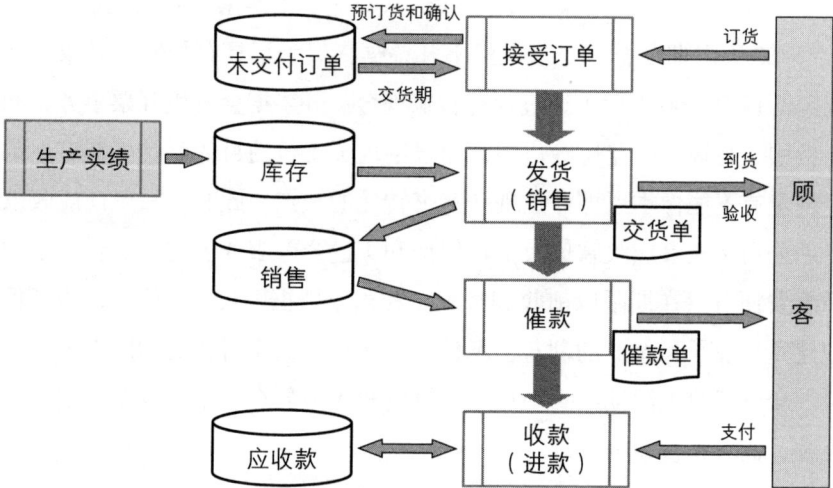

未交付订单　预订货和确认　接受订单　订货　顾客
交货期

生产实绩　库存　发货（销售）　到货　验收　交货单

销售　催款　催款单

应收款　收款（进款）　支付

第5章

制订生产计划与处理计划变更

5-1 生产计划由 3 个计划构成

按照步骤计划→工时计划→日程计划的顺序拟订计划

制造业的计划分为基本计划与生产计划

在进入生产计划的话题之前，要先了解 2 个计划，即"**基本计划（生产规划）**"与"**生产计划**"。前者用于在业务前阶段拟订制造业的计划，而后者用于控制生产。

基本计划（生产规划）根据中长期经营计划决定生产部门的组成和活动方针，制订"新产品开发与转到量产"、"改型"、"新工厂建设等的设备投资"、"原材料和零件供应降低成本"、"内外制编排与外包订货"、"生产率提高目标"等计划。

另一方面，由于生产计划是对应销售计划来决定生产的品种、数量、交货期的，因此拟订生产计划应当按照"**步骤计划→工时计划→日程计划**"的顺序进行。

步骤计划

步骤计划（Routing）决定生产的加工顺序与方法、作业时间、使用机器与工作人员。它明确了生产的产品经过各道工序最终成为成品的顺序，应当被注册到生产管理系统中的"**工序顺序主数据**"中。

即使产品设计已经结束，设计图纸也仅指示了"制造何种产品（What to Make）"，并不涉及如何制造。因此，"基于设计图纸的工序设计（How to Make）"是必不可少的。要根据产品设计来研究应当按照哪种工序加工、需要哪种机器、各工序的**标准时间（ST）**应当维持在什么范围内等，从而决定工序设计，即高效生产产品的方法。

事实上，能精确执行这种步骤计划的工厂很少。因为有些步骤计划的调整跟不上机器设备的新规划导入和配置变更，计划常常会背离现场实际情况。因此，不仅要做好规划，还要依靠现场老手的经验知识。

工时计划

计算所需工人数量与机器使用时间并将其调整成为现有产能，这就是工时计划（Loading，负荷计划）。

所谓"工时"，是指加工和装配产品所需要的作业时间。劳动密集型工序按照"人工工时"计算，机器密集型工序按照"机器工时"计算。1 名操作工每小时的工时是 **1 人小时**，1 台机器每小时的工时是 **1 机器小时**。

工时计划在决定要投入到生产计划中的产品品目与数量后制订，会根据预先算出的 ST（标准时间，也叫作节拍时间）来计算该生产所需工时。然后，将生产所需的必要工时与所具有的生产能力进行比较。如果工时超过了生产能力，则要进行调整，通过把超出的工时转移到其他日程、加班弥补等方法把工时控制在生产能力以内。

日程计划

日程计划（Scheduling）是与生产时间表有关的计划。由于生产计划按字面上的意思解释就是生产的执行计划，即计划各工序的作业日程，因此一般所说的"生产计划"就是指日程计划。而日程计划要求生产厂商要根据步骤计划与工时（负荷）计划来计划、指示单件加工顺序和装配顺序，做好材料准备和外包订货。

生产计划会因企业的不同拥有各种不同的叫法。根据计划的时间长短，可以将生产计划分为"**大日程计划**"、"**中日程计划**"、"**小日程计划**"3个计划阶段。这3个阶段的依次开展有利于提高生产的具体性与精确度。

◉ **备货量产型生产计划（日程计划）的展开**

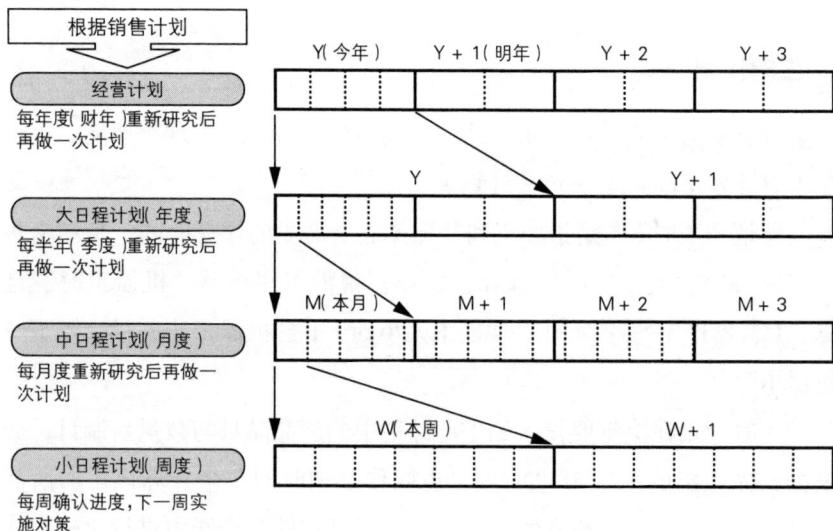

| 根据销售计划 |

| 经营计划 |
每年度(财年)重新研究后再做一次计划

| 大日程计划(年度) |
每半年(季度)重新研究后再做一次计划

| 中日程计划(月度) |
每月度重新研究后再做一次计划

| 小日程计划(周度) |
每周确认进度,下一周实施对策

Y(今年)　Y + 1(明年)　Y + 2　Y + 3

Y　　　　　Y + 1

M(本月)　M + 1　M + 2　M + 3

W(本周)　　W + 1

5-2 生产计划的依次展开

生产计划中最重要的业务是计划变更时的调整

大日程计划

根据需求预测和营业信息制订年度事业计划和销售计划的进程，就是在拟订与它们相对应的一年逐月生产计划，即"大日程计划"的过程。大日程计划由于基于的是长期预测，所以计划精度并不高。也就是说，它是基于事业计划的，用于调整销售、生产、库存的粗略计划。

制订大日程计划，是为了决定供应比较费时的生产资源需求数量。其中，生产资源包括设备、人员、订货前置时间较长的零件和材料等。为了把大日程计划做得更可靠，采集精度高的最新销售信息至关重要。而为了在短时间内采集、分析销售信息，可以采用各种信息技术。

中日程计划

中日程计划是每个月制订的月度计划。MRP 也叫作**标准生产计划**（**MPS**，Master Production Schedule），包括大体上确定要生产的产品品目、生产时间、数量，决定零件和材料的到手时间，计划筹备设备、人力、工具等内容。一般来说，"生产计划"是指中日程计划。中日程计划决定未来 3 个月左右的生产计划，而先期计划会经由滚动（比较预定与实绩）更新为最新信息。汽车和电气产品等的装配生产大部分是一个月逐日计划，零件等的批量生产则几乎都是"一周逐日"的生产计划。

小日程计划

小日程计划（制造令单、作业指示）是中日程计划确定后给制造工序开具的令单。即使按照中日程计划决定了1个月的生产计划，实际运作时也会由于各种阻碍原因，导致计划或不按预定推进，或出现变更和追加（插队）。因此，要及时修改生产计划。一般可按周或天修改计划，以防因计划变更导致现场混乱。

通常情况下，小日程计划是以"周"或"天"为单位制订的。小日程计划针对所确定的交货期和生产量，详细决定具体的作业步骤和时间，把作业分配到人和机器。而且，小日程计划是根据预测数据、交货指示数据来制订逐日生产计划和逐周生产计划的。其中，预测数据是通过分析各产品品目的销售信息得来的。一般来说，大多数小日程计划是以锻造工厂、冲压工厂、机加工工厂等工厂的现场为单位制订的，而且很多都成了工序管理业务的一环。逐日和逐周生产计划会对"①令单编号（批号）"、"②品目名称"、"③数量"、"④制造着手时间"、"⑤制造结束时间"、"⑥上工序"、"⑦下工序"等做出指示。

制订小日程计划有2个方法。第1个方法叫作**时间节点计划法**，指在拟订中日程计划阶段，生产管理部门以工序（操作工和机器）为单位分配全部作业的着手时间节点与结束时间节点的生产方法。第2个方法叫作**优先编号法**，指由制造现场领导（而不是由生产管理部门）根据工时计划决定工作的优先顺序的生产方法。当现场对计划进行微调更方便时、当很难遵守每道工序的着手时间节点和结束时间节点时都可以采用优先编号法。

小日程计划应用在制造现场的各工序中，将当天要作业的产品顺序作为"作业指示"传达出来。连续生产时，作业指示会以综合形式下达。但批量生产时，每次下达作业指示前都会进行**"调度"**，为每一道工序分配作业内容与操作工。

生产计划中最麻烦的业务是计划变更后的调整。

◉ **依次展开生产计划（周度展开范例）**

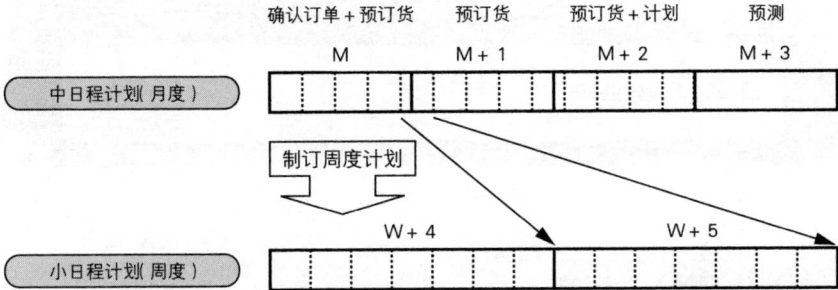

	确认订单＋预订货	预订货	预订货＋计划	预测
	M	M＋1	M＋2	M＋3

中日程计划（月度）

制订周度计划

小日程计划（周度）

W＋4　　　　W＋5

- 在所有的行业中，顾客订货前置时间日趋缩短，而缩短生产计划有关业务本身的前置时间（即纸面前置时间）就成了课题。
- 各企业通过生产计划的IT化缩短纸面前置时间。

5–3 标准生产计划（MPS）概述

> 缩短时间段好处多

标准生产计划的定位

20世纪70年代，从美国引入了采用计算机系统的新型生产管理系统，叫作MRP（Material Requirement Planning，**物料需求计划**）。几乎所有日本制造业都引入了MRP，并用MRP替换了作为MPS（**标准生产计划**）的中日程计划。

MRP中标准生产计划的流程

标准生产计划以销售部门的订单信息或需求预测信息为基础，在考虑产品库存、产品的运输前置时间等状况后决定1个月的各品目产品的生产数量，除以运转天数后均衡到每个运转日。

把BOM用于该标准生产计划，展开零件需求数量，来计算所需部件与数量。这种围绕零件展开的计算就叫作MRP。展开的结果与生产品目、生产数量、交货期等一起，被用于制订逐月人员计划、生产能力计划、零件和原材料详细计划，而零件和原材料的订货信息会被传给供货厂商。

进行这种MRP后，经过**作业组合**与**作业均衡**2个阶段的作业，展开各工序的小日程计划。作业组合是指根据标准日程为各工序分配工作；作业均衡是指根据各工序负荷能力把所分配的工作均衡开。这就是标准生产计划或中日程计划的流程。

时间段是标准生产计划中的重要概念

标准生产计划作为对工厂的生产要求，被定义为"以**时间段**为单位指示品目、数量、交货期的生产计划"。其中，时间段是指进行生产的时间单位。MRP 管理全部生产活动，每隔 1 个月或 1 个星期之类的时间（时间段）就会做 1 次计划并在时间段内开展生产活动。

把时间段从月度缩短至周度，能够获得以下益处（月度是指每个月做 1 次销售计划和生产计划，周度是指每个星期做 1 次）。

- 以接近销售时间节点的时间制订销售计划，提高销售计划的精度
- 减少生产计划的变更
- 发货日期的指示从以月为单位改成以周为单位，易于满足顾客需求
- 原材料订货也从以月为单位变成以周为单位，利于减少库存量
- 可减小变更生产时间所更换的天数跨度，轻轻松松处理生产业务

由于具有上述巨大的益处，所以生产管理的改善几乎都在以缩短时间段为目的展开。

粗略产能计划

粗略产能计划是一种为查看工厂的生产能力是否符合标准生产计划的实际所做的计划。

工序的生产能力是有限的。假设某工序中的某台机器每天运转时间为 8 个小时、每个产品的作业时间为 10 分钟，则这台机器的生产能力为每天生产 480 个。如果有一天接到了 600 个制造令单，那么超出 480

生产计划
（月生产计划）

周	13			14			15		
吸尘器，强力型			900			700			900
吸尘器，静音型			500			800			
吸尘器，轻量型									500

・利用具体的品目指定
（已注册到 BOM 中的品目）
・指定具体的日期、数量

标准生产计划
（MPS）

周	13					14					15				
日	5	6	7	8	9	12	13	14	15	16	19	20	21	22	23
St123—001 （强力 黑）	300					250					300				
St123—002 （强力 白）		300					250					300			
St123—003 （强力 红）			300				100	100					300		
Cm124—001（静音 黑）				200				300							
Cm124—002（静音 白）				100	100				300						
Cm124—003（静音 红）					100					200					
Lt125…………………															

时间段

个的那 120 个就生产不出来了。

生产计划堆积下去就是"作业组合"，把它们平均分配到几天当中就是"作业均衡"。一般来说，这种"作业组合作业均衡"是在小日程计划中进行的。而标准生产计划是利用"**粗略产能计划**（Rough-cut Capacity Planning）"与生产能力进行核对的。

产能需求计划数据以每个工厂或工序的"发货数量"、"发货金额"、"需发货数量"等为单位，显示出其各自的估算产能。也就是说，所谓粗略产能计划，是一种粗线条的工时计划，它从生产能力方面核查标准生产计划的可实施性，并调整供需平衡。

◉ 标准生产计划（MPS）的定位

MPS（Master Production Schedule，标准生产计划）是考虑需求数量与库存后规定生产日程与数量的计划（时间表），包括具体的品目、数量、预定生产日期等。

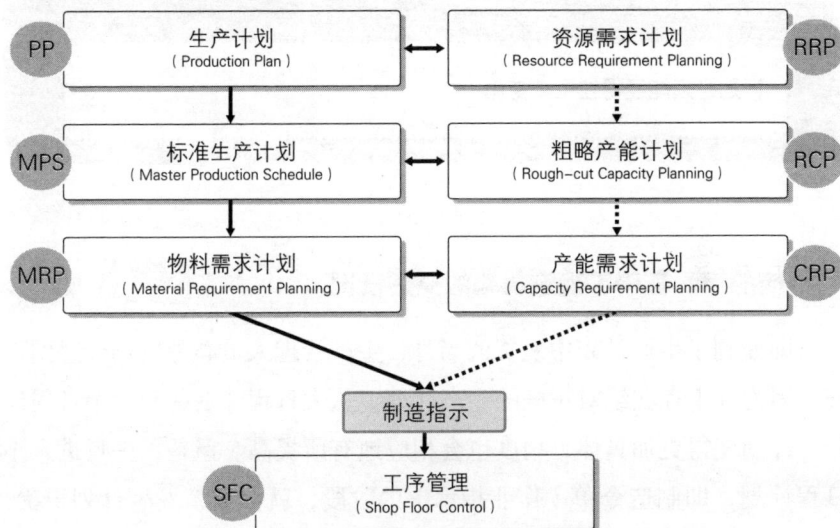

PP	生产计划 （Production Plan）	资源需求计划 （Resource Requirement Planning）	**RRP**
MPS	标准生产计划 （Master Production Schedule）	粗略产能计划 （Rough-cut Capacity Planning）	**RCP**
MRP	物料需求计划 （Material Requirement Planning）	产能需求计划 （Capacity Requirement Planning）	**CRP**

制造指示

SFC	工序管理 （Shop Floor Control）

5-4 即使制订出生产计划也无法放心的理由与对策

计划必须能经得住生产变化

苦恼的根源在于不确定将来的交货情况

即使到了生产计划中发货的当月，生产管理人员心中也仍会感到不安，因为并不存在绝对正确的生产计划。从大日程计划展开为中日程计划，计划变得更加具体，精度也会相应地有所提高。但是，一旦进入小日程计划，即制造令单（作业指示）的阶段，就会频繁发生计划干扰，导致实际生产离原来的生产计划越来越远。

因此，生产管理人员如果不到现场走动走动，就无法知道哪个可以交货、哪个无法交货。说起来，"计划"本身是对不确定未来的预期，并不是过去的"事实"，所以是不能作为销售和进货那样确定的事实信息来使用的。此外，顾客和生产现场人员的行为也有可能歪曲计划，因此只有从各方面悉心研究制订生产计划，才能够适应生产的变化。

是否从"预订货"转变成了"确认"

生产前置时间比顾客希望的交货期更长时，有顾客订货从"预订货"转变为"确认订单"的时机。在转变为"确认"的阶段，由于数量和交货期等订单内容会有所改变，所以在拟订生产计划后，订单是否转变成了"确认"、或订单是否还处于"预订货"状态就会成为非常重要的信息。

是否持有库存

库存是厂长的镇静剂，制订能够适应变化的生产计划的要点是"运用"库存。要用好产品库存以及半成品、在制品、原材料和零件库存，避免生产混乱，按照生产计划 100% 交货。需要注意的是，着眼点不能仅放在"当前库存"上。

当前库存不见得全都是可以利用的"自由库存"。库存当中包括**"关联库存"**，即已决定要交货、预定用于生产的库存，必须将一部分库存除外。

此外，还包括**"计划库存"**，即虽然当前没有库存但已预定不久的将来会入库的库存。这一部分库存要作为可用库存处理。生产管理中的库存管理系统包括"关联库存"及"计划库存"，要管理好属于"自由库存"的那一部分。

利用平日加班与节假日加班是否能够增加可用工时

为了处理插队订单和应对订单数量增加，除了供应原材料与零件以外，挤凑出生产能力也是不可或缺的。因此，必须利用平日加班与节假日加班来增加可用工时。但这样会产生加班津贴，应极力避免。当无论如何也需要加班时，应及早与现场联络。平时不仅要更新日程计划，也要更新最初的工时（负荷）计划，管理好现场的负荷状况。

成品率是多少

即使是订货型生产，开具制造令单仅生产订货数量的情况也不多见。因为各工序都会有因"成品率"而产生的损耗。生产计划的投入数量会根据该成品率额外增加。当然，如果是最先制造的首件产品，则作为**首件产品管理（首批产品管理）**，要安全地设置成品率和工序时间的增加值。

但是，如果从安全的角度来设置成品率、过多地承担库存的话，工厂的利润就所剩无几了。生产管理人员要根据过去的经验找到并运用最大限度的妥协点。

生产管理人员通过每天进行进度管理来确保产品能够按照生产计划出库。SE只有以此为前提重新构建系统，最后才能做出"受欢迎的系统"。

◉ **即使制订出生产计划也无法放心**

不放心的
原因在于拿不出来
交货计划

考虑库存了吗？

成品率是多少？

生产信息

订单信息

已从预订货转
变成了确认

这个生产计划真的可行吗？

5-5 生产计划的干扰及其影响

干扰发生在"生产计划"与"生产执行"2 个阶段

无法按照生产计划生产的生产管理

相比制订正确的可遵守的生产计划，大部分的日本制造业更愿意采用依靠人工调整生产的方法。也就是说，"怎样追随计划变更"才是最大的课题。生产计划制订后也要根据 MRP 计算需求量。如果订单发生插队和变更，生产管理人员就会进行督促和跟进，想方设法按期交货。因此，制造现场有人会认为"生产计划靠不住"。

其理由有两点。一是顾客选择了允许自己蛮干、任性的生产厂商这个现实；二是生产厂商抱有的是"顾客就是上帝"这个过于简单的营业志向。采用上述方法会使"时界"（关于"时界"将在下一节介绍）的思路化为乌有。生产管理会变得相当糟糕，生产计划将无法与制造令单保持一致。

生产计划的干扰因素会出现在**"生产计划"**与**"生产执行"**2 个阶段。

计划阶段

在计划阶段，会发生冻结变更后不得不同意接受订单变更的情况。具体来说，包括"①交货期变更"、"②数量变更"、"③规格变更"、"④订单取消"、"⑤插队订单"。

如果无视时界、接受任性的订单变更，会影响到其他顾客按照规则订货的订单。因此，出现了不得不采用与制造令单不同的机器和工序生产、必须重新准备所需物料的情况。这样不仅会导致有时无法按照约定的交货期交货，还会因不合理的平日加班和节假日加班而增大成本，劳动者也会越来越疲惫。

执行阶段

在生产执行阶段，干扰计划的原因有以下 6 种。

①**缺货**：因没有从供货商和上工序收到需求数量的部件而被迫等待
②**不合格品**：因某工序产生不合格品而要花费时间对机器进行修理
③**交货期延误**：因供货商或上工序材料延误而待料
④**设备故障**：因机器设备故障而等待
⑤**重新加工**：因下工序要求重新加工而延误生产
⑥**人员缺勤**：因作业所需人员缺勤而延误生产

应当注意，执行阶段遭遇的干扰很多时候是由于计划变更不合理引起的。

减轻生产计划的干扰

不存在能够减轻生产计划干扰的奇招妙计。

可以采取的第 1 个策略是缩短生产前置时间，使生产前置时间比顾客订货前置时间更短。要以缩短供应前置时间和外包前置时间为目标，重新彻底研究生产现场，积累能够缩短的"时间"。要极力利用流水线生产，避免发生产品滞留。此外，检查信息前置时间也是有效的。因为有很多案例显示，"信息传输竟然需要好几天时间"。

第 2 个策略是，严守生产计划与交货期。要极力避免不合理的订单变更，努力从"靠不住的生产计划"转变为"能够遵守的生产计划"。如果能够按照生产计划生产，那么就能够 100% 遵守交货期。

第 3 个策略是，有效利用人力、设备、资金。要不断实施可令机器与人员的运转率接近 100% 的对策，努力提高生产率。

◉ **扰乱生产计划的原因**

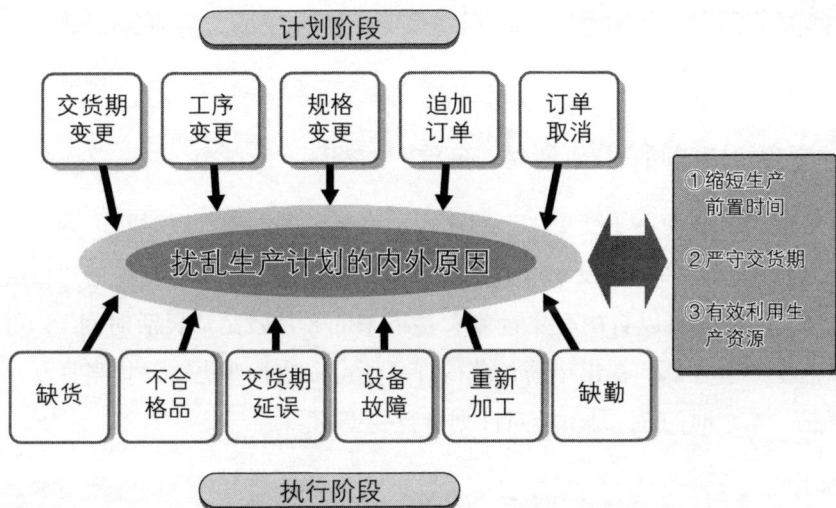

计划阶段

交货期变更　工序变更　规格变更　追加订单　订单取消

扰乱生产计划的内外原因

①缩短生产前置时间

②严守交货期

③有效利用生产资源

缺货　不合格品　交货期延误　设备故障　重新加工　缺勤

执行阶段

5-6 生产计划的确定（冻结）与对计划变更的处理

利用时界防备订单变更和订单插队

建立自由时间、灵活时间、冻结时间规则

生产计划免不了变更。一般来说，变更生产计划都以时间段为单位建立规则。例如，假设 9 月为"发货月"，那么 7 月末之前就是"**自由时间**"，营业可以自由变更计划；接下来的 8 月就是"**灵活时间**"，可以向生产管理部门提出申请，获得许可便可以执行变更；发货当月 9 月就是"**冻结时间**"，是不能对计划进行变更的。

计划变更的冻结时间叫作"时界"

为了按照生产计划生产，可以设立不能变更计划的冻结时间（**时界**）。时界能够保护最近的计划，避免其因插队（追加）订单和特急订单造成混乱。时界的时间取决于生产计划，通常是 1 周到 1 个月。时界时间比竞争对手长并不会影响到交货期竞争力。经常听人说："我公司每天都有订单变更和订单插队的情况发生。"由于当日交货的原材料和零件比较少，所以为了应付订单变更和插队必须要背负大量库存。而且，生产管理人员还会按营业人员说的，为了重新编制生产令单而每天东奔西跑。这可不能叫作"生产计划"。为了避免这种状况发生，时界时间会提供保障，以期能够按照生产计划估算原材料和零件的消耗。被保障的状态叫作"**已备抵**"，如果持有库存的话则把该库存称

为"**关联（已预约）**"。

时界无法阻止计划变更时该如何处理

即使设立了时界，也会发生计划变更。上一节说过，面对无视时界的计划变更，"缩短生产前置时间"就是王道。一缩短生产前置时间计划变更就会减少，即使发生计划变更也能够及时消化，这是为什么呢？

下图表示缩短前置时间能够延长可变更时间。冻结时间从锻造工序的后半部开始，灵活时间从物料供应的中期开始。该工厂的生产前置时间是自 7 月 12 日至 9 月 20 日的"2 个多月"，前置时间缩短了 2 周。

◉　**通过缩短前置时间延长可变更时间**

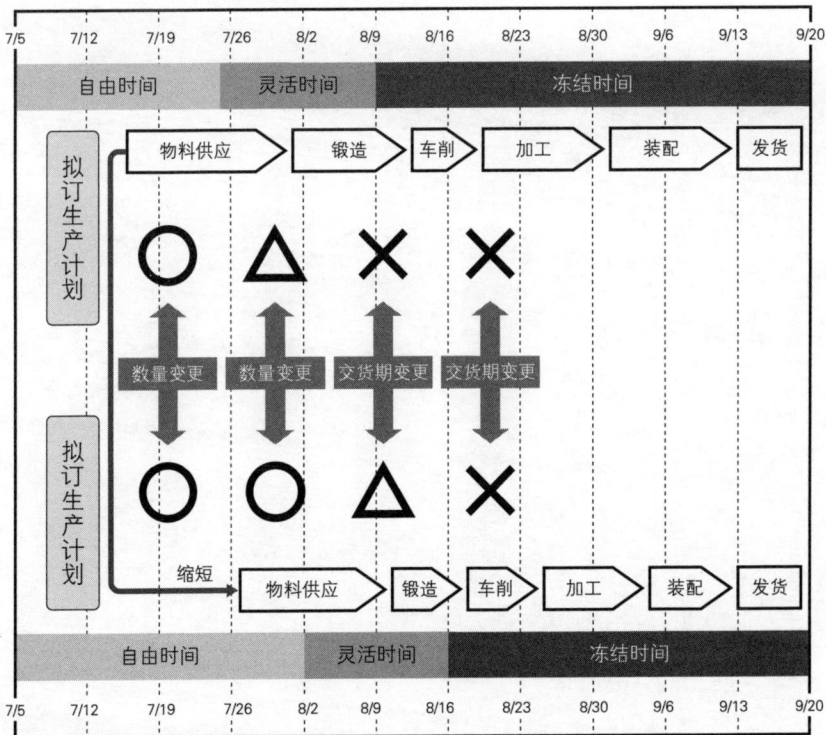

通过缩短前置时间，延长了可变更设计的时间。制造工序越是属于上工序就越能灵活应对计划变更。

要想缩短生产前置时间，必须通过彻底重新研究生产现场来积累能够缩短的"时间"。关键就是要让产品顺利流畅地转到下工序去。利于缩短生产前置时间的方法有很多，例如分析产品的动作路线重新研究机器布局、缩短周期时间（加工时间）与准备工序时间、推动利用生产线生产、通过无人化实现 24 小时运转等等。

能够让信息传输的延误时间无限接近于零，能够缩短生产前置时间的系统才是优秀的生产管理系统。

5-7 生产批次与缩短准备工序的思路

批量生产效率提高，小批量生产蒸蒸日上

生产批次与前置时间的关系

相同产品凑到某种程度的数量后一起生产，有时效率会更高。这种凑起来的生产量叫作"**批**"。例如，某产品凑到 10 个生产时，这 10 个就叫作"1 批"。这种以批为单位生产产品的方式被称为**批量生产**（分批生产）。

◉ **单品生产时的前置时间**

前置时间 工序	1	2	3	4	5	6	7	8	9	10	11	12	13	14	15
订单	Ⓐ→ 等待交货 →														
		Ⓑ → 等待交货 →													
			Ⓒ → 等待交货 →												
				Ⓓ → 等待交货 →											
加工（3 天）		A		B		C		D							
装配（2 天）				A		B			C			D			
交货			← 前置时间（6）→ Ⓐ												
			← 前置时间（8）→ Ⓑ												
			← 前置时间（10）→ Ⓒ												
			← 前置时间（12）→ Ⓓ												

批量生产与前置时间有关。

上页的图表示每份订单各生产 1 个单品时对前置时间的影响，最初投产的订单 A 交货期是第 6 天，而最后的订单 D 交货期是第 12 天，比 A 的交货期时间多出了一倍。

其原因有两个。一是因为 B 以后的订单在装配工序"等待"了 1 天，导致上工序的生产多出了 1 天；二是因为在各工序着手作业前需要有准备工序。单品生产每次都需要准备工序，但批量生产把相同的产品凑到一起生产，仅需 1 次准备工序就能做完整个 1 批数量的产品。

准备工序时间短时，减小批量大小就能够缩短工序整体作业时间，从而也就缩短前置时间了。如上页的图所示，批量大小为"1"，也就是说每份订单各制造 1 个产品，这种方式叫作"**1 个流**"。

为了提高生产效率而凑批

以批为单位凑到一起生产，能使每 1 个的生产成本比单件生产低。假设某台机器的工具变换会耗费 1 人时间，1 批有 10 个产品，那么每 1 个的准备工序时间就会变为"0.1 人时间"。能通过 1 个工序完成生产的案例很少，所以如果考虑全部工序，显然批量生产更有利于降低成本。

那么，凑 1 年的量生产会怎样呢？我认为，在成本方面会令人满意。但这也意味着把全部产品销售出去要花费 1 年，也就是 12 个月的时间，而在此期间产品会成为库存。决定投入到生产计划中的批量大小的方法叫作批量调度。在前置时间、工具变换时间、成本（生存率）方面，批量调度是生产计划重要的决定性事项。进行批量调度时，要确保准备工序成本与库存成本协调一致，处于最佳状态。如果批量大小不是最佳的，就会发生工具变换浪费时间、产生多余库存等状况。

需求量稳定且反复进行生产时，一般都会按照预先计算的批量大小制订生产计划。这种预先计算的批量大小叫作"**标准批次**"，已被应用在某些案例中。这些案例运用的是各工序的设备产能平衡、每次投产量为恒定数量的设备。

相同的生产批次是在同一条件下制造产品的集合，所以在质量管理上也可以视为同一质量的产品。但如果是特别讲究质量的产品，那么其生产的"**批号**"就会受到额外重视。

缩短准备工序的方法

近期，随着消费者需求的多样化和个性化，出现了多品种化的趋势。受此影响很多企业开始在生产上推动多品种小批量生产，甚至有很多企业开始专注追求一个流。至此，缩短准备工序时间成为了制造业永恒的课题。

缩短准备工序的方法简述如下。

①测量当前准备工序作业的时间，分解为要素作业，达到作业
　　"**零浪费**"；

②在工序内从机内式准备工序当中把机外式准备工序分离出来
　　（机内式准备工序是要停机后进行的准备工序作业，而机外式
　　准备工序是可以移到生产线外进行的准备工序作业）；

③对于必不可少的机内式准备工序作业，要运用工装夹具等彻
　　底缩短准备工序的时间；

④谋求缩短机外式准备工序的作业时间；

⑤而后，挑战零准备工序时间。

众所周知，目前日本的制造业拥有进行"**单一准备工序**"作业、
"**单触准备工序**"作业的生产技术。因进行准备工序作业而停机的时间，前者在 10 分钟以内，后者在 1 分钟以内。

5-8 生产号方式是单件生产中日本独特的生产管理方法

> 大体上按照 MRP、生产号方式、准时制生产方式这 3 种方式进行生产管理

生产号方式的意义与由来

所谓生产号方式，是一种以各订单为单位、适合完全订货型生产的生产管理方法。完全订货型生产甚至连生产计划、设计、物料订货、工序指示、生产、交货都一条龙式地进行。由于这些业务利用编号关联，所以被称为"生产号方式"。其中，编号是指与各订单对应的**生产号（生产编号）**或**"工程号（工程编号）"**。

20 世纪 70 年代，日本从欧美引入了利用计算机的生产管理系统 MRP。但在单件生产和小规模生产领域，至今依然有很多工厂在通过生产号方式进行生产管理。有人说这是日本独特的生产管理方法。我认为，这大概是由于 MRP 难以适用于单件生产，而日本已经确立了靠人工灵活地进行生产管理的结构等原因。

生产号方式的结构

生产号方式基于订单信息开始设计，根据设计图纸从产品结构进行零件展开，按生产号分别进行物料的订货准备、外包准备并对产品制造做出指示。生产计划根据产品交货期，就所需相关零件，按照标准日程，通过依次调整顺序来为上工序决定在制品日程。其后的工序作业指示、进度管理以及成本管理等也都要与生产号关联后进行。在结构上是

◉　**利用生产号管理进行单件生产**

生产号管理	准备制造时，编"生产号"（管理令单用的编号）以确保基于"生产号"的计划、订货、出库、作业指示等资源，并管理履历

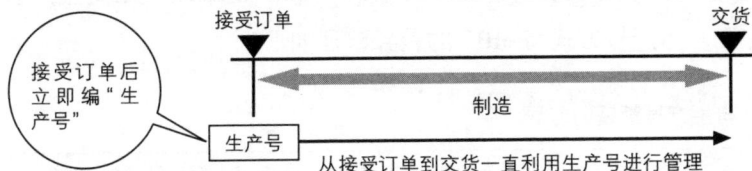

接受订单后立即编"生产号"

接受订单　　　　　　　　　　　　　　　　　　交货

制造

生产号

从接受订单到交货一直利用生产号进行管理

◆生产号管理的优点◆
每批订单都赋予一个"生产号"，使各工序和物料等都成为"关联"
→ 易于把握以订单为单位的准备和进度管理、产品成本

◆生产号管理的缺点◆
难以应对变更、物料共享、凑批生产、备货型生产等问题

不存在中间零件形态的。

　　以"生产号"为单位分配全部作业，能确保各工序所需要的设备产能、人工工时、材料等资源，还能确认各订单的进度、记录生产后与订单对应的作业履历等，从而使一些工作变得非常容易。

　　但是，由于进行重复生产的工厂运用手工作业非常困难，所以生产号方式一般都是运用在模具工厂和试制工厂、以单品为单位的冶炼厂等使用的系统中。

生产号方式与 MRP 的差异及开发人员的处理

　　日本有很多运用了 MRP 的生产管理，也存在很多利用生产号方式和丰田生产系统（准时制生产方式）进行管理的工厂。可以说日本制造业的生产管理是以 MRP、生产号方式、准时制生产方式这 3 种方式进行的。因此，动手构建生产管理系统时，应当首先弄清楚的最重要的问题是想选择哪种生产管理方式。

包括以大型企业为中心引入的 ERP 在内，几乎所有的生产管理软件包都以欧美开发的 MRP 为基础。因此，有的软件包虽然可以支持生产号方式和准时制生产方式，但引入后也会出现某些地方不合理、功能匮乏的问题。这导致了很多企业即使引入了 ERP 也难以应用到生产管理系统中去。生产号方式与 MRP 的差异整理如下。

◉　**MRP 与生产号管理的差异**

比较项目	生产号方式	MRP
生产计划	以所赋予各订单的"生产号"为单位的生产计划	凑批的生产计划
工序间库存	不需要输入收发数据	需要输入收发数据
产品库存	接受订单后生产，没有产品库存	因持有产品库存，所以能够在短时间内提供产品
把握订单成本	易于把握以订单为单位的产品成本	难以把握以订单为单位的产品成本
支持系统	如果规模小，可以利用手工作业和PC	需要系统
缺　　点	无法满足顾客缩短交货期的要求	经常背负大量库存

◉　**MRP 与生产号管理的差异**

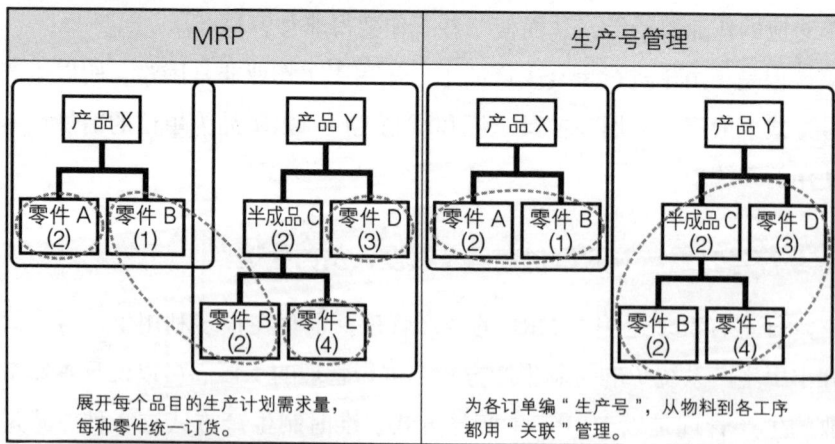

注：　以生产指示为单位
　　　以订货为单位
（数字）为需求量

第6章

MRP（物料需求计划）的思路与实践

6-1 MRP（物料需求计划）的思路

时间段、独立需求品目和相关需求品目在 MRP 中至关重要

MRP 改变了现货管理中心的生产管理

MRP（Material Requirement Planning，物料需求计划）是由美国的奥列弗·怀特（Oliver W. Wight）在 20 世纪 60 年代提出的生产计划方法。20 世纪 70 年代，随着商用计算机的普及，MRP 作为使用计算机系统的生产管理新思路，被引入到包括日本在内的全球制造业中。很快，MRP 作为具有代表性的生产管理方法得以迅速普及。而此前，日本很多制造业是采用"**生产号方式**"进行生产管理的。

美国的制造业物料订货以前采用的是复仓方式和订货点方式那种"现货管理中心的生产管理"。而 MRP 的出现，促成了一个很大的转变。20 世纪 80 年代，MRP 升级为 **MRP II**（Manufacturing Resource Planning II，制造资源计划），增加了关注工序产能的功能。以前的 MRP 仅以物料为对象，而 MRP II 是生产计划引擎，不仅能计划物料的需求量，还能计划经营资源等的需求量。其中，经营资源指人力和机器设备等。需要注意的是，现在所说的 MRP 有时包括 MRP II 的功能。为准确区分，本书将分别使用这两个术语来表达。

MRP 以计算机系统为前提开发，从具有代表性的 IBM 公司的"COPICS（1968 年）"开始，到适用于通用计算机、办公计算机的各种软件包纷纷面世，广泛应用于各制造业当中。在此基础上，进一步增添

了销售、进货、物流管理以及财务、人事工资等功能的系统就是 ERP
（Enterprise Resource Planning）。

MRP 的结构

MRP 是利用计算机辅助完成确定生产计划后进行的一系列业务的
系统。这一系列业务包括计算生产所需零件的需求量、备抵库存、决定
订货时间与交货期、开具令单。也就是说，它是决定"准备什么、何时
准备、准备多少、在哪个工序使用"的计算机系统。

MRP 中包括**时间段**和**独立需求品目·相关需求品目**这两个重要概念。

◉　MRP 的结构

什么是 MRP（Material Requirement Planning，物料需求计划）
● 制造规定数量产品所需要的材料、零件需求量的计算方法
● 必须要有记录了构成产品的零件和原材料需求量的 BOM（Bill of Material，物料表）

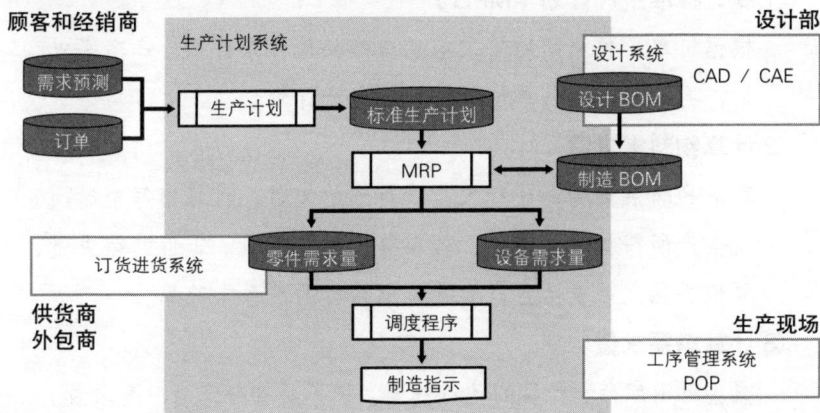

时间段

时间段是投入生产计划的时间单位。规定适合该工厂生产的时间为
"月"、"周"、"天"、"小时"等，以这个时间为单位计量生产计划数量。
这个时间也被称为时间桶，就是"时间存储桶"的意思。把它想成"一

桶装多少杯的计划"，就比较容易理解了。

独立需求品目与相关需求品目

独立需求品目是指需求量像最终产品那样不依赖于其他品目需求量
的品目。相反，相关需求品目是指零件需求量像零件那样依赖于其他品目
（父产品）需求量的品目。也就是说，父产品需求量会决定该零件需求量。

采用 MRP 的生产计划概述

MRP 是根据标准生产计划（MPS）进行零件展开与工序展开的，因
此全部工序的准备和计划都要符合标准生产计划的要求。采用 MRP 的
生产计划步骤如下：

①**制订标准生产计划（MPS）**

　根据订单、预测等的需求信息与产品库存来计算生产净需求
　量，再以时间段为单位制订标准生产计划。

②**计算物料需求量**

　利用 BOM 展开为基于标准生产计划的零件，计算出每个时间
　段生产所需材料、零件、辅料等的总需求量。零件的需求量
　要根据独立需求品目与相关需求品目的关系来计算。

③**计算净需求量**

　减去可用库存和产品的已订货量，把不足部分定为净需求量。

④**制订日程计划**

　材料和零件的生产计划会根据标准前置时间来决定需要物料
　的时间段与预定订货日期。

⑤**开具令单**

　给公司内部工序开具"在何时之前准备、准备多少所需零

件"的令单（作业指示书）。利用"准备零件及委托外包的订货书"向供应商和外包生产厂商订货。

⑥**滚动**

转到下个时间段时，导入需求的变化，重新修正全部计划。

MRP 生产计划的优点与缺点

MRP 之所以受到全球制造业的青睐，是因为它有以下几个优点。

① MRP 能够把通用零件凑到一起再准备订货。

②各工序在时间段内分别生产所指示的零件就行，与其他工序无关。

③准备订货要事先获取预计需求，再根据库存信息算出应当订货的净需求量与订货时间。这样做既能够压缩库存也能够消除库存不足。

④把订单或需求预测数据与物料供应直接关联在一起，有利于促进生产计划作业的合理化发展。

但是，MRP 无法调整工序产能与生产所需产能之间的负荷，最终还是要依靠现场的人工调整。直到 MRP 发展到 MRP II 以后，才逐渐解决了这个问题。

6-2 零件展开的逻辑

> MRP 是指把以产品为单位的生产计划展开成以零件为单位的生产计划

零件的需求量展开与 BOM 要整体进行

MRP 是指把以产品为单位的生产计划（中日程计划或标准生产计划）展开成以零件为单位的生产计划（小日程计划或作业指示）。换句话说，MRP 是一种方法，而这种方法的目的是根据 BOM 与产品的标准前置时间，按照标准生产计划计算出应当在各工序生产的零件数量与期限。

MRP 的核心是需求量展开逻辑，用于计算机处理。这种方法会通过不断搜索 BOM 数据库来寻找需求量，还会加上最终产品的需求量。

按照生产计划计算物料需求量（需要零件的数量）时，**总需求量与净需求量**可以用关系式"净需求量＝总需求量－可备抵库存量"来表达。所谓**可备抵库存量**，是指当前持有的库存中可以使用的库存数量。

下面是围绕下页的示例图进行的说明。设当前为自年初起第 N 周、8 周后为第 N+8 周。产品 Z 的订单交货期为第 N+8 周，数量为 20 个。也就是说，Z 的总需求量为 20 个。当前，Z 在仓库中有 12 个库存，但是此前决定要发货 7 个。因此，第 N+8 周能够备抵的库存量为"12-7 ＝ 5 个"，净需求量为"20-5 ＝ 15 个"，第 N+8 周前需要制造的 Z 产品数量为 15 个。

也就是说，净需求量具有与生产计划（生产指示）相同的意义。

◉ **零件展开的计算逻辑**

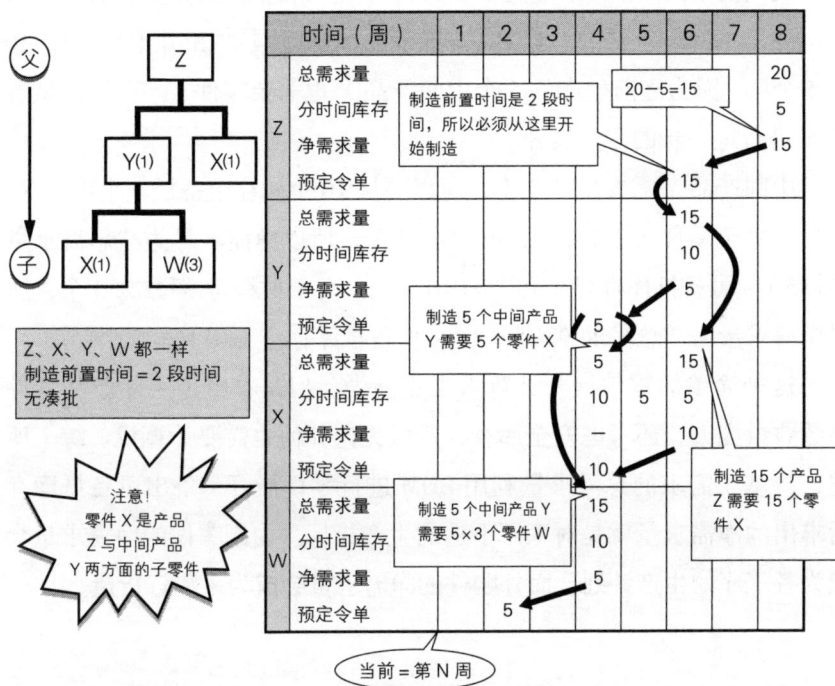

时间（周）	1	2	3	4	5	6	7	8
Z 总需求量								20
分时间库存								5
净需求量								15
预定令单						15		
Y 总需求量						15		
分时间库存						10		
净需求量						5		
预定令单				5				
X 总需求量				5		15		
分时间库存				10	5	5		
净需求量				—		10		
预定令单				10				
W 总需求量				15				
分时间库存				10				
净需求量				5				
预定令单		5						

父 → Z → Y(1)、X(1)；子 → X(1)、W(3)

Z、X、Y、W 都一样
制造前置时间＝2 段时间
无凑批

注意！
零件 X 是产品
Z 与中间产品
Y 两方面的子零件

制造前置时间是 2 段时间，所以必须从这里开始制造

20－5＝15

制造 5 个中间产品 Y 需要 5 个零件 X

制造 15 个产品 Z 需要 15 个零件 X

制造 5 个中间产品 Y 需要 5×3 个零件 W

当前＝第 N 周

零件展开需要 BOM

MRP 利用 BOM 根据生产计划计算零件的净需求量。下面，根据上图进行说明。注册到 BOM 中的产品 Z 由 1 个零件 X、1 个中间产品 Y 组装而成。其中，生产中间产品 Y 需要 1 个零件 X、3 个材料 W。

如果用物料结构图来表现，则产品 Z 的物料结构如上图左侧所示。设上层产品为"父"，下层零件为"子"，把它们看作父子关系。图中括号里面的数字是制造 1 个父品目所需要的数量，叫作**额数**（需求量）。

现在，回到零件展开的问题上。要满足"15 个产品 Z 的净需求量

（生产计划）"，需要制造多少个最终零件 X 与材料 W 呢？请注意，零件 X 除了用于产品 Z 以外，还用于中间产品 Y。

设当前中间产品 Y、零件 X、材料 W 的可备抵库存数量各有 10 个，则零件 Y 的净需求量为"15–10 = 5 个"。但是，零件 X 并不是"15–10 = 5 个"。因为之前生产的 5 个中间产品 Y 也需要零件 X。下面，试着对 Y 进行进一步的零件展开。

中间产品 Y 需要生产 5 个，所以要从 10 个库存中备抵 5 个零件 X。但是，由于零件 X 在产品 Z 中需要 15 个，所以净需求量为"总需求量（5+15）– 可备抵库存量（10）= 10 个"。由于材料 W 额数为 3 个，所以净需求量为"总需求量（5×3）– 可备抵库存量（10）= 5 个"。

这种简单的零件展开计算人工也能做。但是，由于实际产品零件件数数量庞大，还考虑安全库存，所以无论如何也需要计算机。综上所述，将基于需求的总需求量利用 BOM 进行零件展开、备出可备抵库存后求出的净需求量就是对工厂下达的生产指标。内制零件的净需求量会成为各工序的**生产计划**，而外购件的净需求量会成为**采购订货量**。

6-3 日程展开的逻辑

日程展开要根据标准前置时间以时间段为单位进行

时间段与标准前置时间的思路在 MRP 中至关重要

如前所述，在 MRP 中，**时间段**这一进行生产的时间（月或周等）概念至关重要。欧美根据生活习惯多采用周单位，而当初的日本主要使用月单位。

MRP 是这样一种生产管理的思路，即首行计算出每个时间段生产所需原材料和零件的品目与数量，然后减去当前库存量，求得净需求量。基于 MRP 的生产计划与生产号方式不同，没有与各订单进行关联。它以零件库存生产为前提，在该时间段内不断重复。也就是说，时间段为 1 周时，即使是交货日期不同的多个生产计划令单，只要交货期在同一周，这些生产计划就会被凑到一起，视为那一周的计划。由此可见，即使制造前置时间为 3 天，标准前置时间也是"1 周"。

日程展开要根据标准前置时间以时间段为单位进行

在检查执行标准生产计划的可能性、调整供需平衡的作业当中，包括以查看"工厂的生产能力能否应对生产计划"为目的的**粗略产能计划**。每个工厂和工序单位都以"发货总数"、"发货金额"等来表现概算产能，作为用于产能计划的数据。

MRP 的标准前置时间是指各工序制造产品所需要的作业时间。如下图所示，设产品 Z 和中间产品 Y 的装配工序前置时间为 2 周，零件 X 与材料 W 的供应前置时间分别为"1 周"、"2 周"，则生产产品 Z 所需要的总前置时间就是 6 周。

◉ 零件展开的计算逻辑

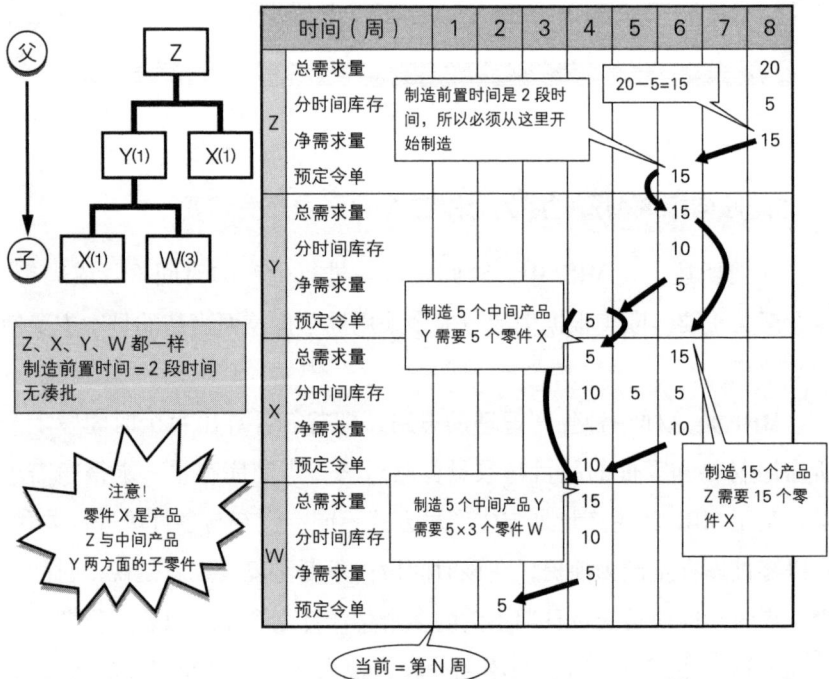

父 → 子

Z
├─ Y(1)
│   ├─ X(1)
│   └─ W(3)
└─ X(1)

Z、X、Y、W 都一样
制造前置时间 = 2 段时间
无凑批

注意！
零件 X 是产品 Z 与中间产品 Y 两方面的子零件

时间（周）	1	2	3	4	5	6	7	8
Z 总需求量								20
Z 分时间库存								5
Z 净需求量								15
Z 预定令单						15		
Y 总需求量						15		
Y 分时间库存						10		
Y 净需求量						5		
Y 预定令单				5				
X 总需求量				5		15		
X 分时间库存				10	5	5		
X 净需求量				—		10		
X 预定令单				10				
W 总需求量				15				
W 分时间库存				10				
W 净需求量				5				
W 预定令单			5					

20－5＝15

制造前置时间是 2 段时间，所以必须从这里开始制造

制造 5 个中间产品 Y 需要 5 个零件 X

制造 15 个产品 Z 需要 15 个零件 X

制造 5 个中间产品 Y 需要 5×3 零件 W

当前 = 第 N 周

进行净需求量的零件展开时，利用标准前置时间，从交货期往回推算所需要的时间。据此决定各工序的作业时间和作业完成量。如上图所示，设产品 Z 的交货期为 8 周后，则完成中间产品 Y 净需求量 15 个所需要的时间为第 N+6 周，完成零件 X 净需求量 10 个与材料 W 净需求量 15 个所需要的时间为第 N+4 周，零件 X 订货时间为第 N+3 周，材料 W 订货时间为第 N+2 周。MRP 的逻辑清除了因意识过度而产生的安全库存量，不会发生零件制造过多的问题，也不会出现跨段的过

剩库存。

　　MRP 标准前置时间是作为时间的标准值设置的。这个时间包括转到下个工序之前的时间，即滞留时间。所谓**滞留时间**，是指在某工序加工的产品等待整批产品全部完成时所耗费的时间。在 MRP 中，如果将通用零件按批凑到一起一定会产生滞留时间。事实上，大部分前置时间都是滞留时间。顺便提一下，对附加价值有贡献的直接生产所需时间叫作**"纯加工时间"**。提高生产率和缩短前置时间，关键是要分析前置时间与纯加工时间的比率。而怎样通过从前置时间中减去滞留时间来使生产时间无限趋近于纯加工时间就成为了重要课题。

◉　**零件加工的日程展开**

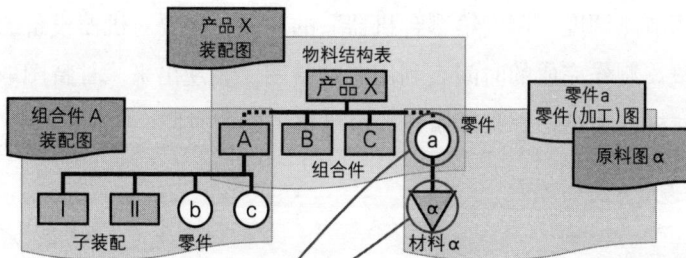

日程展开　　　　　　　　　　　　　　　　　　　　　工序数据范例

名称	工序	工序内容	加工工时	成本	前置时间	创造批量
产品 X		产品装配	2 人 ×4h = 8hr	40000 日元	3 天	10 个
组合件 A		组合件装配	2 人 ×8h = 16hr	64000 日元	3 天	15 个
零件 a	1	车床加工	1 人 ×1h = 1hr	5000 日元	2 天	20 个
零件 a	2	钻床加工	1 人 ×0.5h = 0.5hr	3000 日元	2 天	40 个
零件 a	3	研磨加工	1 人 ×0.5h = 0.5hr	4000 日元	2 天	40 个
材料 α		供货商 A 公司		20000 日元	5 天	60kg

6–4 根据生产调度制订作业时间表

在短时间内制订小日程计划、调整计划变更是不可或缺的

调度一般是反向调度

所谓"**调度**"，是指在工厂各工序中制定作业时间表。

在现有的机器设备当中，为了高效处理生产计划所指示的作业"在哪个时间节点调度、调度给哪台机器"的问题，需要对机器设备的负荷进行调整。制作完成的时间表利用"**甘特图**"表现出来。甘特图取时间为横轴，机器为纵轴，并以横条表示机器占用的时段。

◉ 2个调度方式

着手日期											交货期
1	2	3	4	5	6	7	8	9	10	11	12

反向调度

←工序1 ←工序2 ←工序3 ←工序4

（减法方式）

正向调度

工序1→ 工序2→ 工序3→ 工序4→

（加法方式）

　　日程展开通常会根据各工序的前置时间，从发货日期开始逆向计算，设置分工序交货期。这叫作"**反向调度**"。这样一来，上工序的"完成日期 +1 天"就是下工序的着手日期。此外，编制日程表采用的是根据生产量把所需时间分配给各工序的方法。

　　与反向调度相反的是"**正向调度**"。它要求尽早着手第一工序，然后再依次分配给第二工序、第三工序。这种方法主要用于要求即刻生产的特急件（叫作"专列"）等特殊案例中。

调整工序负荷的"作业组合"与"作业均衡"

　　如何在短时间内制订包括准备工序时间在内的小日程计划、调整计划变更，是令每个工厂都头痛的问题。工序的生产能力是有极限的。本书第 92 页曾提到过"**作业组合**"与"**作业均衡**"这两个概念。前者是指根据标准前置时间把工作分配给各工序，而后者是指根据各工序负荷能力把所分配的工作均衡开。

　　例如，设工序 A 的机器 M 每天运转时间为 16 个小时。如果每个产品 P 作业时间为 10 分钟，那么这台机器 M 的生产能力就是每天能生产960 个。如果生产计划是 1200 个的话，则超出产能的 240 个就会成为遗留任务。作业均衡的任务是把遗留任务均衡到前一天使工序生产保持平稳。而为了遵守交货期，必须提前进行作业组合。

　　提前找出工序的空闲进行作业均衡有时会导致交货逾期。处理逾期一般按照"①平日加班"、"②节假日加班"、"③改变班制（把正常班改成两班制等)"、"④应用外包"的顺序进行。如果依然无法解除逾期危机，那只有向顾客申请延期交货了。

　　当然，也有强行提高机器速度进行加速生产的案例。这往往会造成连续生产的产品质量不合格，最终还是会给顾客添麻烦。另一方面，如果是合理地提高了机器生产速度的话，那就说明之前设置的标准前置时间本身就是不成熟的。

除了生产管理软件以外还有调度软件

大部分市售的生产管理软件包都在产品目录上写着"具有作业组合和作业均衡的功能"。但我认为,该功能很难付诸实用。因为 MRP 是以时间段与标准前置时间这种非常粗略的时间为单位展开生产计划的。

近期,受多品种少数量生产热、交货短期化、订货变更频繁化与生产计划易于重组化的影响,生产厂商对生产管理的要求变得越来越细致了。而仅依靠 MRP 的思路,很难做到细致的生产管理。

因此,很多企业开始通过引入**生产调度程序**(APS,Advanced Planning and Scheduling,高级计划与排程)来制订更加细致的生产计划。生产调度程序中比较出名的是 ASPROVA(ASPROVA 株式会社)和 FLEXSCHE(FLEXSCHE 株式会社);另一方面,很多中小规模的工厂是通过用双眼观察导入到 Excel 中的生产计划甘特图来研究以工序为单位的、作业组合和作业均衡的问题的。

6-5 由 MRP Ⅱ 向 ERP、SCM 的发展

> 演变成整体优化物流的 SCM

由 MRP 向 MRP Ⅱ 的发展

MRP 最初面世的时候有两个很大的局限性：一是无法管理除了物料以外的制造资源；二是难以在生产计划变动大时进行交货期管理。因此，为了弥补 MRP 的不足，诞生了功能获得强化的 MRP Ⅱ（Manufacturing Resource Planning Ⅱ，制造资源计划）。

MRP Ⅱ 为了解决第一个问题，将生产管理的对象从物料供应扩大到了全部生产资源。

MRP Ⅱ 不仅能制订资金、人力、设备等生产所需全部生产资源的"**需求计划**（Resource Requirements Planning，RRP）"、还能制订备抵生产能力进行准备的"**产能需求计划**（Capacity Requirements Planning，CRP）"。其中，RRP 是计划长期生产资源的功能，CRP 是制订生产计划时调整生产能力与负荷的功能。

为了解决第二个问题，首先应当提高标准生产计划（MPS）的精度，把变动抑制到最小限度。时界管理和时间段等的供需调整措施使之成为了可能。也就是说，MRP Ⅱ 把生产管理所需的全部功能都备齐了。

此外，增加需求预测功能的 MRP，有时也被称为 MRP Ⅲ。

由 MRP 向 ERP 的演变

在 MRP II 的基础上，出现了 ERP（Enterprise Resource Planning，企业综合资源优化计划）的思路与软件，以对资金、人力、物流等整个企业的经营资源进行综合、优化。日本大型企业从 20 世纪 90 年代后期开始全都引入了 ERP。旧型通用计算机遗留系统的轻量化课题与当时认为的需要重新全面评估系统的 2000 年问题加快了引入 ERP 的步伐。

ERP 价格不菲，能够熟练运用 ERP 的企业也不多，大部分企业仅将其用于以会计领域为中心的业务。尤其是生产管理（MRP），它作为 ERP 的基础并未被日本各制造公司接受。这是为什么呢？因为要想准确地进行 MRP 的计算，必须要准确地整备 BOM、精确把握可备抵产品和零件的库存量、设置标准前置时间、遵守时界。

例如，如果在还未实现在制品库存管理的状态下就贸然引入 MRP 的话，现场会发生混乱。因为有的 ERP 在根据装配数量对用于装配产品的结构零件库存数进行零件展开后，无法使用自动冲减（减少数量）的倒冲功能。而且，如果把以往精度低的中日程计划原封不动地换成标准生产计划，那么精度低的数据就成了 MRP 的输入数据，是不可能成功的。

于是，订单、生产计划、库存无法整合到一起，经办人不知道究竟该相信什么。结果，要么根据自己能够确认的实际库存来制订日程计划，要么又回到了以前的老路上。

MRP 的思路比较简单，但即使在大型企业，能完美运行的案例也很少。目前，几乎所有的制造业都在把 MRP 的需求量展开功能用于原材料和零件的预订货准备，而对于作业指示（小日程）、工序进度管理、物料交货指示等问题，则选择根据自己公司的产品与交易形态进行单独处理。

从 ERP（企业集团）到 SCM（多个企业）

MRP 适用于单一的企业或企业集团。而 **SCM**（Supply Chain Management，**供应链管理**）提出的是把范围扩大到多个供应物料的企业、通过实时共享各交易企业相互之间的信息来优化整体**物流**（logistics）的思路。SCM 软件的目的是，削减整个供应链的库存、改善流程。当然为了达到目的，必须先踏踏实实地努力削减物流前置时间、改善工序流程。

◉ **MRP 的发展**

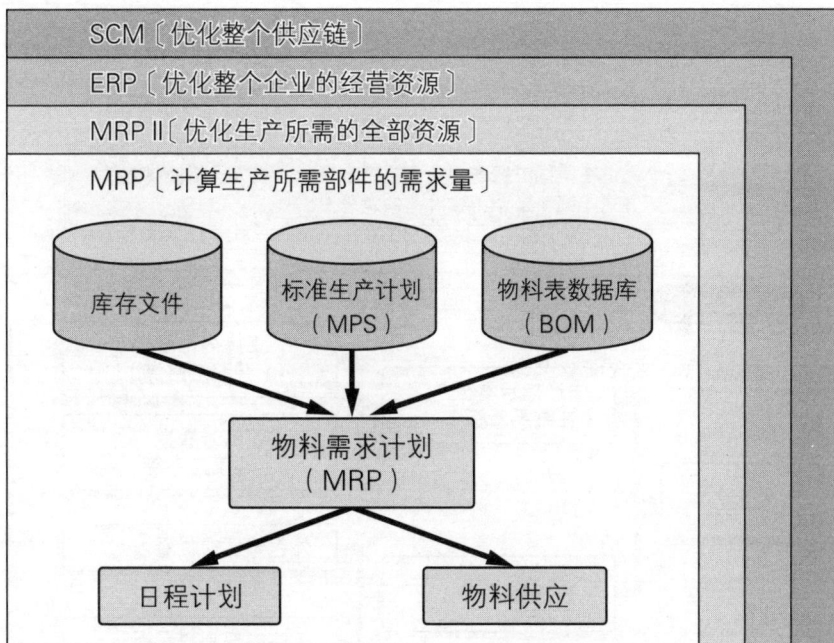

丰田生产系统（TPS）与准时制生产方式的结构

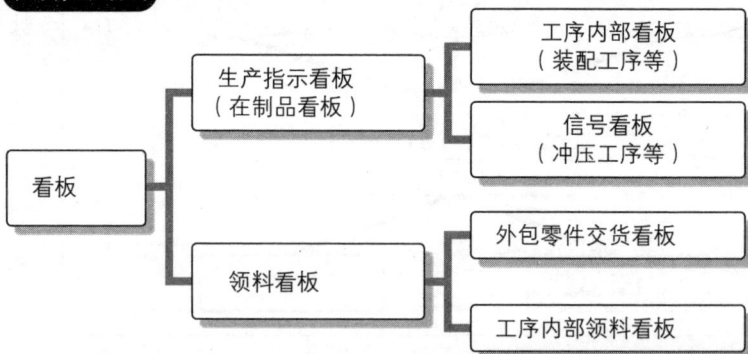

丰田生产系统（TPS）

反复进行 5 次原因分析，查明隐藏在原因背后的真正原因

三现主义＋五现主义"现场、现货、现实"、"原理、原则"

基本思想是彻底消除浪费

采用准时制生产方式，实现"用眼睛看的管理"

每年开展数百万件以上的改善活动

➡ TPS 通过在美国进行通用化、重新系统化，成为了精简高效的生产方式（精简是"不臃肿"的意思）

准时制生产方式

看板 — 生产指示看板（在制品看板） — 工序内部看板（装配工序等）

信号看板（冲压工序等）

领料看板 — 外包零件交货看板

工序内部领料看板

➡ 所谓看板，是指记载了品目与数量的塑料板和层压板。在丰田生产方式中，作为给上工序的生产指标、给下工序的"交货单"使用

第7章

掌握生产管理的核心数据库
BOM

7-1 MRP 需要 BOM

BOM 是决定生产所需物料和零件种类、数量的数据库

MRP 与 BOM 的关系

介绍 BOM 之前，先梳理一下生产管理系统与 BOM 的关系。

如第 5 章与第 6 章所述，制造业的生产管理系统基本上是 MRP 方式、JIT（准时制生产）方式、生产号方式这三种方式当中的一种。需求量展开的功能不仅 MRP 方式需要，JIT 方式和生产号方式的生产计划也需要。因为 JIT 方式主要是作业指示的方法（拉动方式）而不是生产计划的方式。

采用支持单品生产的生产号方式，所需零件中也包括螺丝和螺栓等通用零件，所以必须要进行零件的需求量展开。也就是说，全部制造业都在把需求量展开功能用于生产管理，而需求量展开所需的数据库就是 BOM。

BOM 中包括设计 BOM（E-BOM）与制造 BOM（M-BOM）。但是，生产管理中的 BOM 是指 M-BOM。

BOM 的作用

在标准生产计划中，如果决定了在某时间段内生产的产品种类与数量，就必须计算出生产该产品所需物料和零件的种类及数量。实现此目的的一系列步骤就是 MRP。

MRP 进行零件展开时需要 BOM。BOM 是结构表，表中注册了制造 1 个产品需要的零件及其数量等。BOM 包括汇总型与结构型。

①汇总型

汇总型物料表是在第 1 层显示制造 1 个产品所需零件名称与数量的表。因为能够一目了然地把握制造产品需要的全部零件与数量，所以只要确定了产品生产计划数，就可以根据公式"结构零件数量 × 产品计划数量"，轻而易举地计算出需要的零件数量。

但是，采用汇总型并不知道"结构零件在哪个工序使用、使用多少个"、"何时需要"。汇总型物料表主要用于以下场合。

①零件数量少、装配单纯的产品
②全部工序都是在 1 个地方做的产品
③全部零件都是由外包或外购件构成的产品

②结构型

结构型物料表是考虑装配阶段和进货顺序、用多层树状结构来构造产品与零件关系的表。一般所说的 BOM 就是指结构型物料表。它可以清晰地显示出"父产品由哪种子零件构成"、"子零件用于哪个父产品"。

但是，由于零件展开要在每个装配阶段进行，所以数据库的结构、程序都很复杂。结构型物料表主要用于以下场合。

①中间装配的工序很多、结构复杂的产品
②工序分散布置、有通用零件的产品
③生产时间长的产品

◉ **汇总型与结构型**

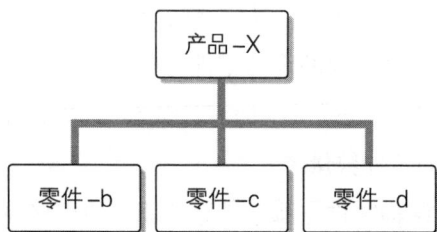
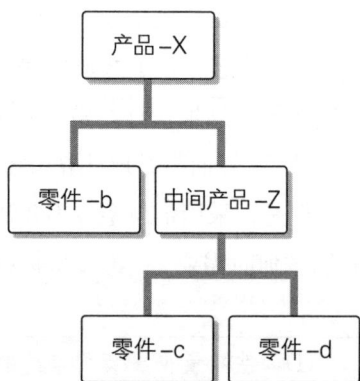

| 汇总型 | 结构型 |

7-2 BOM 由 P/N 与 P/S 构成

品目主数据是 BOM 中最重要的基本主数据

BOM 由 P/N 与 P/S 构成

BOM 基本上是由 P/N（Parts Number，**品目主数据**）与 P/S（Parts Structure，**物料结构主数据**）构成的。

◉ **BOM 的结构**

名称代码	数据	数据	数据
产品 –X			
中间产品 –Z			
零件 –b			
零件 –c			
零件 –d			
产品 –Y			

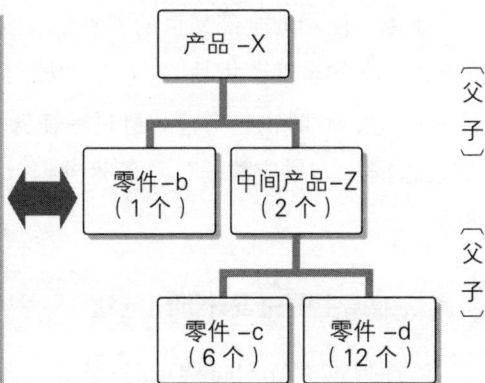

P/N 中注明了该生产工厂所用品目（产品、零件、原材料）的全部信

息。具体说来，有"材质"、"形状"、"颜色"、"尺寸"等固有的**属性信息**；"供货商"、"订货批次"、"检验信息"、"标准前置时间"等**供应和生产信息**；"标准成本"、"销售价格"、"收货方"等**管理信息**。

而且，"产品结构"、"需求量"、"工序信息"等也被作为父子关系信息按照阶层结构注册到了 P/S 中。

MRP 通过不断参考由这 2 类主数据构成的 BOM 来计算"生产计划所需零件的需求量"与"前置时间"。设标准生产计划要求"生产 100 个产品 X"。首先，MRP 以产品 X 为关键项读取 P/N，获得投入计划（作业指示）所需的生产管理数据。

接下来，以产品 X 为关键项访问 P/S。P/S 中记录了产品 X 的全部零件（P/S 的关键项以 X 为父产品注册了多个子零件），从头至尾进行以获得所需的需求量。如果所需零件中有中间产品 Z 的话，则像处理产品 X 那样处理。

品目主数据是 BOM 中最重要的基本主数据

P/N 又被称为品目主数据、产品（零件）主数据等，汇集了产品零件的基础信息，即制造业在"开发"、"供应"、"生产"、"销售"、"维护"业务中使用的全部品目的各种信息。具体来说，就是进货、移动、销售、库存的全部"物品"，包括"原材料"、"零件"、"中间产品"、"产品"等，有时也包括包装材料等辅料。我认为，将产品主数据分为"属性数据"、"供应数据"、"管理数据"这 3 类进行考虑是比较容易理解的。

属性数据主要由设计部门创建

属性数据（Attribute Data）是关于各产品固有属性的信息。产品和零件的属性主要在设计阶段规定。属性数据可以考虑以下数据项。

> - 产品和零件名称　• EC（Engineering Change，设计变更）
> - 设计编号　• 图号　• 材质　• 规格和尺寸　• 精度　• 分类代码
> - 活数据与死数据　• 许可和认可产品　• 回收义务　• 毒性
> - 质量等级　• 单位　• 转换比率（转换计量单位时使用的　比率）
> - 代用零件编号等

此外，产品、零件的名称与 EC 构成 P/N 的关键项。

供应数据

供应数据（Procurement Data）是指各工序中与供应有关的信息。其中，工序包括从原材料经加工制成半成品到完整产品的全部工序。工厂的生产管理部门与采购部门注册这部分数据时，可以考虑以下几项。

> - 内制和外制分类　• 种类（装配零件、加工零件、原材料、外购件等）• 订货名称　• 供货商　• 价格　• 供应前置时间
> - 订货批次　• 订货方法　• 标准工序　• 成本（可变成本和分工序标准时间）• 标准制造批次　• 标准成品率等

管理数据

管理数据是创建各种生产管理信息时需要的代码和价格等信息，由工厂的会计和管理部门注册为"负责工厂"、"作业区（Work Center）"、"产品（零件）组"、"结算价格"、"包装规格"、"状态（试制和量产分类）代码"、"SC（结束代码）"等。

品目主数据（P/N）以设计部门创建的信息为基础，经由工厂各部门不断添加所需信息后完成。

◉ **品类主数据的信息**

○品类主数据汇集了开发、生产、销售、维护过程中使用的全部品类的各种信息
○对象包括进货、移动、销售、库存的全部对象，例如产品、零件、中间产品、易耗品等

属性信息	名称、图号、材料、规格和尺寸、精度、分类代码、活数据与死数据、许可和认可产品、回收义务、毒性、质量等级等
供应信息	内制和外制、生产厂商、供货商、价格、准备前置时间、订货批次、订货方法等
管理信息	负责工厂、成本、制造批次、标准成品率、结算价格、包装规格等

7-3　名称代码的重要性及其思路

図纸、传票、数据库中显示的名称代码必须一致

在工厂把设计所规定的名称变更了以后再使用

"从前，人类都说同一种语言。他们聚集到了巴比伦，打算建造一座通到天上去的塔。上帝见到这一幕，为人类的狂妄自大而愤怒，开始让他们讲不同的语言。因此，巴别塔没能通到天上去。"

这是《圣经·旧约·创世记》中一个著名故事的梗概。据说巴别塔源自意味着"混乱"的"Balal"。

诸如半导体和轴承等需要互换性的通用零件要按照国家标准 JIS 或国际标准 ISO 规定名称规范。除此以外的产品，设计部门通常会就产品和零件的名称、零件编号，根据自己的技术标准规定名称代码。但是，接收到设计信息的工厂、进行部件订货的采购部门，在业务上未必会使用设计部门所规定的名称。例如，希望对设计名称为 ABC 的产品进行试制与量产的区分时，会把试制类产品规定为"ABC–S（试制的意思）"，对价格因容量而异的油脂产品 XYZ 进行区分时，则会使用"XYZ（60 升）"等名称。

产品、零件的名称和代码是品目主数据的关键项，如果有关业务没有全部使用相同名称代码的话，会导致业务混乱，系统不成立。所谓名称代码，是指定识别品目时唯一（unique）的代码。设计图纸、业务传票、数据库中显示的产品或零件的名称必须一致。

名称代码不稳定主要有以下 3 种情况。

①名称未明确规定（名称规定与实际情况不符）

②使用多个名称（名称规定方面考虑多个名称）

③颜色、尺寸、重量、人数等属性不明确

有意义代码与无意义代码

名称代码大体可分为**有意义代码**与**无意义代码**。前者是一定位上的每组代码都有规定意义的代码组合，而后者是仅采用连贯号码的代码。

有意义代码的代表范例是轴承。例如，"6203ZZC3/5K"这种轴承、"62"表示滚珠轴承的形状，"03"表示内径尺寸，"ZZ"表示两面都是钢板密封，"C3"表示与滚动体的间隙，"/5K"表示润滑脂的种类。另一方面，无意义代码的代表范例是汽车零件（PN）。对于"AZ04102005a"这一 PN 来说，代码本身没有任何意义。它原封不动地使用了设计编号。

下面，从"**认知性**"、"**持续性**"、"**编号性**"、"**系统化**"、"**便利性**"这 5 个视点考虑一下这 2 个代码的利弊得失。

认知性是指"能否从代码认知产品和零件的概况，也就是说，是否需要参考图纸"。有意义代码可以被认知，但能够认知的人是精通产品与名称代码的老手。无意义代码如果不参考图纸和产品样本的话，就无法认知产品的内容。

持续性是指"是否即使不断诞生新产品也能够按同一体系编制名称代码"。有意义代码随着时间的推移代码体系有出现漏洞的风险，因此名称规范本身需要更新。

编号性是指"是否任何人都能够在未掌握特殊知识的条件下设置代码"。有意义代码可以根据一定规则设置，如果有特定管理员的话，即使分散设置多个代码也不会产生冲突。另一方面，无意义代码可以利用系统自动编号。

系统化是指"是否需要翻译代码"。有意义代码需要翻译，而系统容易冗余，关键项长度受限的软件包不需要翻译。

便利性是指"操作人员是否方便"。对于熟练人员来说有意义代码绝对方便，而对于经验少的人员来说无意义代码更易懂。

◉ **名称代码的思路**

> 名称代码 = 指定识别品目时唯一的、独特的代码

◆什么是有意义代码、无意义代码
  ① 有意义代码：一定位上的每组代码都有规定意义的代码组合
      范例：（轴承）6203ZZC3/5K
  ② 无意义代码：仅采用连贯号码的代码
      范例：（汽车零件）AZ04102005a

	有意义代码	无意义代码
认知性	一看代码就能够明白梗概	需要参考代码表
持续性	随着时间的推移出现漏洞的风险增大	有
编号性	需要管理员，可以分散编号	需要集中管理，可以自动编号
系统化	需要翻译代码	支持软件包的性能强
便利性	便于熟练的人员	便于没有经验的人员

把产品和零件分组的分类代码

产品和零件的品目繁多，在管理上有时最好能分成若干组。如下页图所示，通常，分组不超过 3 级。因为分成 3 级以上反而会使管理变得复杂，而且维护好各组也很困难。

设置这种分类代码时应注意，代码体系不能有**重叠关系**（**and 关系**）。例如，有一种状态代码被设计成了（1 ＝试制，2 ＝量产，3 ＝类似产品，4 ＝代用产品，5 ＝旧型产品）。这种代码体系有可能产生量产且代用这种"and 关系"。或许有人不以为意，但是有很多案例证明，选定这种代码体系在运用阶段会遇到麻烦。

◉ **品目分组范例**

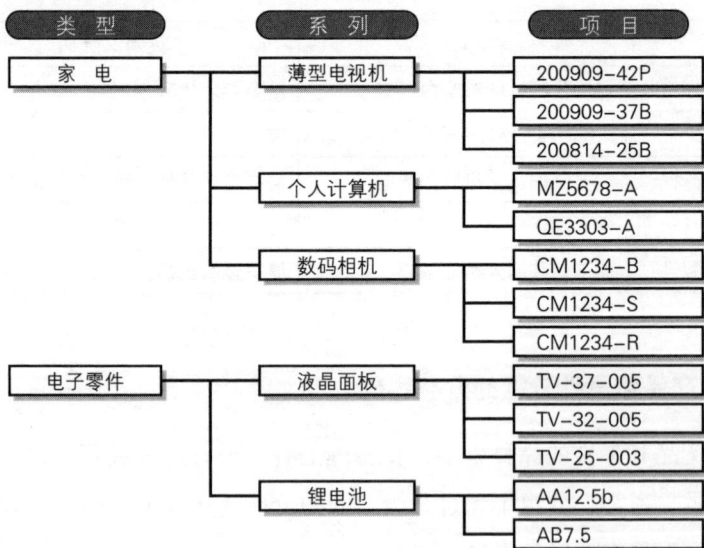

类　型	系　列	项　目
家　电	薄型电视机	200909-42P
		200909-37B
		200814-25B
	个人计算机	MZ5678-A
		QE3303-A
	数码相机	CM1234-B
		CM1234-S
		CM1234-R
电子零件	液晶面板	TV-37-005
		TV-32-005
		TV-25-003
	锂电池	AA12.5b
		AB7.5

7–4 BOM 的结构取决于 P/S

使用 P/N 与 P/S 进行需求量展开

物料结构主数据表示物料结构与工序

汽车的最后一道工序是涂装车身及安装座椅与轮胎（下图为简化图）。由图可知，完成汽车制造的最后一道工序需要 1 个车身、2 个座椅、4 个轮胎。存储这种装配所需零件品目和需求量等数据的数据库就是物料结构主数据（P/S）。

● BOM 的结构

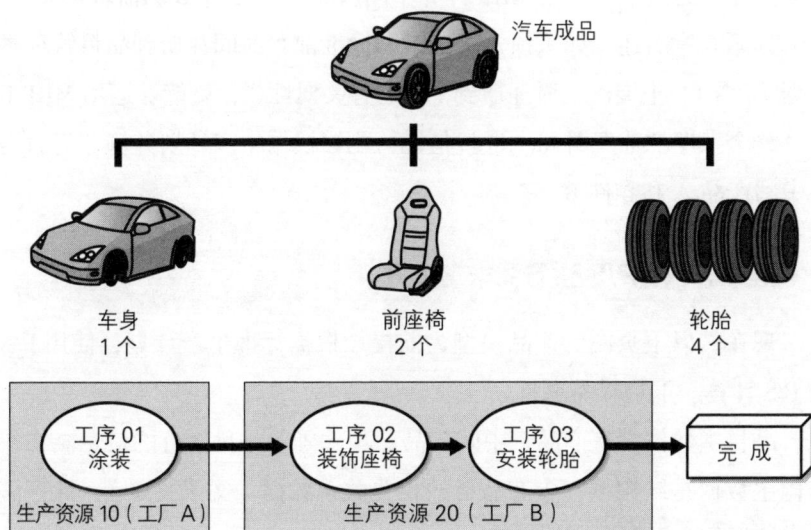

汽车成品

车身
1 个

前座椅
2 个

轮胎
4 个

工序 01
涂装

工序 02
装饰座椅

工序 03
安装轮胎

完 成

生产资源 10（工厂 A）　　　　　生产资源 20（工厂 B）

把产品展开为零件时，通常会应用美国 NASA 在阿波罗计划中所使用的项目管理方法 WBS（Work Breakdown Structure，**工作分解结构**）。WBS 是系统化项目管理中比较惯用的思路，而生产工序也是一种项目。

P/S 包括汇总型与结构型

BOM 的 P/S 包括第 129 页所述的汇总型与结构型这 2 种类型。汇总型会把用于产品的最终结构零件总数注册到 P/S。

例如，在下页的图中，生产 1 个产品 X 需要 5 个零件 B 与 2 个中间产品 A。而生产 1 个中间产品 A 需要 1 个零件 C 与 4 个零件 a。此时，汇总型针对 1 个 X 产品，会在 P/S 中把 5 个零件 B 注册为 "X–B（5）"，把另外 2 种零件分别注册为 "X–C（2）"、"X–a（8）"。这样做有利于计算产品 X 所需零件 B、C、a 的总数。

结构型是会把中间产品也注册到 P/S 中的多层结构数据库。例如，在与上例相同的条件下，结构型针对 1 个 X 产品，会在 P/S 中将零件分别注册为 "X–B（5）"、"X–A（2）"、"A–C（1）"、"A–a（4）"。然后会就所注册的结果，利用 MRP 计算中间产品 A 与零件 B 的需求量。

如第 6 章所述，如果预先把工时和标准前置时间注册到品目管理主数据（P/N）、把装配工时注册到 P/S 的有关属性栏，就能够运用 MRP II 计算整个工序的前置时间。也就是说，能够根据生产计划计算 "何时需要中间产品 A 和零件 B"。

使用 P/N 和 P/S 进行需求量展开

现在，以下页图的产品模型为前提，根据标准生产计划，使用 P/N 和 P/S 计算一下物料需求量。

品目主数据含有产品、中间产品、零件等各品目固有的信息。物料结构主数据是结构型，含有品目的相关关系数据（父子关系），计算需求量按层依次展开（逐层展开）。

◉ **结构型的物料结构模型**

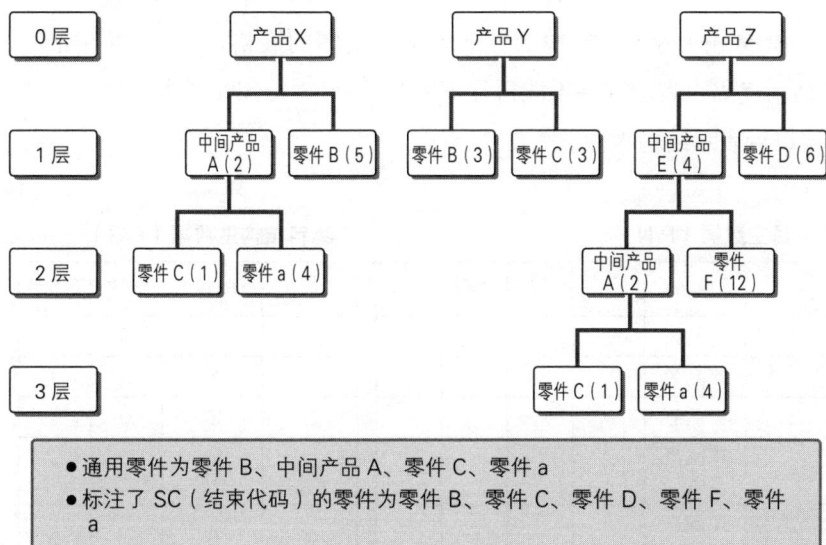

0 层	产品 X	产品 Y	产品 Z

1 层：中间产品 A（2）　零件 B（5）　　零件 B（3）　零件 C（3）　　中间产品 E（4）　零件 D（6）

2 层：零件 C（1）　零件 a（4）　　中间产品 A（2）　零件 F（12）

3 层：零件 C（1）　零件 a（4）

- 通用零件为零件 B、中间产品 A、零件 C、零件 a
- 标注了 SC（结束代码）的零件为零件 B、零件 C、零件 D、零件 F、零件 a

从层次编号（LN0）产品 X 的一次展开开始。首先，读取 P/S 的 X–X 数据，获得子 X。根据它从品目主数据中读取与 X 有关的数据。接下来，获得 LN1 中间产品 A 与零件 B 的需求量。零件 B 标注了 SC（结束代码），表明这是不能再往下展开的最终零件。

中间产品 A 没有 SC，所以继续展开为 LN2 "A–C"、"A–a"。此时，零件 C 与零件 a 均标注 3SC，产品 X 的展开结束。同理可进行产品 Y 与产品 Z 的展开。

综上所述，通过交互读取 P/N 与 P/S，我们可以从 P/N 获得 "产品的属性"、"供应及管理数据"，从 P/S 获得 "依赖于父子关系的数据（需求量）"。

此外，由于计算通用零件的需求量需要父品目展开的子品目总需求量，所以要在全部父品目需求量计算完毕后再将数据汇总到一起。以上就是 BOM 的需求量展开逻辑。

物料结构主数据的数据结构

BOM 由 P/N 与 P/S 构成。下表是上页图的表格形式。P/N 中的 SC 是结束代码，表示零件不能再往下展开。P/S 中，用 0 层表示最终产品，1 层以后表示结构零件。

①品目主数据（P/N）

代码	品目名称	S C	属性	采购	管理
X	产品X				
Y	产品X				
Z	产品Z				
A	中间产品A				
E	中间产品E				
B	零件B	Stop			
C	零件C	Stop			
D	零件D	Stop			
F	零件F	Stop			
a	零件a	Stop			

②物料结构主数据（P/S）

父代码	子代码	层次	需求量
X	X	0	1
Y	Y	0	1
Z	Z	0	1
X	A	1	2
X	B	1	5
Y	B	1	3
Y	C	1	3
Z	E	1	4
Z	D	1	6
A	C	2	1
A	a	2	4
E	A	2	2
E	F	2	12

7-5　设计物料表（E-BOM）与生产物料表（M-BOM）

> 通常，BOM 中 E-BOM 与 M-BOM 并存

BOM 数据由设计创建

本节将介绍**设计物料表**（E-BOM）与**生产物料表**（M-BOM）之间的关系和差异。如第 2 章所述，装配图和零件图分别表示做成产品与零件的"规格"。所谓规格，在机械设计中是指"材质"、"形状"、"尺寸和公差"、"表面粗糙度"等。生产厂商可以根据所完成的设计图（最近是 CAD 的电子数据）来设置 E-BOM。

在以后的设计中，利用产品功能展开的信息，即利用中间产品和零件进行设计、系列化时，可以利用 E-BOM 的 P/S。此外，也会发生诸如设计信息的"生死与冻结"管理、名称规范等标准类的修改、废除及更新、原图信息管理等设计管理类业务。E-BOM 的用途包括沿用设计时的搜索、零件通用化（**成组技术**）、产品改良、设计变更、设计不合格时的搜索等。

M-BOM 由生产部门创建

以前是把副本图纸，即第二原图出图给生产部门的。但是，最近给生产部门的几乎都是通过网络发送的利用 CAD 所创建的电子数据。在生产部门中负责接收设计信息的工作岗位，很多都是生产技术和质量管理部门。生产技术的部门主要负责编制工序设计书、作业步骤书及作业

要领图，准备工装夹具类和模具等。而质量管理部门主要负责针对工序质量要求的程度，制定分工序检验标准和出厂检验标准。

当这些输出信息及时传输到生产现场的时候便会生成 M-BOM。制造物料表的作用是高效生产优良产品，而输出信息可以为其提供加工方法、步骤、辅料等信息和工序、采购等有关信息。

E-BOM 与 M-BOM 的差异

设计部门的 E-BOM 与生产部门的 M-BOM 所起的作用不同，BOM 的内容也不一样。E-BOM 与 M-BOM 的设置与管理内容如下图所示。

◉ E-BOM与M-BOM的差异

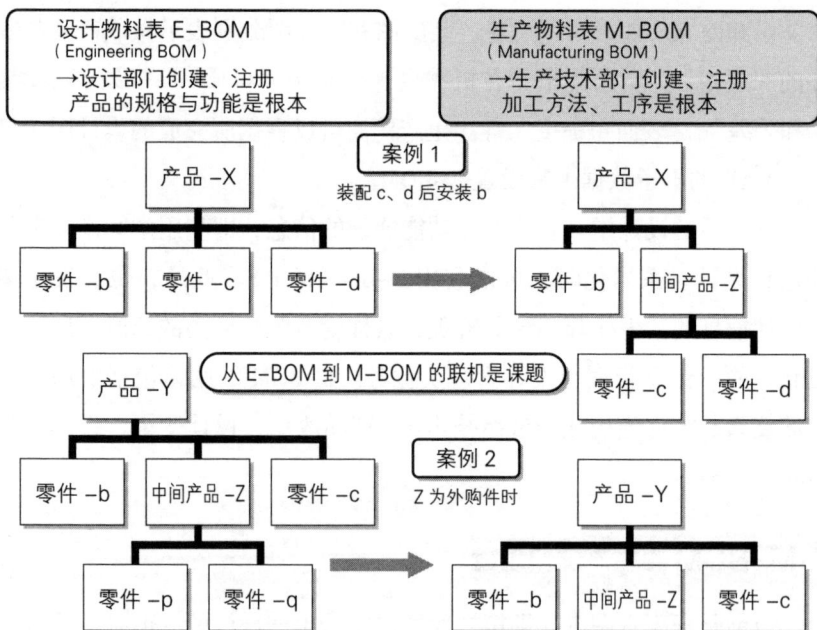

任何一个 BOM 都是由 P/N 与 P/S 构成的。在案例 1 中，E-BOM 的产品 X 由零件"b"、"c"、"d"构成，但 M-BOM 结构是把零件"c"、 "d"装配到中间产品 Z 上形成产品 X 的。也就是说，中间产品 Z 在某些情况下需要持有库存。

在案例 2 中，M-BOM 的中间产品 Z 并没有展开为零件。因为 Z 是从其他公司购入的外购件，是不需要展开的。

上述 BOM 差异的代表性案例如下。

---

①成品率

所谓成品率，是指制造工序中发生的损耗。例如，投入 100 个零件平均损耗 3 个。此时，不仅要掌握设计的需求量，还要掌握成品率。

②与设计无关的案例

例如，给铸造零件上色时，虽然有铸件的零件图，但通常设计规格仅指定"涂料"，并没有"涂料零件图"。因此，需要在 M-BOM 中设置"涂料"。

③采购规格明细书登载件

螺栓、螺丝、垫圈、通用电子等零件产品的规格由 JIS 规定，并且价格低廉，在不同生产厂商间具有互换性。这种产品通常也没有零件图。也就是说，零件图作为采购规格明细书，应从不同生产厂商的产品目录来采购。要注意，必须对 MRP 中使用的 M-BOM 进行设置。

设计部门要对作业要领书和检验标准做出规定。除了物料结构比较单纯的情况以外，BOM 中一般都是 E-BOM 与 M-BOM 并存。

7–6 BOM 的修改、废除与更新

设计变更时要在 E-BOM 反展开后再对状态代码进行管理

设计变更（BOM 修改和废除的根源）的理由及其方法

什么时候需要修改、废除或更新 BOM 呢？进行**设计变更（设变）**的理由有很多，比如为了提高产品的功能和性能、为了降低成本、为了满足现场的要求等。此外，也有因产品不合格导致索赔、某些情况下市场发生召回而进行设变的情况。设变在英语中叫作"Engineering Change，EC"，标注 **EC 编号**的图纸会与以前的设计区分开来进行管理。

因索赔或产品召回而进行设计变更时，需要调查、重新检验由共同的问题零件组装而成的全部产品。因为同样的问题在其他产品中也有可能发生。有时，召回的汽车和电机产品的数量高达数十万个，就是因为使用了这种通用零件。

设计变更时需要进行 E-BOM 的反展开

在没有 BOM 的年代，想要进行零件设变、搜索有关产品时，都要依靠人工逐一确认图库庞大的图纸来完成。但现在可以利用 E-BOM 的反展开功能。

所谓反展开，与零件展开正好相反，是一种能够搜索使用匹配零件的父产品和中间产品的功能。搜索时要进行检查，以确认匹配的产品和中间产品在使用设计变更的零件后是否有问题。如果"没有问题"，就在产品和中间产品的图纸（装配图）上标注变更的 EC 编号。

怎样修改和废除 E-BOM

设变后的设计数据会被注册到 E-BOM 中，但并不会覆盖原件的图纸数据。因为有的零件已经按照旧设计向零件生产厂商订货了。并且，在进行设变的时间节点还有利用旧零件生产到半截的产品。一般来说，E-BOM 中的设计数据是由识别"生"、"死"、"冻结"状态的状态代码来管理的。因此，要设法给旧设计数据标注"冻结"代码，以免其被沿用到以后的设计中。等到制造部门报告产品切换完毕后，再把旧设计变更为"死"代码（废图）。

重要的是，要反映到关键项，即名称代码上；要与生产部门联络并给生产部门出图。二者密切相关，缺一不可。

M-BOM 的修改、废除与生产切换

收到设计部门给的新设计信息后，由于采购和制造部门仍会关系到零件供应和当前的在制品库存，所以除了索赔等紧急情况以外，都需要切换产品的准备时间。在旧零件交货和库存用光前，旧零件是活的。因此，在 M-BOM 中也需要利用状态代码管理"活"、"死"、"冻结"。为了不留下死库存，根据设变而进行新旧切换管理时，也需要调整微妙的切换时间。

生命周期管理与零件的通用化

产品的生命周期随着时代的发展在不断缩短。因此，必须把本节的设变管理步骤标准化、将其转变为经得住频繁切换产品的体质。当然，益于达到此目的的辅助系统也是必不可少的。

缩短生命周期很容易导致单件零件增加、成本加大。这就要求设计部门要做好谋求零件通用化（成组技术）等工作，致力于设计的标准化。

● 设计变更与BOM的修改和废除

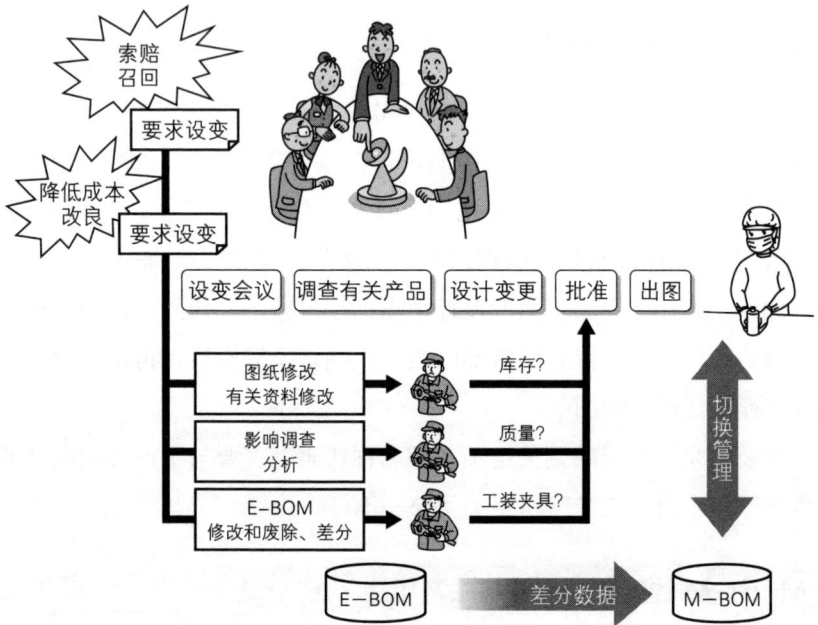

索赔
召回

要求设变

降低成本
改良

要求设变

| 设变会议 | 调查有关产品 | 设计变更 | 批准 | 出图 |

图纸修改
有关资料修改

库存?

影响调查
分析

质量?

E-BOM
修改和废除、差分

工装夹具?

切换管理

E-BOM

差分数据

M-BOM

第8章

构建满足CQD的采购管理子系统

8-1 容易受到轻视的采购业务是关键

实现满足"成本"、"质量"、"交货期"CQD 的采购

年轻采购员的叹息

"材料还没到货吗？怎么还不给我想想办法！"关西籍现场老股长厉声呵斥道，面前新来的年轻采购员快要哭了。这样的情景我一去工厂做顾问就能看到，早已习以为常。看起来这件事的问题是新采购员用邮件发送了不可能赶出来的订单，总是忙于调整交货期。但是，这不是新采购员一个人的问题。让新采购员按照超短交货期订货的是生产管理科长，而在超短交货期内无论物料生产厂商怎样努力，按照自然规律也不可能赶出来。生产管理科长总会若无其事地说："想办法赶出来是采购部门的事情。"这话听起来不太靠谱。

几乎所有不合理的订单，顾客都会以**"特急件"**为由让供应商违反计划接受。随着特急件增多，特急件不知不觉变成了理所当然，而按照生产计划规规矩矩订货，在日程计划阶段就化为乌有了。于是，对于新采购员来说，每天要面对的是"没完没了的地狱生活"。

厂长的要求不仅仅是交货期。"这期全都降 5%"，这简单的一句话就把降低成本定额强加给了采购部门。而之所以随随便便地把问题推给能够使用"买方立场"的采购部门，大概是因为意识到了单凭公司内部工序这个事情比较难办吧。采购员没有办法，只好与供货商的营业员协商，但本来毛利就少得可怜，对方说什么也不让步，进展颇不顺利。

此外，有时交付的货物中会混入不合格品，让人无语。"怎么收的货？"采购员一方面受到现场的呵斥，一方面自己心急如焚地给供货商打电话，要他们分选不合格品。当然，新采购员也跟着一起分选。"没有别的办法只能自己一个劲儿地拜托供货商。"新采购员总是发出这样的叹息。如此一来，"**成本**"、"**质量**"、"**交货期**"CQD 三个条件全都会作为采购员自己的责任重重地压在他们的心头。

根据物料需求计划制订的订货计划与采购基本计划

从生产管理角度看的订货计划，会根据生产计划（MPS）制订物料需求计划（MRP），决定生产所需原材料和零件的"需求量"、"需求时间（交货期）"。

供应物料要按照"质优"、"价廉"、"短交货期"的条件来进行，所以采购基本计划也是从采购层面看的另一个订货计划。其中，采购基本计划与选定供货商、选择订货物料、决定交货方式、降低物料成本等有关。

设计部门与采购部门合作进行的物料标准化，是指将产品间的材料和零件通用化或采用标准件等。推进标准化，可以列举出以下效果。

①**降低成本**：通过标准化，能够减少物料订货次数、增大订货批量，得到较为低廉的原材料和零件价格。此外，还能减少订货事务的工时，削减经费。

②**缩短交货期**：通过对订货物料进行标准件化，能够缩短供应时间，削减现有的库存量。

③**稳定质量**：通过采用标准件，能够稳定零件和材料的质量。

④**易于管理**：减少物料件数有利于减少库存管理等管理业务，使业务更容易做。

供应物料的种类与形态多种多样

制造业订货的物料种类繁杂，涉及多个领域，诸如钢材等原材料、机器零件和电子零件等零件类和半成品、润滑剂和包装材料等辅料、燃料等。

此外，供应的形态也多种多样。从公司内部其他工厂供应的"**工厂间进货**"、从公司外部寻求的"**一般采购**"、"**向外包商订货**"、（最近减少了的）"**向做家庭副业的人订货**"都被视为供应业务的一环。

◉ **供应物料的种类**

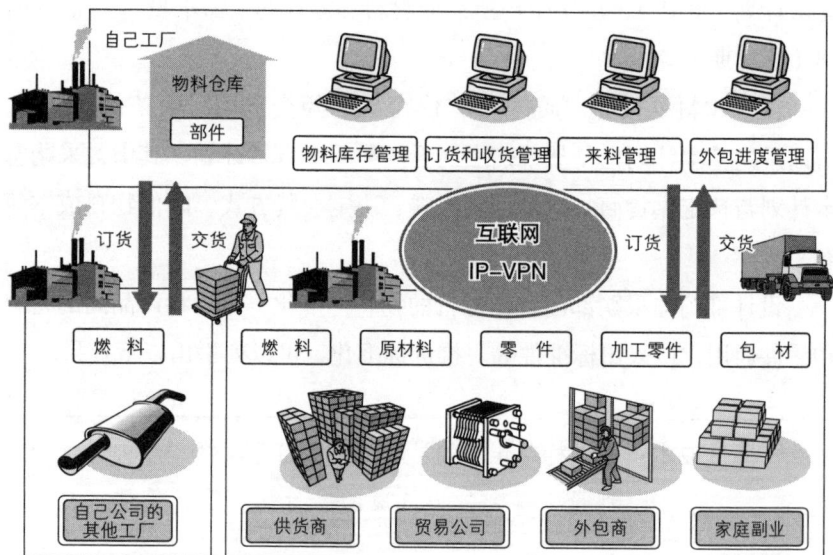

8-2 采购方法从工厂采购转换为集中采购

总公司逐渐转向统一窗口的"集中采购"

集中采购与工厂采购（分散采购）

在生产管理系统中，**采购系统**是与生产计划系统同等重要的系统。为了避免由于采购业务的属人化与采用多个订货方法造成的混乱，减

◉ 从工厂采购转变为集中采购的效果

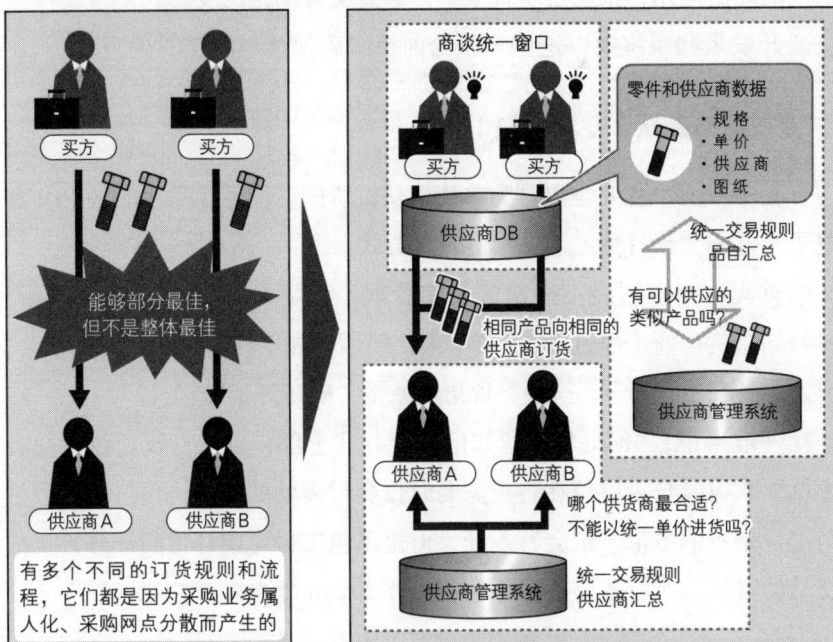

买方　买方

能够部分最佳，
但不是整体最佳

供应商 A　供应商 B

有多个不同的订货规则和流
程，它们都是因为采购业务属
人化、采购网点分散而产生的

商谈统一窗口

买方　买方

供应商DB

零件和供应商数据
· 规格
· 单价
· 供应商
· 图纸

统一交易规则
品目汇总

有可以供应的
类似产品吗？

供应商管理系统

相同产品向相同的
供应商订货

供应商 A　供应商 B

哪个供应商最合适？
不能以统一单价进货吗？

供应商管理系统

统一交易规则
供应商汇总

少**工厂采购**（**分散采购**）的采购额，总公司逐渐转向统一窗口的**集中采购**。

工厂采购易偏爱追求部分最佳，即各自工厂最佳，也不会将订货量凑到一起，这就导致了进货单价难以获得优惠，始终居高不下。大量进货金额较高的物料时集中采购更有利。

提高订货流程效率

采购业务有一个特点，那就是电子化的进展明显。互联网迅速普及的同时，各种市场（**电商**）充斥了整个网络。卖方与买方直接沟通，能够"排除"中间商进行交易，电商的应用范围已扩大到了供应断续订货的物料方面。也就是说，这种交易方式能够削减供应成本和物流成本，能够成为现货交易的应急供应手段。

EC（Electric Commerce，电子商务）和 EDI（Electric Data Interchange）供应的广泛运用，推动了小批量生产和短交货期化的发展。

开发采购系统要以这些背景为前提，确保接口的实时处理。

预订货与确认（交货指示）

很早以前，主要是以月为单位确认订货的。但现在采用的是 EDI 和电子邮件的"**预订货·确认**"的订货方式。

首先，要根据尚不确定的先期计划，利用 MRP 求出物料需求量，并通知供货厂商（**预订货**）。接下来，使用（加工和装配）时间到来时，要发出"交货指示"。这种交货指示就是"确认订货"。

一般来说，"预订货"通知的部分并非全部是确认订货。供货商会根据要求以时日为单位在客户需要时仅交付需要的数量。预订货的数量与交货指示的数量一定会有差异，但是**承包法**规定预订货的部分有全部交易的责任，所以差异会在下次的预订货中进行调整。

◉ **预订货和确认订货方式**

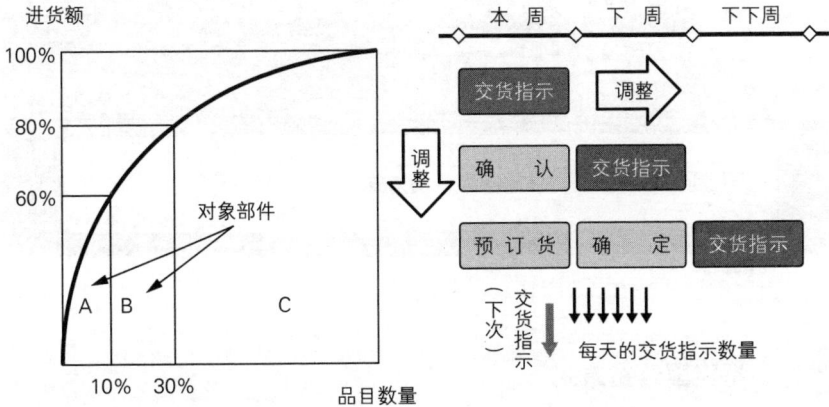

上图是预订货与确认的模型，对象部件应当视为"供应 ABC 分析法的 A 及 B 品目"。供货生产厂商会根据预订货估算生产能力，准备原材料和长交货期产品，根据交货指示做完最后一道工序，进行打包、发货，完成交货。

采用准时制生产方式的供应

准时制生产方式是**丰田生产方式**（TPS）供应材料的做法。JIT 生产管理是一种为了把工序间的在制品库存控制到最小范围内，根据看板（记录了交货时间和数量的作业指示单）准时生产的方式。以把 JIT 生产管理方式普及到公司外部供应方和外包商为目的的交货方式就是**准时制交货**。它与"预订货和确认订货"方式的目的相同，但使用"看板"进行交货指示的部分则不一样。

对于交货生产厂商来说，凑批生产会发生库存风险，他们更愿意进行小批量生产。但 2007 年 7 月日本新潟县发生中越地震后，没有剩余库存反而引发了问题，在零件生产厂商的工厂恢复生产前，不断有汽车企业陷入停产的境地。

订货方式与库存管理密切相关

先判断对象物品的特性再决定订货方式

什么是定期订货方式

一般来说，昂贵的原材料和零件需要及时筹措，在自己公司是不会有存货的。而大部分原材料和零件都是根据生产计划的时间和需求量进行定期订货的。

所谓**定期订货方式**，是指每隔一定时间（每周末等）订购所需原材料和零件的方法。根据生产计划，利用 MRP 等计算出一定时间的需求量，加上安全库存量后决定订货量。安全库存量取决于生产计划的变动幅度与订货时间。

如果订货后发生生产计划变更，就要重新计算需求零件数量，做出"追加"、"交货期变更"等调整。供货商的交货前置时间赶不上订货时间时，要在正式订货前根据前置时间提交预订货通知。一般来说，定期订货方式主要用于昂贵且尺寸较大的原材料和零件，诸如钢材和轴承等，但大部分供应金额和品种也是采用定期订货方式供应的。

定期订货方式的优点和缺点如下。

- **优点**

　①订货时间一定，易于事先制订计划

　②缩短订货周期有利于削减库存

---

③易于处理需求变动

④进货单价变动较大时易于处理

⑤实现多品目统一订货，降低运输成本

- **缺点**

①以品目为单位预测需求，管理费事

②难以根据经济的批量大小订货

什么是定量订货方式

定量订货方式又被称为**订货点方式**，是一种在预先决定的**订货点**（OP：Order Point），即在**安全库存量**用尽的时间节点，按照规定的订货量订货的方式。当然，订货时间节点并不统一。

此时的安全库存量是自订货起至交货止这一段时间的消耗量，所以**把握好订货前置时间**至关重要。一般来说，定量订货用于螺栓和螺丝、油品等的订货，它们价格便宜，而且是标准件，用量很大。

定量订货方式的优点和缺点如下。

- **优点**

①订货量一定，不需要每次都计算

②在订货点自动订货，准备工作可靠，用不了多少管理手段就能解决

③可以根据经济的批量大小设置订货量

④相比定期订货方式，用不了多少安全库存量

- **缺点**

①订货时间随机，难以事先制订计划

②运用容易流于形式，难以根据状况采取措施

③不适用于供应前置时间较长的物料

◉ **订货方式**

■**定期订货方式**：订货的时间（间隔）一定，订货量不一定

总是在一定时间订货，由于订货量每次都要根据计划和预测计算，所以是"不定量"

⇒◇高价零件和物料（A、B 品目←ABC 分析法）

◇消耗量不稳定的零件和物料

◇通用性差、易于陈腐化的零件和物料

◇供应前置时间长的零件和物料

> 以食材举例，如肉、高档鱼等

■**定量订货方式（订货点方式）**：订货的量一定，订货时间不一定

总是按一定的量（经济订货量）订货，由于订货时间选在库存量到达订货点时，所以是"不定期"

⇒◇比较便宜的零件和物料（C 品目←ABC 分析法）

◇消耗量稳定的零件和物料

◇通用性强的零件和物料

◇供应前置时间短的零件和物料

> 以食材举例，如调料等

安全库存与订货点方式

需求不确定、补充原材料时，自订货起至实际交货止（**供应前置时间**）这一段时间，如果用尽了现有的原材料，就会缺货。为了不至于缺货，需要持有应对需求变动的库存（安全库存）。安全库存量大的话，缺货的概率会下降，但库存量会增加。因此，如何决定适当的安全库存量是十分重要的课题。

一般来说，如果能够明确库存费用与断货成本，就可以求得最佳

安全库存量。但事实上，明确断货成本很难。因此，一般都是通过制定
"希望把断货率抑制到 0.5%"等方针来决定安全库存量的。

◉　**安全库存与订货点方式**

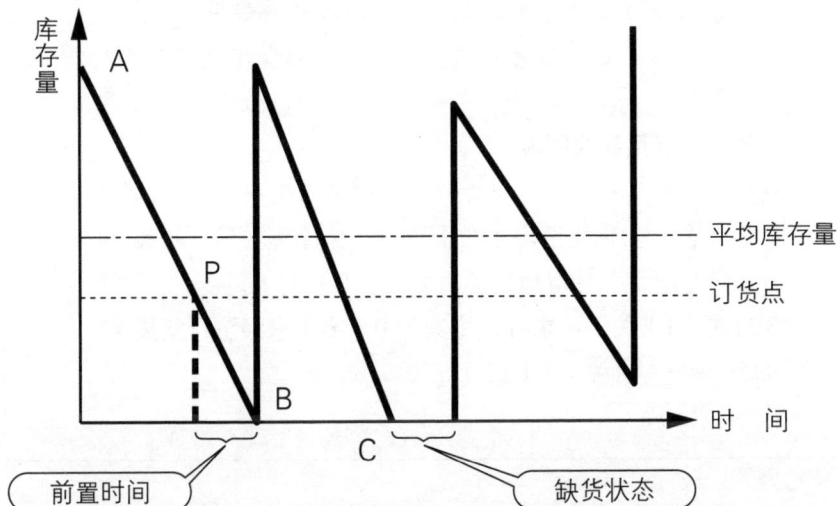

上图是表示库存量推移的概念图。需求量不变时，库存量从最大库
存点开始逐渐减少，到达订货点 P 后开始按一定数量订货。因为自订货
起至交货止有一段前置时间，所以库存会进一步减少，到达库存点 B 时
如果所订购的物料完成交货，库存点就会回升到 A。但是，如果需求增
加而库存达到了 C 那就要缺货了。需求量变动时，需要安全库存，用于
填补前置时间内的需求量。

经济订货量

经济订货量（Economic Order Quantity：EOQ）是指把订货所需费
用与保管、管理库存费用之和控制到最少的订货量。下面，我们按步骤
考虑一下某种原材料的订货。

我们利用"年需求量 m"、"单位年库存费用 a"、"每次订货所花费

用 b"、"每次订货量 x"来试求一下经济订货量（EOQ）。

①**求年库存费用 t**

$t = (m/x) \times b + (x/2) \times a$ （1）

※（m/x）×b 是订货费用，（x/2）×a 是库存费用

式（1）中，t 是年库存费用，等于订货所花费用与库存所花费用之和

②**将库存费用制成图表**

现在，把年库存费用 t 与订货量 x 的关系制成图表。1 次的订货量太多，会导致平均库存量增多，保管费增加。相反，1 次的订货量减少，会增加订货次数，丧失经济性。

③**对式（1）关于 x 求导，令其为 0（零）求经济订货量 X***

$dt/dx = -(bm/X^2) + (a/2) = 0$

$X^* = \sqrt{(2bm)/a}$

◉ **经济订货量的思路**

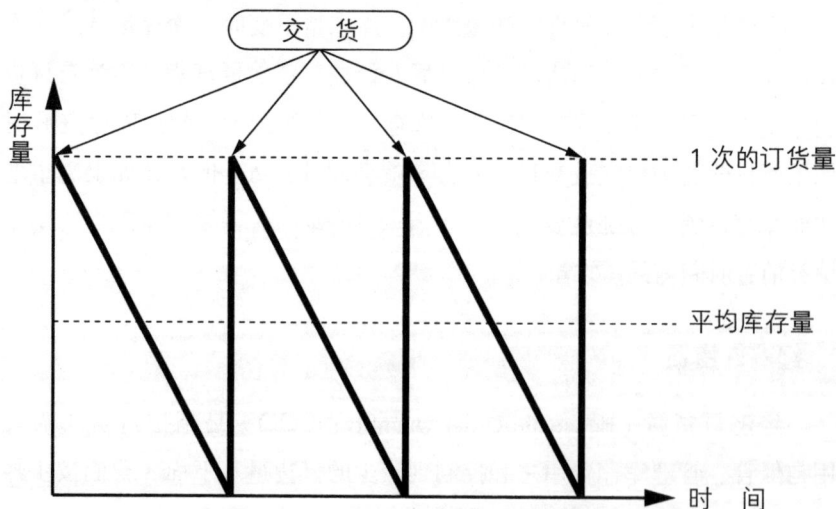

交　货

库存量

1 次的订货量

平均库存量

时　间

◉ **把库存费用制成图表**

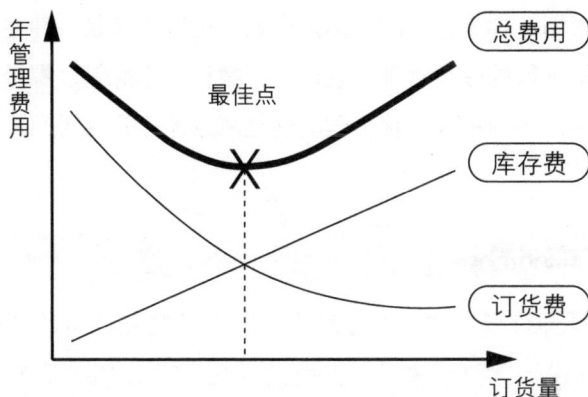

双料箱系统

双料箱系统（Two Bin System）也叫**复仓法**，是定量订货方式的一种。这种方法需要准备 2 个料箱（储藏容器），如果一个料箱空了，就

◉ **双料箱系统**

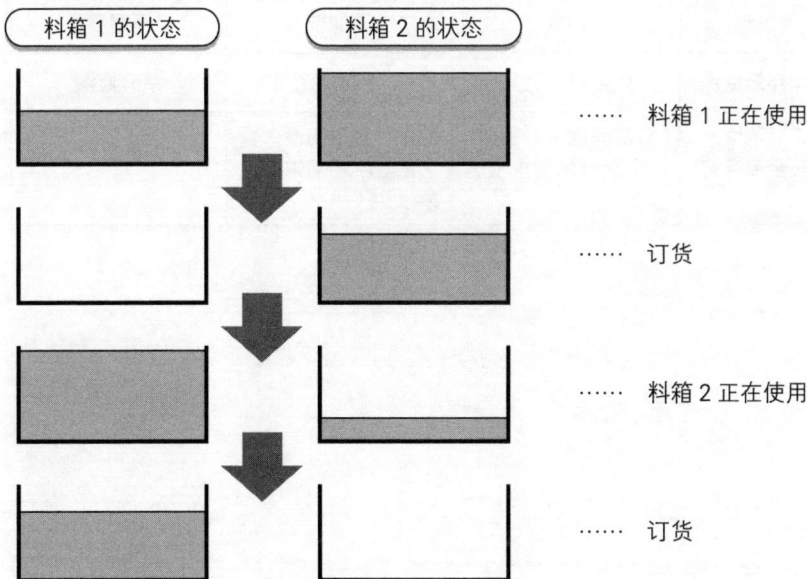

按 1 个料箱的数量订货。也就是说，库存量变成一半的话就要订货。一般来说，采用这种方式出库时不记台账，可以当其是一种在使用现场附近利用现货进行的库存管理。它适用于螺栓、小螺钉、螺母等单价便宜而又被大量使用的零件库存管理。这是减少库存管理时间最单纯的定量订货方式。

订货方式的选择

采用哪种订货方式，要在综合判断对象物品固有的"供应前置时间"、"价格"、"需求特性"、"库存管理工时"、"生产计划"等后再决定。订货方式的差异与特点如下。

	定期订货方式	定量订货方式	双料箱系统
订货量	变动	一定	一定
订货间隔	一定	变动	变动
需求预测	需要	不需要	不需要
库存量监测	仅限订货时间	平时监测	平时监测
安全库存量	（订货间隔＋前置时间）之间的需求预测误差	前置时间中的最大需求量与平均需求量之差	—

8-4 应用外包

把一部分业务委托给外部企业以获得利益

利用外包的目的

制造业的**外包**是以自己公司指定的设计和规格，把一部分零件加工和装配工作委托给外部企业的制造方法。此时，自己公司是订货方企业，供货商是外包企业，有时也把供货商叫作合作工厂或伙伴工厂（JISZ8141 生产管理术语）。

外包是把一部分业务委托给外部企业，进货则是以销售和生产为目的购入物品，二者是有差异的。外包的主要目的如下。

- **降低成本**

  因人工费不同、批量小而得不到量产效果时，相比自己公司生产，外包方式成本更低。

- **供应技术**

  自己公司没有设备和技术（模具制造和树脂成型件等）。

- **技术方针**

  自己公司的资源不用于低技术和单纯作业而专用于核心业务。

- **投资战略**

  利用外包企业的资本，减少自己公司的资金负担，降低风险，把资本集中用于核心商务。

- **调整负荷**

  自己公司的生产能力稍小一些，降低收支平衡点，以期把需求变动的影响降到最低。

- **劳动对策**

  在劳动对策方面，通过外包制造自己公司无法生产的物品。

外包交易的形态

外包交易有各种各样的形态，如下表所示。

- **设计责任**

  有采用订货企业设计的案例与外包企业设计的案例。一般的加工外包大部分都有订货企业设计的图，但在模具等订货企业没有设计技术的案例中后者居多。如果是后者，要事先把"交货规格明细图"提交给订货商，得到订货商对设计内容的认可。

- **材料供应**

  外包企业使用的原材料供应方法有2种。一种是外包商独自供应，另一种是订货企业来料。如果是后者，则可进一步分为"有偿"与"无偿"。一般的加工外包为有偿来料。无偿来料仅赚取加工费，也就是所谓的"付费加工"。

- **生产设备**

  需要确认订货人与外包商哪一方负担生产设备的费用。

- **订货范围**

  考虑外包多少个工序。从委托一部分工序到连出成品都委托有若干层次，连出成品都统一外包的案例，叫作OEM生产。最近，在电子设备产品中，从设计到生产全都承包给亚洲 EMS(Electronics Manufacturing Service，电子制造服务) 生产厂商的方法日趋增多。

- **收货检验**

  产品检验的场所与方法会因外包生产厂商质量的可靠度而异。质量和精度高、有与自己公司生产相同的可靠度时，则可使用自己公司工序的检验标准，否则就采用更严密的检验体制。

◉ **应用外包**

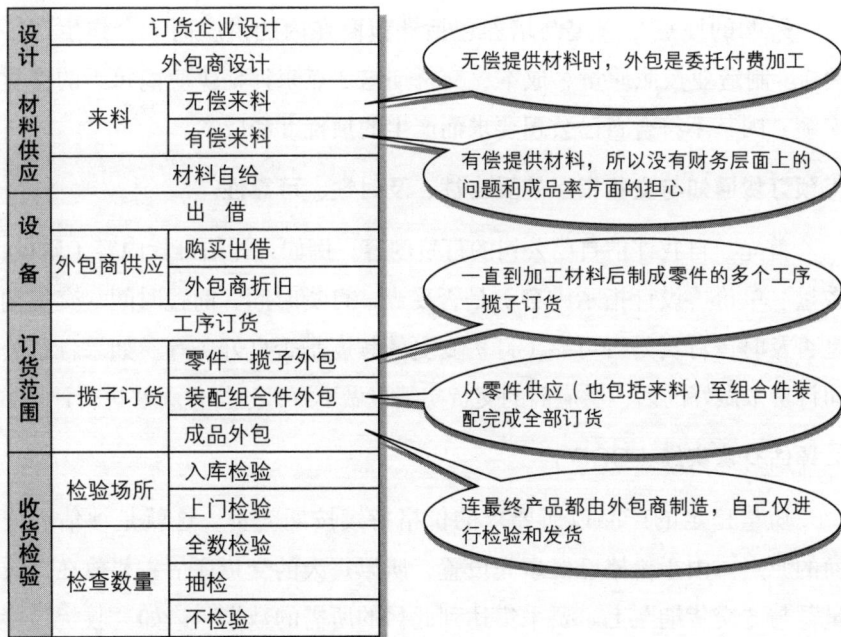

设计	订货企业设计		无偿提供材料时，外包是委托付费加工
	外包商设计		
材料供应	来料	无偿来料	
		有偿来料	有偿提供材料，所以没有财务层面上的问题和成品率方面的担心
	材料自给		
设备	出借		
	外包商供应	购买出借	
		外包商折旧	
订货范围	工序订货		一直到加工材料后制成零件的多个工序一揽子订货
	一揽子订货	零件一揽子外包	
		装配组合件外包	从零件供应（也包括来料）至组合件装配完成全部订货
		成品外包	
收货检验	检验场所	入库检验	
		上门检验	连最终产品都由外包商制造，自己仅进行检验和发货
	检查数量	全数检验	
		抽检	
		不检验	

采购的原点是选定与培养供应商

优秀的采购政策注重让供应商变得更强

供应商的评估与应对

采购的原点是选定与培养包括外包商在内的供应商（合作生产厂商）。制造业按照质量、成本、交货期这 3 点来评估供应商每天的交货实绩、因其不符合自己公司要求而产生的烦扰度和成本。

①预订货通知与交货指示的妥当性、及时性、可靠性

首先，自我评估自己公司的订货内容。例如，评估订货内容（质量、数量、单价、设计指示内容）是否妥当，订货时间、前置时间、交货期是否及时，订货是否可靠（订货变更的频度是否良好）等。如果自己公司订货未做好的话，供应商的交货实绩也做不好，这样便无法进行评估。

②评估交货实绩（CQD）

质量稳定的产品以所要求的价格持续按期交货，这就是评估供应商的原点。由于价格已经事先设置，所以每天的交货评估主要放在"质量"与"交货期"上。要采集达到此目的所需的数据，诸如"收货检验实绩"、"索赔退货件数"、"重要度"、"订货前置时间"、"交货期遵守率"、"分批交货次数"、"缺货率"等，并把它们输入到计算机中。

利用这些数据，在适当的时间，公正且综合地评估性能、质量、价格、交货期、交易条件，把评估结果分出等级并通知全部供应商。对于

连续获得差评的企业，要减小订货额或停止交易。

③实施业务监察

对重要的供应商，要定期实施业务监察以评估与指导供应商的"经营力"、"财务体制"、"开发力"、"技术力"、"设备产能"、"生产率"、"质量力"、"改善力"、"人才力"、"环保措施"等。

培养供应商与 VA/VE 活动

全球市场正在变化。所有的商品都需要更加物美价廉。当然，外购件的质量等级和进货价格也是同样的。因此，采购要采取让供应商更强的政策。大型生产厂商把供应商集中到合作会，谋求深化合作关系，诸如"召开研究会和研讨会"、"派遣技术人才"、"实地训练 5S 和 TQC"、"开展 VA/VE 活动"、"合作开展改善活动"等，努力培养供应商。下面，介绍如何开展具有代表性的 VA/VE 活动。

VA（Value Analysis）译成汉语是**价值分析**，VE（Value Engineering）译成汉语是**价值工程**。制造阶段的 VA 与设计阶段的 VE 是为分析产品功能、满足必要的功能且把成本降到最低而进行的组织活动。

◉ VE 的思路变了

VE 基本思路	VE 最近的思路

$$V = \frac{F}{C} = \frac{F}{P} \times \frac{P}{C}$$

（顾客满意）　（企业满意）

VE：价值工程
V：Value（价值）
F：Function（功能）
C：Cost（成本）
P：Price（价格）

以公式表示就是"V（Value，价值）= F（Function，功能）/C（Cost，成本）"。最近，越来越多的企业考虑到（Price，价格）因素，将公式改写成了"V（Value，价值）=（F/P）×（P/C）"。其中，F/P 表示顾客满意，P/C 表示企业满意，即"产品价值=顾客满意 × 企业满意"。在不降低顾客满意度的条件下，重新研究、简化所需功能，对产品进行改良，可以把最终成本降到最低。

降低成本活动通常会调查、分析产品的成本结构，通过不断改善来削减费用。相对而言，VA 则采用功能中心的方法来降低成本。首先，将产品功能分为产品不可或缺的基本功能与实现基本功能所需的二次功能。然后，彻底清除过剩功能，增添不足功能，将产品的结构、形状、材料、加工方法改良成最佳状态。

以下活动全都是基于以前做过的众多实绩与积累的专有技术、VA 的思路与步骤而进行的。

- **VA 提案制度**

  由供应商就订货品目提出规格、结构、形状等各方面的建议，是否采用由订货方决定，供应商根据订货方给出的结果开展改良活动。

- **共同设计**

  这种方式要求自订货方的产品开发阶段起，部件供应商的技术人员就一起参与筹划，共同承担构想、设计、开发的工作。两家公司的技术人员通过形成紧密的信任关系与进行信息交换，能够缩短产品开发时间，从而降低开发阶段的成本。

8–6 物料的物流、交货、验收流程

交货与验收是完全不同的活动

VMI 方式

为了改善 CQD，制造业就在制造成本中占较大比重的物料和零件想了各种各样的办法，准时制交货就是其中之一。但最近，采用 VMI 方式与循环取货方式的企业日趋增多。

VMI（Vendor Managed Inventory，**水龙头方式**），直译的意思是"卖方管理库存"，即物料生产厂商为顾客管理库存。此时，存放在顾客企业仓库中的库存是物料生产厂商的资产。只有顾客企业从仓库出库使用后的物料，才是物料生产厂商交货（销售）的物料。

VMI 方式被视为库存管理的方式，但它也有采购方式的一面。VMI 方式又叫作水龙头方式（水龙头系统），就像自来水的水龙头（cock）出水那样，"必要时仅供应必要量"的物料。也就是说，这是一种出借（付费）顾客企业工厂用地内的仓库，常备一些预定购入的外购件库存，只有顾客使用了的部分才会作为采购量支付货款的供应形式。采用水龙头方式采购，对于中小物料生产厂商来说，相当于"分包受欺负"，目前公正交易委员会已经禁止这种行为。与集团公司或大企业交易时，分包受欺负的做法是不法交易行为。

事实上，对于物料生产厂商来说 VMI 方式也有好处。因为如果库存数量不低于与顾客企业之间决定的数目的话，则生产、交货时间可以自由决定，能够凑批生产统一运送，降低制造成本和物流成本，根据自己公司的生产计划制订交货计划。

循环取货方式

循环取货方式用于集货与物流，它模仿了巡回牧场进行牛奶集货的做法。订货方企业利用1辆车巡回位于规定路线上的多个物料生产厂商，把当天应当交货的品类与数量集中到一起。美国供应价格一般都是工厂设置价格，所以循环取货方式多用于可以供应零件的底特律周边地区，那里集中了与汽车有关的产业。日本的商业习惯一般都是把配送费用加在零件货款中，所以物料进货时，都是由物料生产厂商交货给工厂的。

但从20世纪90年代后期起，采用循环取货方式的日本企业越来越

● **循环取货供应范例**

- 每天在规定的时刻按照规定的路线到供货商工厂巡回、集货
- 在集货前一天联络确定进货量
- 物流费用由订货方负担，供货厂商仅催对方支付货款
- 供货商要集中在一定区域

多了。因为把物料价格变更为工厂交货价格，能够分离、把握物品的价格与物流成本。

在交货量少得不能装满 1 车或物料生产厂商密集地集中在一定区域时使用循环取货方式特别有效。把量少的货物凑到一起，有利于提高装载效率、削减运送成本、减轻工厂周边拥堵、减轻 CO_2 环境负荷。

订购货物的收货和验收方法

订购的物料在指定时间和场所会与**交货传票**一同上交。将所交付的物料与"**订货存根**"进行对照，确认交货传票、检验现货、检查是否正确后收货。

交货是把物料交给订货企业，**验收**则是交货后由订货企业检验、领受。验收就意味着要支付货款。因此，有些模具和物料的种类，要经过一定时间的试运转，在有问题的地方全部修理好之后再验收。

◉ **从订货到验收的流程**

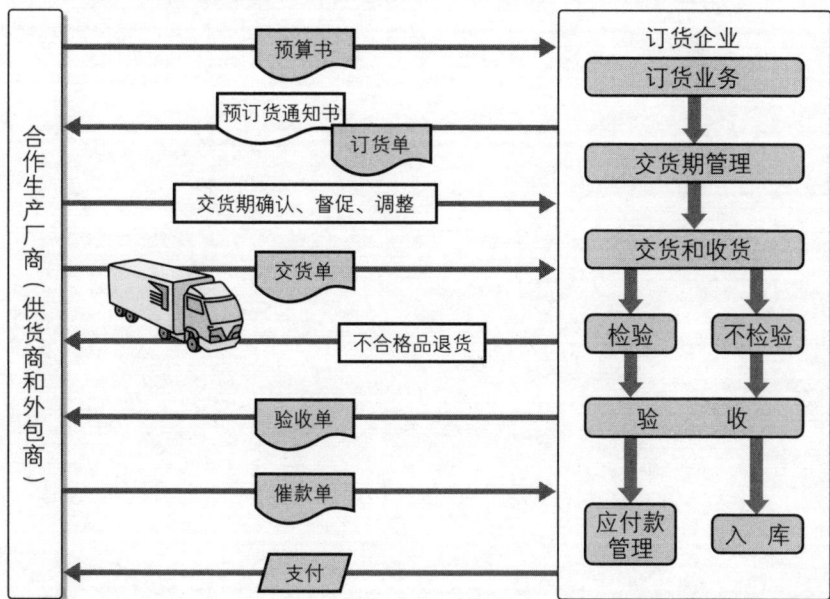

验收的内容包括品目、数量、规格、质量、价格等。但如果是食品还要检查卫生状态，如包装、异物、货物温度等。为防止因质量不合格而发生事故，验收应由能够判定物料是否合格、具有鉴别知识的专业人员进行。医药产品和食品会设独立的验收室，甚至把制造现场当作验收室，操作工禁止入内。如果是要求可追踪的物料，则应当利用验收簿等做好记录。

验收合格的物料，会迅速移至需要的工序或在规定的场所进行保管。不合格的物料则会立即退货给制造企业，令其修理或更换合格品。如果生产线停机，无法按时交货的话，订货商有可能会要求赔偿。食品等产品如果在卫生方面不合格，应避免使用，做好记录后进行废弃处理。

第9章

提高工序管理子系统控制功能
的措施

工序管理的目的与功能

> 工序管理的功能可分为 2 大类

工序管理的目的

工序管理（Process Control）是就各工序所投入日程计划的产品和零件数量进行生产活动管理的集合。工序管理综合控制（Control）工序（作业区）内的人力（Man）与机器设备（Machine）资源，旨在以所指示的**工时**（Cost）与**交货期**（Delivery）内，提供"设计图"、"工序图"、"作业要领书"所指示**质量**（Quality）的产品。

工序管理的目的与阻碍生产工序的原因如下图所示。

◉ **工序管理的目的**

工序管理的目的	阻碍原因
◉遵守交货期 ◉确保需求量 ◉改善所要求的质量 ◉不合格品不发货 ◉减少在制品量和库存量 ◉缩短前置时间 ◉提高设备与人员的运转率 ◉及时报告质量信息 ◉确保生产率	◉工序间产能不均衡 ◉部件不足／不合格 ◉产品的成品率 ◉设备故障、操作工缺勤 ◉计划紧急变更 ◉状况把握力不足

为了消除阻碍原因、达到目的，要整备以下两个系统
并把它们标准化

◉生产方式、设备、工装夹具等的实体系统
◉制度、手续等的管理系统

工序管理的功能

工序管理的功能可分为 2 大类。

①计划功能→工序计划和日程计划

明确能够投入生产的产能（机器工时与人工工时），计划和调整生产的顺序、方法、时间、场所等。

②控制功能→生产控制（准备和工序控制）

进行作业分配、下达开始指示，控制工序按预期进展。也就是说，生产控制是最大限度地应用各工序保有的经营资源（人力、物品、资金、信息）使得生产现场 CQD 状态最佳的重要业务。现在，我们来看一看生产现场的经营资源：人力与物品。

- **人力**

  包括操作工、准备工序人员、检验员、搬运工等涉及生产的人员。当然，也包括零工和派遣的非正式员工。需要全员作业所需的详细运转数据。

- **物品**

  包括进行工序作业的机器设备、原材料、外购件、工装夹具、辅料等。对机器设备与原材料、工序后的产品，要明确准备工序时间和纯作业时间，了解运转实绩。

工序管理中采集实绩数据至关重要

进度管理可以让生产活动回到日程计划上来，有利于把握生产率

用作业实绩数据管理进度

进度管理也叫作日程管理，是工序管理中最重要的业务。进度管理的目的是把握、管理实绩的延误与过快问题，通过调整实现按照日程计划规定进行生产。这项业务要求现场监督人员不断关注作业进度，必要时适当地给操作工下达指示，使生产回到日程计划上来。

为了使生产回到日程计划上来，需要采集相应的一些信息。这些信息一般与所编制的"作业日报"数据一致。其主要项目为"作业区编号"、"机器编号"、"操作工代码"、"准备工序开始和结束时间"、"作业开始和结束时间"、"总产量"、"不合格数"、"机器停机时间"等。

采集作业实绩数据的另一个理由

环视平时的生活，日本制造的产品似乎只剩下了小汽车。纺织品自不必说，连家电和电子设备也都不知不觉地被东南亚各国和地区、中国制造的产品占领了。即使是日本厂商的产品，其制造产地也是在海外。

相比其他国家和地区，都说日本制造业生产率高。但现在似乎并不是这样。如果不能以低成本不断地为国内外提供高质量产品，对于资源匮乏的日本来说立刻就会没落。这就要求日本国内工厂要把生产率提高到超过以往的水平。

那么，怎样计测生产率呢？（详细内容将在附章中介绍）那就是用公式"附加价值 ÷ 经营资源投入量"求出。附加价值可以用公式"销售额 − 进货额"求得，所以在制造业中附加价值是生产活动的成果。此外，由于**经营资源**是指人力、物品、资金，所以经营资源投入量便是该期间所投入**"人工费"**、**"设备折旧费"**、**"经费"**的总和。整个企业的生产率能够根据财务报表计算出来，但是为了了解哪个部分和产品有问题，以便经营高层能够采取措施，必须要了解分产品和分工序的生产率。其单位消费资源信息是"生产现场的生产实绩"。也就是说，没有现场生产实绩数据，就无法评估工厂的生产率和产品的生产率。

我认为，引入生产管理系统时，首先要从工序管理子系统开始，特别是应当从采集工厂各工序生产实绩数据开始。

以作业区为单位管理工厂

生产的执行主体是各生产功能的设备（机器）与操作工，二者共同进行一系列作业。生产管理把上述设备（机器）与操作工的集合叫作**"作业区（工作中心）"**，本书一直将其称为"工序"，欧美工厂则叫它"加工车间"。作业区作为工序管理的对象，需要两个条件：一是操作工的工作独立于其他作业区，劳动管理以作业区为单位进行；二是作业区内要维持能够捆绑到一起的一系列生产。

生产管理系统以作业区为单位交换**"作业指示（令单）"**与**"作业报告"**。作业区定义作业种类和它的执行性能，所以作业区内所需的基础信息是**"生产能力"**与**"运转效率"**。生产能力是标准准备工序所需时间和每个准备工序可以使用的时间，而运转效率是实际运转占可用产能的比例。一般来说，零件加工作业区的设备性能对于作业区的产能影响很大，而装配工序作业区的操作工的技能对于作业区的产能影响很大。

定义"工序顺序"、"必要作业"、"作业顺序"、"作业条件"等要以产品的设计信息为前提。原材料和零件变成成品要经由一系列工序，这一系列工序的排列就叫作**工序顺序**（工顺，或路径，Routing）。

一般来说，工顺要考虑原材料、零件的形状和尺寸、成品的形状和尺寸及精度等，下达"准备工序指示"、"作业指示"、"规格"、"允许误差"、"工装夹具指示"等指示。工顺会在各产品组进行标准化，作为**工序顺序主数据**注册到 BOM 中。

作为标准工顺注册的具有代表性的数据包括"零件名称"、"工顺"、"作业区"、"标准准备工序和时间"、"标准作业和时间"、"标准批次"、"标准检验"等。另一方面，工序流动方法包括**"依次结束型"**与**"重复型"**2 种，前者指上工序结束后开始下工序，后者指上工序尚未结束就开始下工序。

● **采集作业实绩数据**

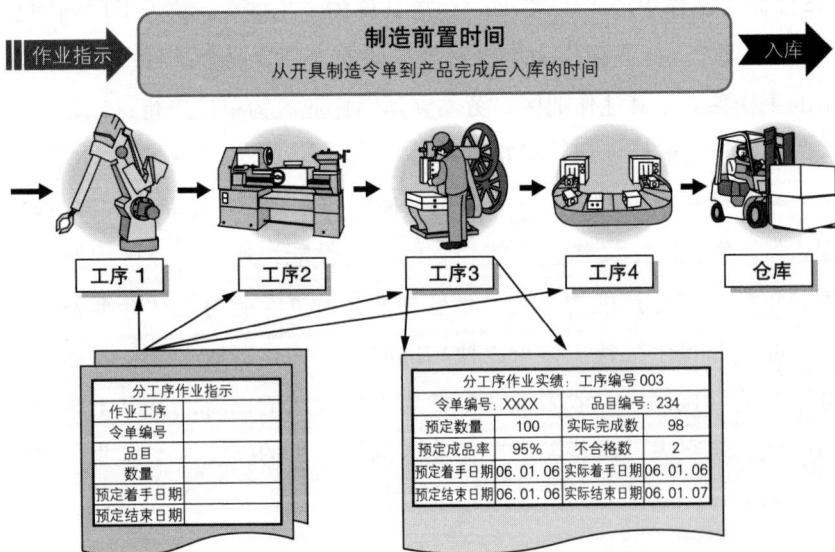

| 制造前置时间 |
| 从开具制造令单到产品完成后入库的时间 |

作业指示 → 工序1 → 工序2 → 工序3 → 工序4 → 仓库 → 入库

分工序作业指示	
作业工序	
令单编号	
品目	
数量	
预定着手日期	
预定结束日期	

分工序作业实绩：工序编号 003			
令单编号：XXXX		品目编号：234	
预定数量	100	实际完成数	98
预定成品率	95%	不合格数	2
预定着手日期	06.01.06	实际着手日期	06.01.06
预定结束日期	06.01.06	实际结束日期	06.01.07

9-3 将工序进度可视化的 POP 系统

> POP 是能把工厂可视化的工具

利用 POP 把工序进度"可视化"

实时把握生产进度状况，可以利用 POP（Point of Production，采集生产点数据）。POP 是生产现场的实绩数据采集系统。它于 20 世纪 80 年代中期面世，使用的是条形码、便携式终端等性价比高的 ICT 工具与网络。在便利店的现金出纳机等中经常能够见到 POS，而 POP 可以说是 POS（Point of Sales）的工厂版。

POP 面世前，很难实时进行工序进度管理。特别是在单件生产中，由于品种多、工序复杂，无法进行管理。造成工序管理困难的原因在于要收集手写的作业报告。问题的关键如下。

- 无法实时把握进度
- 操作工讨厌事务作业
- 忙于作业，实绩报告常被拖延
- 一天的作业完成后才编写作业报告，降低了报告内容的新鲜度
- 易隐瞒对自己不利的报告
- 将汇总数据输入到计算机中的工作很麻烦

由此，不正确的数据被输入了转天的报告中，分析结果的反馈延

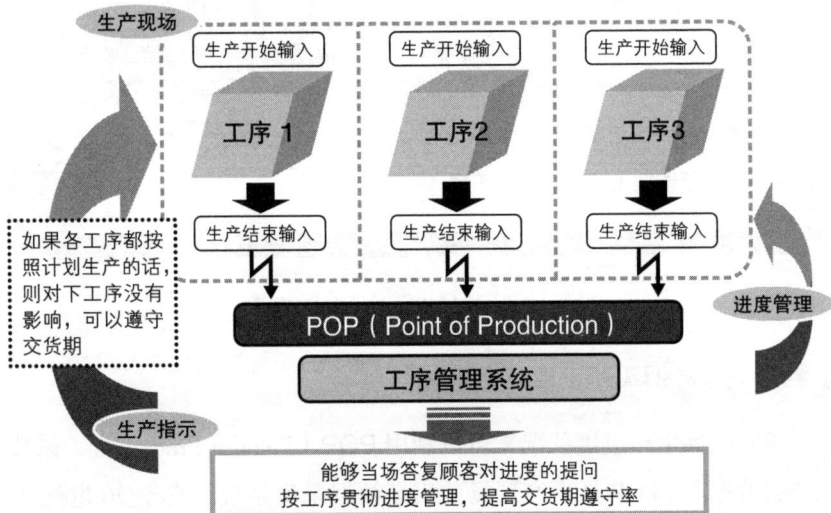

迟，效果变差。

目前，POP 作为工厂的"**可视化**"工具，在生产管理系统中受到了重视。因为工序管理使用的是从现场提取的高精度实时数据，而这样的工序管理是竞争力的源泉。由此可见，利用 POP 能够迅速处理生产量变更情况和特急件。

精细的余力管理

POP 是怎样给生产管理带来改善的呢？在日程计划中，负荷比产能大时（称之为"**无理**"）会引起产能不足，导致交货期延误。相反，负荷比产能小时（称之为"**浪费**"），操作工和机器会出现等待状态（**闲置**）。生产能力与负荷（工作量）的残差叫作余力。目前已经能够做到精细的"余力管理"了，即控制操作工与机械装置的余力使其趋近于零。

通过提高现货管理的精度减少在制品库存

现货管理能够随时把握工序内现货（**在制品**）的位置，准确地对其进行保管和搬运。这样就可以按照日程计划以最少的在制品库存量进行生产了。现货管理一方面可以实时把握现货"有什么、在哪里、有几个"，切实管理好现货；另一方面可以顺利地把现货信息提供给下工序。

采用掌上型终端机的 POP 系统范例

汽车零件生产厂商 A 公司利用作业区配置的掌上型终端机与无线 LAN 构建了 POP 系统。操作工把以批为单位的工序实绩数据输入到掌上型终端机中，将进度状况实时发送给现场管理人员与总公司生产管理部门。收货人汽车生产厂商的最新交货指示信息和工序指示变更信息会通过总公司的服务器实时发送给掌上型终端机。

⦿　**用POP系统采集作业实绩数据**

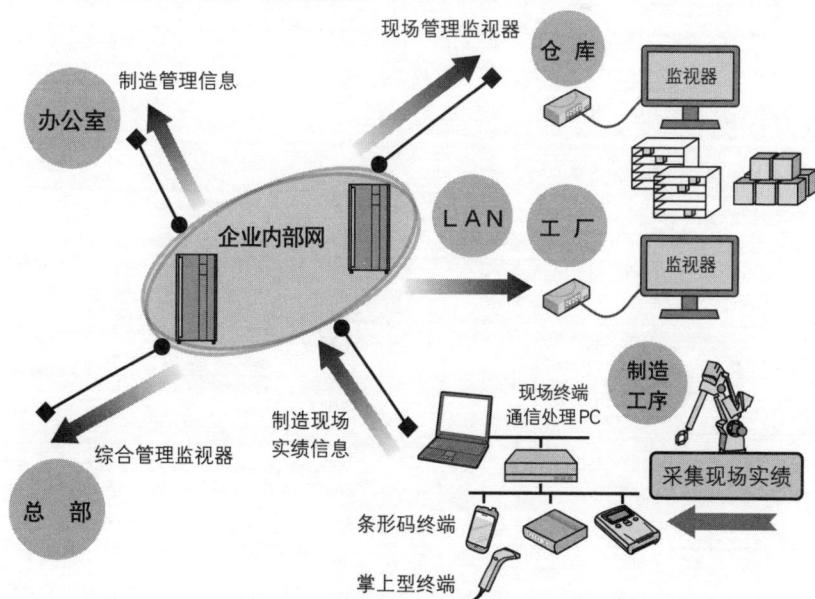

现场管理监视器

仓 库

制造管理信息

监视器

办公室

企业内部网

L A N

工 厂

监视器

综合管理监视器

制造现场
实绩信息

制造
工序

现场终端
通信处理 PC

采集现场实绩

总 部

条形码终端

掌上型终端

工厂的生产管理部门检查操作工生产率的个人差，会及时对跟不上节拍时间（也叫作标准作业时间，ST）的新员工和生产率低的操作工加强指导。据上述公司负责计划的人员称，与引入 POP 系统前相比，工序进度遵守率从 92% 提高到了 96%，机器设备的等待延迟时间从 7% 减少到了 3%，而工厂的在制品库存也减少了 5%。对于负责该计划的人员来说，最令其高兴的是，"因为工厂活动能够可视化，所以做事情可以从容不迫"。

9-4　利用 IE 提高生产率

利用 IE 技术改善生产现场至关重要

利用 IE 进行作业分析与改善

IE（Industrial Engineering，工业工程）主要应用于工序作业的分析与改善、夹具和机器布置的改善等。作业分析与改善是指分析操作工的动作，排除其作业当中的浪费动作，提高作业的生产率。此外，利用 IE 还可以把熟练操作工的技能传授给不熟练的操作工。为了把现场的平均生产率维持在较高水平，可以设置**标准作业时间**（Standard Time，ST，或**节拍时间**）。

生产计划能够根据标准作业时间进行"负荷组合和负荷均衡（工作组合和工作均衡）"，所以生产管理要把 ST 当作判断是否有生产余力、是否超出产能的标准。IE 技术能够用于改善软件制造，本节将着重介绍具有代表性的采用 IE 技术改善生产现场的方法。

作业动作分析

作业动作分析具有代表性的方法包括吉尔布雷斯所构想的**"沙布利克分析"**。

沙布利克分析把人们进行的全部作业动作分为 18 种基本动作，在把一系列的作业动作标记为沙布利克记号后，对其进行分析和改善。18 种沙布利克记号根据性质可以分为 3 类。作业分析及其改善实施如下。

● 沙布利克记号

第一类		第二类		第三类	
基本要素	记 号	基本要素	记 号	基本要素	记 号
1）空手移动	⌣	7）放开	⌒	15）保持	⌂
2）抓取	⌓	8）定位	9	16）不可避免的等待	⌐
3）搬运	⌐	9）预置	8	17）可以避免的等待	⌐
4）组合	⊞	10）调查	◯	18）休息	⌐
5）分解	⊹	11）寻找	⬮		
6）使用	⊔	12）发现	⬮		
		13）选择	→		
		14）思考	⚲		

①**第一类**

指进行作业时有效、直接的动作（6种）。虽然这类动作是产生价值不可或缺的作业，但是通过改变顺序和方法有可能变得更快、更轻松。

②**第二类**

指必要的动作（8种）。但是，这些动作并不是产生直接价值的有效作业。它会导致作业慢下来，所以要极力设法减少。

③**第三类**

指不能进行有效作业的动作（4种）。这类动作要彻底排除。

作业分析的计测以前主要采用利用秒表对作业时间进行计时的方法，但作业一强化它就无能为力了。现在主要采用 PC 分析视频数据的方法，而视频数据是通过摄像机拍摄作业现场得来的。

Auto-Coach 等多个软件对改善工序也发挥了巨大作用，诸如把握关键作业和模拟编排工序等。

◉ 利用 IE 改善作业

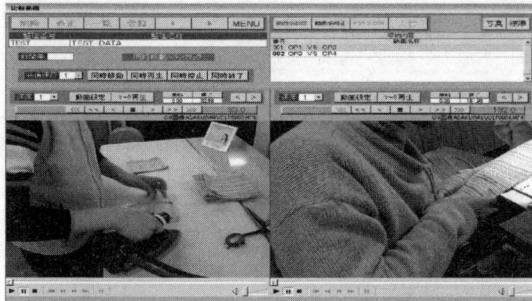

视频作业分析软件 "Auto-Coach" 的作业比较界面

◉不需要秒表，因为是视频，所以 " 不良之处 " 一目了然
◉适用于技术传承、新员工教育、向国外工厂转移技能
◉可以编写插入视频的作业步骤书

此外，记录作业的视频信息，能够记录无法用语言和文字描述的动作，因而对于"技能传承"也十分有效。

设置标准作业时间

排除不适、浪费、不定的作业动作，提高工作的生产率，对于制造业来说是永恒的课题。其中，不适是指负荷超出了产能的状态；浪费是指负荷低于产能的状态；不定是指不适与浪费随时交互发生的状态。为了排除这些作业动作，要推进作业的标准化（标准作业），并让各工序的作业步骤按标准贯彻落实。

可以设置以标准作业的作业时间为指标的 ST。标准作业能够提高作业的生产率，不断推进作业完善。

采用 IE 方法进行改善

如上所述，为了准确把握工厂的生产活动，进行合理的改善，必须要用 IE 方法分析生产实际状态。

一般来说，IE 分析的步骤如下。

①**选择课题**

优先考虑某个课题以改善生产工序

②**把握现状**

根据工序流程图，把各工序物品的流程标注到工厂布置图上

③**分析工序**

对于产能不足或残次品多发的工序，研究其问题的真正原因
并找出改善的措施

④**实施改善**

消灭等待（无作业）动作，实施作业改善、搬运改善、设计改
善等

⑤**确立效果**

验证改善效果

⑥**水平展开**

把改善措施标准化并将其展开到其他工作岗位（水平展开）

恢复日本制造业的竞争力

以竞争战略著称的美国经济学家迈克尔·E. 波特，就制造业的生产
率提出了一个公式："生产率＝产品的质量与规格 × 生产效率"。生产效
率高意味着自己公司的生产活动优于竞争对手企业。从 20 世纪 70 年代
到 80 年代，日本制造业在生产效率上胜过了欧美企业。

目前，要战胜东南亚和中国企业等竞争对手，日本仍需要能够提高
生产效率的技术力与系统。

第10章

从生产管理角度思考库存与库存管理

10-1 库存的定义与作用

削减库存前应当考虑 3 件事

符合"库存"定义的条件

制造业和流通业中的很多业务改革项目把"削减库存"当作主题。但削减库存前必须考虑以下 3 点。

- 为什么持有库存？（需要库存的理由）
- 为什么必须削减库存？（讨厌库存的理由）
- 库存应当是什么样的？（库存管理的目的）

首先，我们从理解"库存"开始。要具备以下条件才能称之为库存。

①应当是"物品"；②应当可以存放（保管）；③应当能够在不久的将来卖掉。

不满足这些条件就不能叫作库存。其中，第③条尤其重要。旧报纸丢弃后是"废弃物"，但如果作为资源循环利用（再生利用）、卖掉的话就是"库存"。而且，卖不出去的商品不能称为库存（盘存资产）。

需要库存的理由

持有库存的理由大体如下。

①满足顾客的交货期

顾客要求的交货期比自己公司生产的前置时间短时，为了满足要求，要事先持有"成品"、"半成品"、"原材料"。

②减少工序间的相互干扰

工序间机器产能有差异时，产能大的工序后面会发生库存。

③均衡生产

根据生产能力均衡生产量会发生库存。

④防备需求变动

市场变动和季节更替导致需求量波动时，会为了防备需求变动而备有库存，以免发生缺货。

⑤凑批购买和凑批生产

订购原材料和零件时，为了尽可能压低价格，会以一定数量的批量为单位进货。同样，以一定数量的批量为生产量进行生产，成本会更低。

⑥运输期间和装卸期间不能买卖

运输和装卸期间内会因不能买卖而形成库存。特别是通过海运出口到欧美需要几十天的时间，这期间会形成库存。

⑦防止缺货的安全库存

缺货会导致丧失销售机会，所以要预先生产出比需求预测多一些的数量。生产方面也是同样，为了防备紧急订单和生产问题，需要预先持有库存确保安全。

⑧剩余和尾货

虽然不是必需的库存，但却因订货失误和预测失误等剩余下来的库存。这种以后也不可能使用的库存叫作"死（dead）库存"，要迅速处理。

10-2 削减库存与库存管理的必要性

平衡库存的优点与缺点

为什么要削减库存

持有库存必定会有损耗和浪费。通过让库存量保持最少来实现损耗和浪费最少、保管成本也最少的业务就是库存管理。本节将探讨库存带

⊙ **需要库存管理的理由**

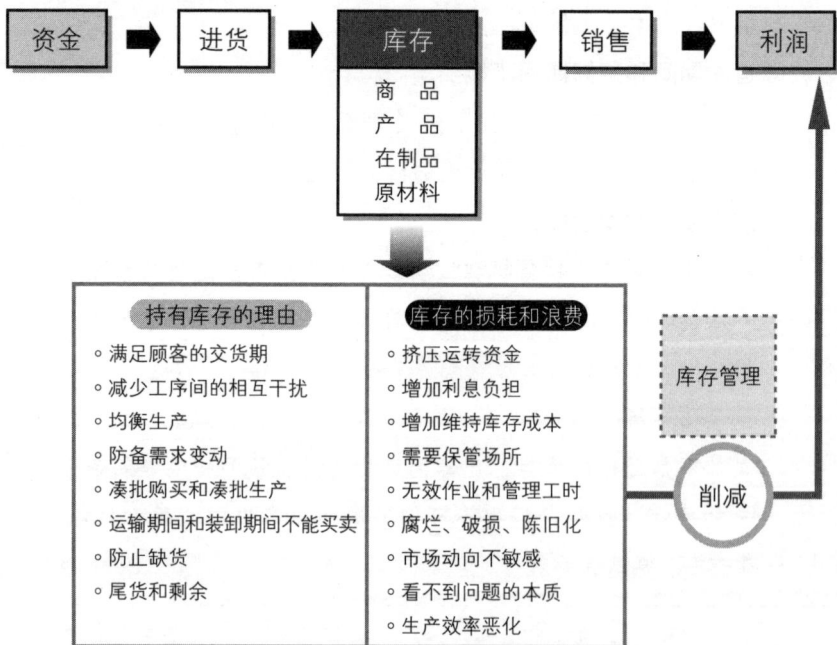

资金 ➡ 进货 ➡ 库存 ➡ 销售 ➡ 利润

库存
商　品
产　品
在制品
原材料

持有库存的理由	库存的损耗和浪费
◦ 满足顾客的交货期	◦ 挤压运转资金
◦ 减少工序间的相互干扰	◦ 增加利息负担
◦ 均衡生产	◦ 增加维持库存成本
◦ 防备需求变动	◦ 需要保管场所
◦ 凑批购买和凑批生产	◦ 无效作业和管理工时
◦ 运输期间和装卸期间不能买卖	◦ 腐烂、破损、陈旧化
◦ 防止缺货	◦ 市场动向不敏感
◦ 尾货和剩余	◦ 看不到问题的本质
	◦ 生产效率恶化

库存管理

削减

来的不利影响，即损耗和浪费。

- **降低资金效率**

  无法列入销售，挤压运转资金，增加利息负担。库存在会计上会被列入"盘存资产"。

- **增加维持库存成本**

  需要用于库存管理的管理工时和保管场所。借用外部仓库时，发生合同费用和租赁费用。

- **破损和降低价值风险**

  库存产品有丧失库存产品本身价值的风险：

  ①材料和产品因腐烂、变质、生锈而降低质量和价值；

  ②库存长期保管时的破损和消耗、陈旧化、陈腐化。

- **对市场动向不敏感**

  如果产品库存充足，那么增加的些许需求都能利用库存产品满足。也就是说，有可能对市场需求动向不敏感。

- **看不到问题的本质**

  持有库存能够有效应对本来应当有的生产前置时间和产品质量不合格的问题。也就是说，库存有隐瞒工厂不良体制以及各种问题的关键点，即隐瞒问题本质的弊病。

- **因生产效率降低而造成损耗**

  库存产品是进行了无效作业的滞销产品。而且，堆积到生产线周边的在制品库存会缩小空间，使可操作性变差，甚至引发安全方面的问题。

库存管理的目的就是优化库存

持有原材料和零件、产品等库存，不仅有利于应对市场上的需求变动，还能顺利推动生产活动、有效应用生产资源。但保有库存也会产生各种费用。因此，根据"库存的效果"与"库存产生的费用"求出最佳的库存量，是考虑库存时的本质问题。

库存管理的目的是满足顾客需求、保持公司内部业务的效率，最小限度地保管作为生产经营活动基础的原材料和产品等以备使用。

10-3　了解库存种类与所在场所

生产管理中库存管理的最大目的是使库存量合理化

生产管理中库存管理的种类

正如库存因行业而异一样，库存的流动因企业对于库存管理的思路而异。

● 理解库存的种类与场所

部件库存

在制品库存

产品库存

VMI：Vender Managed Inventory
作为供货厂商资产在订货方制造网点进行保管的库存

寄存仓库：Deposit
在离顾客较近的地方保管的能够立即交货的库存

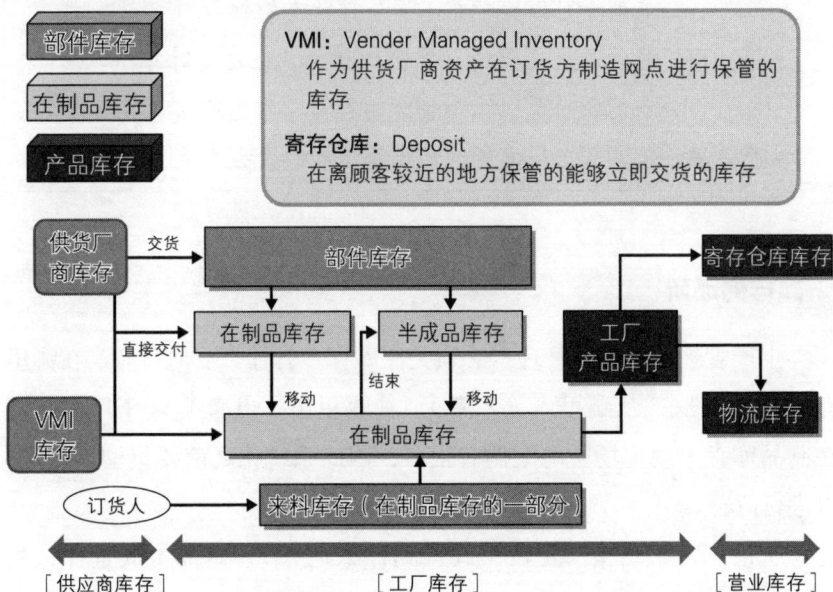

制造业根据生产计划购入原材料，经加工和装配后生产出产品，销售给顾客企业和消费者。在制成产品的过程中，原材料成为"**在制品**"，提高完成率后变成"**产品**"。制造前置时间形式上虽然有所变化，但依然是"从供应原材料开始到交货给顾客为止的时间"，即库存保存、管理的时间。

制造业各工序要一边调整进度一边生产，所以每一道工序都有库存。与生产管理有关的库存包括以下种类。

- **原材料**：像钢材和化工产品那样，为了制造产品而主要使用的原料和材料
- **零　件**：产品所需外购件
- **在制品**：尚处于生产工序中的库存
- **半成品**：也叫作中间产品，是指完成了一定工序的可销售件或处于可以存放在工序外部状态的物品
- **辅　料**：虽然不是必要的、直接的零件，但发货时却不能没有的物料类，诸如包装物料和油脂类等
- **产　品**：能够从工厂发货、已检验完毕的成品

库存的场所

生产管理中的库存管理，必须关注库存"有什么、何时有、在哪里有、有多少"、"从哪里入（**入库**）、往哪里出（**出库**）"。工厂内保管在制品库存未规定场所的案例有很多，因此系统化之前要贯彻"**三定**"以进行改善。

所谓三定，是指"定位（放置到什么地方）、定品（放置什么物品）、定量（放置多少）"。也就是说，三定是把规定"数量"的规定

"物品"放置到规定的"场所"，三定的完成就意味着可视化的完成。例如，在工厂内明确标注临时保管在制品的场所、明确标示可放置零件数量的最大值等。

- **工厂内**

  位于自己公司工厂内部的"物料仓库"、"半成品仓库"、"产品仓库"、"工序间"的库存。

- **外包商**

  虽然是属于自己公司资产的库存，但作为"无偿来料"正在由外包商加工的在制品。

- **营业仓库内**

  未交付给顾客的营业仓库、寄存仓库或 VMI 库存。

- **运输期间**

  车中货物、船中货物等自己公司的库存。

- **流通库存**

  位于代理商和经销商的产品库存。

库存管理的功能

"持有库存全都不好"或者"零库存是理想的库存管理"，这些想法很极端。我们应该做的是理解库存的意义和功能、积极地利用库存。下面来看一下库存管理的功能。

- **库存量的合理化**

  原材料、在制品、产品、全部种类的库存品目与数量都要持续保持在合理规模范围内。其前提是准确地把握库存量，它也是生产管理系统中库存管理的最大目的。

- **保持准确的记录**

  库存是决定生产计划量的重要因素（详细情况将在下一节介绍）。

- **防止资产减值**

  必须防止库存时间过长，产品因陈旧化、变质、生锈、损耗等而减值。

- **贯彻先入先出等规则**

  按照规则执行入库、出库的库存移动，把库存成本控制到最低。

- **确保可追溯性**

  在售产品要有记录，以便能够追溯到原材料。

- **计算未来库存（库存的关联与计划库存）**

  生产计划需要的不是当前库存，而是要计划的未来库存量。因此，能够通过关联计算预定出库量、能够根据预定生产来计算成品预定入库量至关重要。

10-4 提高库存管理精确度的方法

> 保持记录的准确性是库存管理最重要的课题

账簿与现货不符

保持记录的准确性是库存管理最重要的课题。库存是决定生产计划量的重要因素，库存量没有可靠性，生产计划就无法制订。

库存管理的精确度根据"盘点库存时实际与日常账簿的差异"及"与现货不符的发生频度"来判断。这里所说的账簿是指手写的库存表或计算机系统的库存界面。现货是指实际移动库存时的库存数量，在日常库存移动操作中二者一旦不符马上就能看出来。关于账簿与现货不符的原因，一般认为有以下几点。

- 出入库时记账失误和遗漏
- 设置 M-BOM 失误
- 漏报破损和差错
- 漏记不合格退货品的入库记录、作为样品拿走的产品等
- 零件或产品的计量失误

目前没有能够完全防止这些失误的对策。但是，先进企业的工厂一般会通过贯彻持续记录库存移动来维持一定的精确度。此外，与计算机联机的自动仓库系统也能够精准记录出入库，使库存差异锐减。

◉ **提高库存管理的精确度**

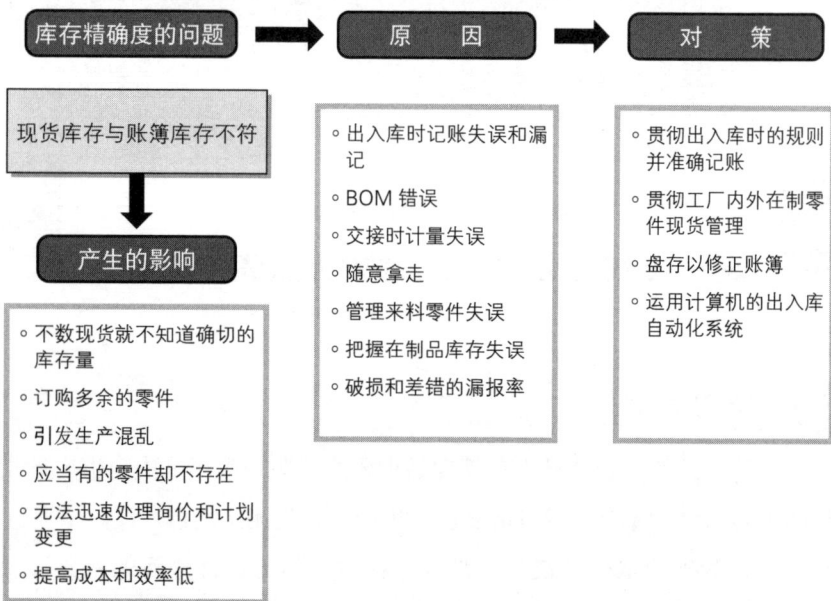

| 库存精确度的问题 | ➡ | 原　因 | ➡ | 对　策 |

现货库存与账簿库存不符

⬇

产生的影响

- 不数现货就不知道确切的库存量
- 订购多余的零件
- 引发生产混乱
- 应当有的零件却不存在
- 无法迅速处理询价和计划变更
- 提高成本和效率低

- 出入库时记账失误和漏记
- BOM 错误
- 交接时计量失误
- 随意拿走
- 管理来料零件失误
- 把握在制品库存失误
- 破损和差错的漏报率

- 贯彻出入库时的规则并准确记账
- 贯彻工厂内外在制零件现货管理
- 盘存以修正账簿
- 运用计算机的出入库自动化系统

盘存与账簿修正

　　为了计算损益表记录的盘存资产，在期末时会对实际库存进行计量（数数），这就是"**实地盘存**"。一般的实地盘存方法是"**同时盘存**"和"**循环盘存**"。

　　同时盘存是指停止工序作业，现场全员一起同时清数实际库存量的方法。另一方面，循环盘存是指分割应当盘存的区域并依次盘存每一个区域，在一定的时间内结束全部区域的盘存方法。库存品目多的公司一般会选用循环盘存。

◉　**提高库存精确度的出入库管理要点**

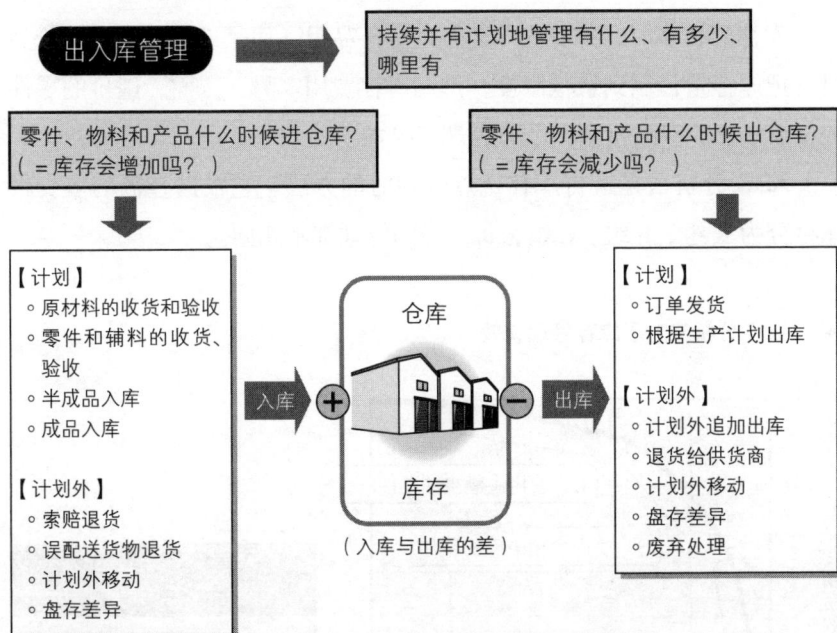

出入库管理　➡　持续并有计划地管理有什么、有多少、哪里有

零件、物料和产品什么时候进仓库？
（＝库存会增加吗？）

零件、物料和产品什么时候出仓库？
（＝库存会减少吗？）

【计划】
。原材料的收货和验收
。零件和辅料的收货、验收
。半成品入库
。成品入库

【计划外】
。索赔退货
。误配送货物退货
。计划外移动
。盘存差异

仓库

入库　＋　库存　－　出库

（入库与出库的差）

【计划】
。订单发货
。根据生产计划出库

【计划外】
。计划外追加出库
。退货给供货商
。计划外移动
。盘存差异
。废弃处理

盘存作业的步骤如下。

①根据事先准备的"盘存标签"计算现货库存数量
②记到"库存标签"中后粘贴到现货上
③检查现货与库存标签是否相符，把库存标签数据输入到计算机中
④核对计算机的库存数据与盘存数据，提炼出库存差异
⑤调查库存差异的原因
⑥把当前的库存数据替换为根据库存标签所输入的库存数据

ABC 分析法是库存管理的有效方法

库存品目多时，并非均等地管理全部品目，而是细致地管理高价品目，把库存量控制到最低限度，抑制库存费用。另一方面，廉价的零件等要设法让库存有富余，节省管理工时。

ABC 分析法是进行库存重点管理时的方法。它根据金额的多少将库存分为 A 组、B 组、C 组，每一组的管理都不相同。

◉ **ABC 分析法对于库存管理有效**

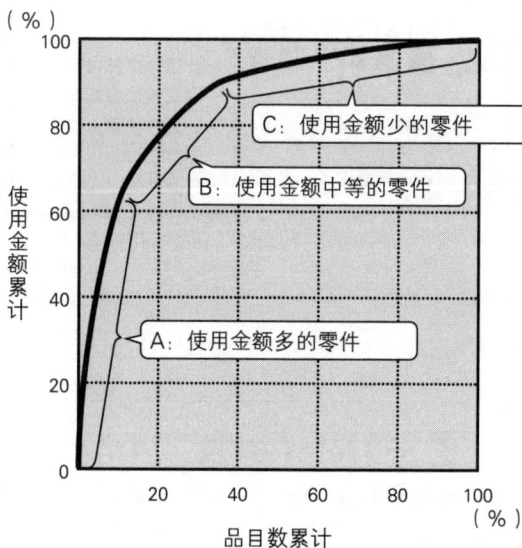

（%）
C：使用金额少的零件
B：使用金额中等的零件
A：使用金额多的零件

使用金额累计

品目数累计
（%）

分类	重要度	品目的比例	使用的比例
A	高	10%	65%
B	普通	25%	25%
C	低	65%	10%

图中 A 组占整体金额的 65%，而品目数只占 10% 左右。因此，A 组的品目要花工时重点管理。另一方面，C 组占品目数的 65%，但金额却只占 10% 左右。B 组介于 A 组与 C 组之间。ABC 各组的特点如下页所述。

A 品目

- 对每个品目都进行细致的需求预测，缩短订货间隔和前置时间，以减小预测误差
- 详细地指示交货期，缩短滞留时间
- 避免多余的订货，贯彻现货管理以免发生库存损伤、丢失等

B 品目

- 进行介于 A 品目与 C 品目之间的管理
- 把类似的品目分成组，针对每一组进行预测、订货、交货处理

C 品目

- 相比削减库存量，要省去订货业务和出入库管理等的库存管理工时
- 通过凑批或混装来减少订货业务和搬运业务
- 采用能够方便快捷地检查库存量推移的措施

库存评估与库存分析的方法

库存的金额评估采用成本设置

库存采用成本评估

一般来说，库存的多寡要换算成金额评估。因为把不同种类的品目加到一起得出一个数字并没有什么意义。金额评估采用的不是**销售价格**，而是**制造成本**。例如，通常所说的"1亿日元的产品库存"是采用成本评估的金额，如果加上销售利润的话，金额会更多。

把原材料库存和在制品库存制成产品销售，金额会进一步增加。会计所说的盘存资产是以金额表示的"库存价值"，会记入资产负债表中。用于计算库存价值的库存评估方法有以下几种。

- **单件法**

  根据各实际成本决定库存价额。

- **先入先出法**

  按照入库时间的顺序从远到近领料，库存以最新获得的价格计算。

- **总平均成本法**

  很多公司都以"总平均成本法"报送税务署。

- **移动平均法**

  必须利用很多数据计算，所以会用到计算机系统。

● 标准成本法

大部分大型制造业采用的是标准成本（标准成本将在第 11
章详细介绍）但是在标准成本的制度上，产生的成本差额会
根据"总平均成本法"或"移动平均法"摊入。由于成本
差额是作为实际成本与标准成本之差进行汇总的，所以如果
按照总平均成本法摊入成本差异的话，得到的结论就能够与
采用总平均成本法计算的实际成本相同。

◉　库存评估范例

| 采用移动平均法的零件 "X" 的单价 |

日　期	入库数量	出入库单价	入库金额	库存金额	库存数量	平均单价
2 月 4 日	1,000	5.0	5,000	5,000	1,000	5.0
2 月 5 日	1,000	10.0	10,000	15,000	2,000	7.5
2 月 6 日	−1,000	7.5	−7,500	7,500	1,000	7.5
2 月 7 日	2,000	10.0	20,000	27,500	3,000	9.2
2 月 9 日	−1,000	9.2	−9,167	18,333	2,000	9.2

▎库存周转率

库存周转率是表示某段时间内（自期首至期末）库存周转次数的指
标，可以用公式"库存周转率＝出库（销售）金额 ÷ 库存金额"求得。
周转率越高，库存量占销售量的比例越少，越能说明有效地进行了库存
管理。例如，年库存周转率为 6 次就意味着库存在 1 年内进行了 6 次更
替。反过来说的话，那就是 2 个月销售 1 次库存。

库存周转率越高，库存滞留时间越短，效率越高。也就是说，如果
库存滞留多个月的话，那么无论销售额是多少，为那些库存所花掉的费
用都石沉大海了。库存金额通常是期中平均库存金额，可以用公式"库
存金额＝（期首库存金额＋期末库存金额）÷2"求得。有时也利用公

式"库存金额＝（1 年全部天数的库存金额 ÷365）"求得平均库存金额来计算。下图范例表示"库存 4356 亿日元，年度销售额 31278 亿日元→库存周转率＝7.2（次）"。

◉ **库存分析方法**

◇**库存周转率**

库存周转率＝出库金额 ÷ 库存金额

出库金额：一般按1年计算

库存金额：期末库存金额，有时会用公式"（期首库存金额＋期末库存金额）÷2"、
　　　　　"1年全部天数的库存金额÷365"求得平均库存金额来计算

例：库存4356亿日元，年度销售额31278亿日元→库存周转率＝7.2（次）

◇**库存周转期**

与库存周转率相反，用库存金额除以平均出库金额来计算

库存周转期＝库存金额÷平均出库金额（月、日）

例：库存4356亿日元，年度销售额31278亿日元→库存周转期为50.8天

〔参考〕各主要精密和电机公司的库存周转率（07/3止财年，佳能为06/12止财年）

奥林巴斯	尼康	TDK	揖斐电	佳能	索尼	夏普	松下
11.8	3.3	9.6	10.6	7.7	8.8	7.2	9.5

▌库存周转期

库存周转期是库存周转率的倒数，是分析效率性的指标。其计算公式为"库存周转期（天）＝库存金额 ÷ 出库（销售）成本 ×365"。库存周转期与库存周转率相反，按库存金额除以出库金额计算。换句话说，就是"每出库（销售）一次持有几天库存"、"把库存全部消费（销售）出去需要多长时间"。

库存周转期越短，表示进到工厂里的货物（原材料、零件、产品）使用（销售）得越快，库存的效率越高。

上图范例表示"库存 4356 亿日元，年度销售额 31278 亿日元→库存周转期为 50.8 天"。

第11章

工厂财务与成本管理系统的要点

11-1 财务会计与管理会计

生产管理中的"财务"主要与管理会计有关

财务会计与管理会计需要的数据不同

生产管理中的"**财务**"主要与**管理会计**有关。管理会计的目的和需要的数据与"**财务会计**"不同，这一点请注意。财务会计的目的是对外公布，可以根据证券交易法等法律和会计原则处理。会计数据是要处理的全部信息。

另一方面，管理会计不受法律和会计原则的约束。各企业有自己公司的经营决策，管理会计都热衷于自己公司的那一套办法。而且，在管理会计中，非会计数据也起着重要的作用。把这2种会计系统按**输入**、**流程**、**输出**进行整理，可以得到第207页的表格。

例如，现在考虑一下"**总产量**"（**生产量**）。生产的产品当中包括尚未决定销售价格的产品，所以不能像为了换算金额而计算销售额时那样仅单纯地进行汇总了。为了计算生产量，需要补充生产量的信息。一般利用下一节将要介绍的标准成本，以"由销售实绩获得的销售金额"比"根据标准成本所评估的销售金额"，求出二者的比率。将商品分成不同的组，用比率乘以对生产数量进行标准成本评估的金额来计算"生产量"。

表示员工全体劳动时间的"**人工工时**"属于非会计数据。几乎所有的企业都在用公式"生产量 ÷ 人工工时"来计算、管理生产率。

◉ 财务会计系统与管理会计系统

系统	系统的目的	输入	流程	输出
财务会计系统	编制财务报表，即公司对外公布用的"公司明细表"	会计事实（例：物品进货、银行贷款、列入生产、收回应收款等）→会计数据	分科目	会计数据→总账→试算表→资金平衡表、损益表、现金流量表
成本管理系统（管理会计系统）	提供有助于经营决策的经营信息	会计数据 非会计数据＝运转统计（人口数、出勤数据、机器运转时间）、总产量（个数、金额评估、重量）、投入（材料、辅料、水电气）各品名标准批次等	直接费用、分摊、ABC（作业成本计算法）	各品名成本（标准成本、实际成本、成本差异） 各部门损益（各位顾客、各个工厂、各个产品系列） 设备投资的决策 退出经营、关闭工厂等决策

此外，人工工时数据对设置标准成本也起着相当大的作用。例如，大部分企业会从工资系统获得劳动时间等数据并据此发放工资，规定"每月 15 日结算 25 日发放"。另一方面，生产、销售、会计的月度结算属于月末结算，与工资结算的日期不一样。因此，管理会计系统需要具备按照月度结算汇总劳动时间的功能。

联结决算不能明示"制造成本"

目前，在日本的联结决算规则中，尚未发现要义务公开制造成本明细表的规定。因此，决算资料不会显示"材料费"、"人工费"、"经费"的分类，从外部并不能了解销售成本的明细。虽说财务会计没有义务公开，但是每一家公司都会在公司内部编制有关公司制造成本的明细表。

如上所述，财务会计仅负责处理法律和会计原则中必要的、最小限度的信息。因此，为了进行经营决策，需要管理会计系统。

工厂管理中重要的是管理会计

管理会计标准化没有什么意义。要理解各企业中生产决策的方法，构建符合各企业特性的管理会计系统。而在此之前，必须理解怎样决策。

首先，基本分类是"**比例费用（可变费用）**"与"**固定费用**"。财务会计没有"比例费用"、"固定费用"这种分类。将哪种经费项目规定为可变费用，基本上是各公司的自由，会因产品和生产方法而异。某生产厂商就长期把派遣人工成本（接收派遣员工的费用）作为"其他经费"项目下的"杂费"包含在固定费用中。这是因为人数和金额微乎其微，根本不需要列到独立的经费项目中。

◉ **工厂的财务会计与管理会计**

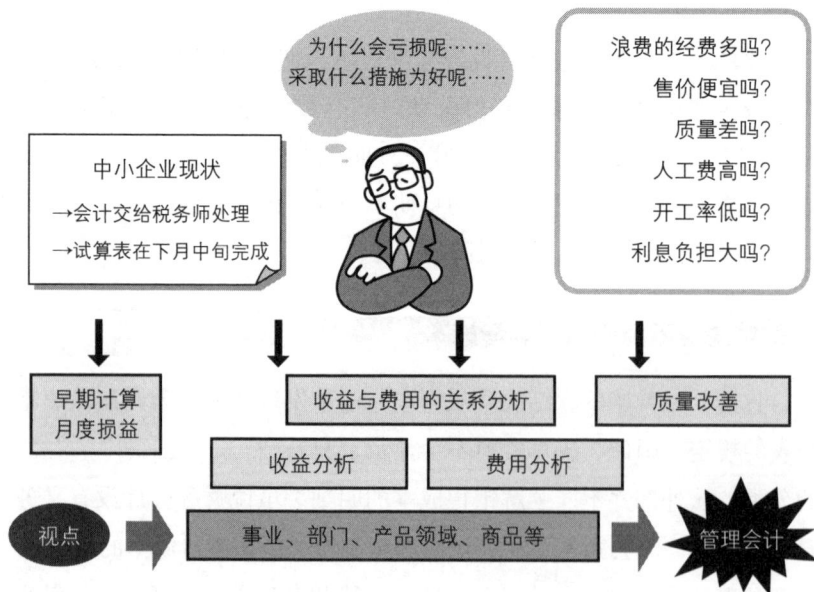

为什么会亏损呢……
采取什么措施为好呢……

浪费的经费多吗？
售价便宜吗？
质量差吗？
人工费高吗？
开工率低吗？
利息负担大吗？

中小企业现状
→会计交给税务师处理
→试算表在下月中旬完成

早期计算
月度损益

收益与费用的关系分析

收益分析　　　费用分析

质量改善

视点　→　事业、部门、产品领域、商品等　→　管理会计

但是，近年来派遣工人的比率持续攀升，占总员工数的比重越来越大，情况就不一样了。因为生产厂商需要把握包括派遣人工费与正式员工人工费在内的总人工费。关于派遣员工，社会上也有议论，据说已经开始当作比例费用处理了。

此外，有的企业会编制、报告作为内部资料的各工厂损益表及资金平衡表，对工厂的损益、工厂的投资效率、原料和在制品等的周转率及努力削减盘存资产的状况等进行管理，还有的企业会将其用于工厂干部的人事评估。

如上所述，管理会计系统因企业而异，企业的经营环境不同，决策的方法就不同，管理会计系统也就不同了。近年来，面对包括逐渐采用国际会计准则在内的系统变更，必须要事先确保应对这些变更的灵活性。

管理会计所需的工厂分析

需要进行利润分析的理由

　　财务方面的分析方法一般有盈利性分析、稳定性分析、收支平衡点分析、增长潜力分析、权益利润率、资本效率（周转率）、收益变动原因分析等。本章将详细介绍其中的收益变动原因分析与盈利性分析（收支平衡点分析将在下一节介绍）。

　　收益变动原因分析是一种重要的分析方法。它或将"本期"收益与"上期"对比，或将"实绩"与"计划"对比，据此搞清楚收益变动的原因以便采取对策行动。

　　下页的图中，本期收益实绩（240亿日元）比上期收益实绩（200亿日元）增加了40亿日元的金额。这40亿日元的金额是收益增加原因（150亿日元）与收益减少原因（▲110亿日元）的差额。收益增加原因可以进一步分解为：①生产率提高（50亿日元）、②规模增大（100亿日元）；而收益减少原因可以分解为：③销售价格降低（▲10亿日元）、④日元升值（▲15亿日元）、⑤燃料价格高涨（▲25亿日元）、⑥材料进货价格上涨（▲30亿日元）、⑦人工费率上涨（▲30亿日元）。

　　例如，如果收益变动原因分析的结果表明公司处在红海中，那么就要转到蓝海战略上来。其中，红海是指自己公司正卷入弥补销售价格下降、材料进货价格和燃料价格高涨的涨价活动，商品群已卷入价格竞争中；蓝海是指通过投入自己的创新商品来避免卷入价格竞争中。

◉ **用于探寻收益变动原因的财务分析**

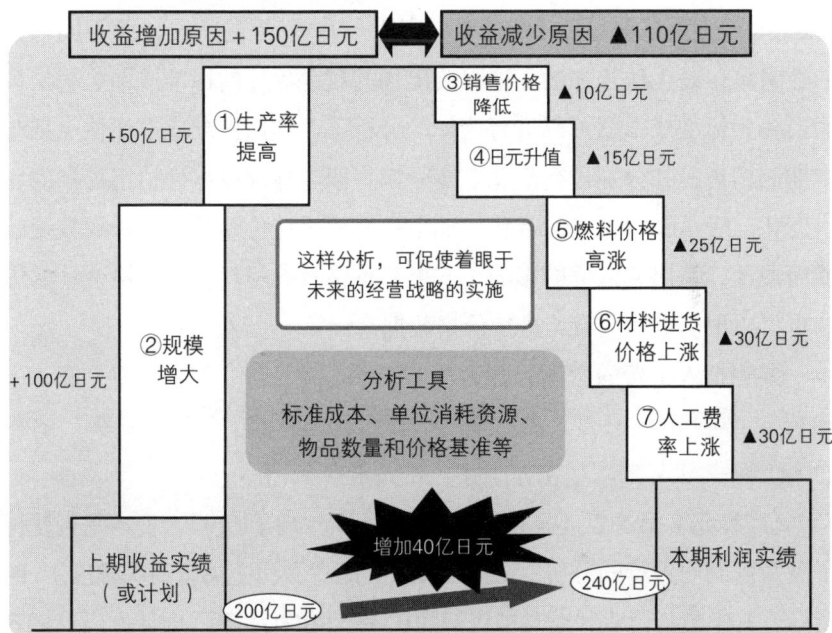

收益增加原因 + 150亿日元	⬌	收益减少原因 ▲110亿日元

③销售价格降低　▲10亿日元

④日元升值　▲15亿日元

+ 50亿日元　①生产率提高

⑤燃料价格高涨　▲25亿日元

这样分析，可促使着眼于未来的经营战略的实施

⑥材料进货价格上涨　▲30亿日元

分析工具
标准成本、单位消耗资源、物品数量和价格基准等

+ 100亿日元　②规模增大

⑦人工费率上涨　▲30亿日元

上期收益实绩（或计划）　200亿日元

增加40亿日元

本期利润实绩　240亿日元

收益变动原因分析的方法

进行收益变动原因分析需要哪些条件呢？

这里介绍的分析不仅要利用会计数据，还要利用补充会计数据的非会计数据和方法。例如，关于①生产率提高，要通过对比上期销售额（正确的说法是生产量）与投入工时的比率、本期的销售额与投入工时的比率求得。此时，可以设想到上期与本期生产品目的结构有了较大变化，因而通过累计标准工时来求生产率更好。

此外，②规模效果一般可以用公式"（销售额 – 比例费用）/ 销售额"求得。③销售价格降低是无法单凭损益表中的会计数据计算出来的。需要把销售额分解为"数量增加"与"价格变化"的工具。生产品目如果是像汽油那样的单一产品，可以利用容积（升）轻而易举地把握数量。但是，生产时一般都会生产多种产品，也有"数量"当中混淆"个数（个）"、"重量（千克）"、"容积（升）"等的状况，而不同种类的数量单位是无法相加的。这时要出场的就是后述的标准成本。把销售额换算为标准成本就可以进行这样的分析了。利用标准成本评估上期与本期的销售额并分别进行汇总。实际销售额与标准成本评估销售额的比率变化，表示销售价格的变化。如果持有外币计价评估的销售额数据就能简便地计算出④汇率的影响。⑤燃料价格及⑥材料进货价格变动的影响也可以根据进货数量与进货价格数据来计算。

要想把人工费的变动分解为"生产率提高"与"人工费率上涨（下降）"，必须先要把人工费分解为"投入工时"与"人工费率"的积（"人工费＝投入工时（劳动时间）×人工费率"）。

《广辞苑》第5版把盈利性分析定义为"为了研究投入资本是否获得了满意利润而进行的分析"。有几种求"满意利润（**销售利润幅度**）"的指标，其中包括营业利润与销售额的比率、EBITDA等。会计入门书籍等只介绍了营业利润与销售额的比率、EBITDA，没有涉及更多的求盈利性的指标，但是我认为很难说仅凭这些就能够囊括全部盈利性分析。

例如，"附加价值生产率（附加价值÷人工成本）"的意思是"赚取的附加价值与投入的人工成本"之比，它是一种表示投入人工成本赚取收益效率高低的指标，用于劳动密集型制造业。"人工成本÷附加价值（劳动分配率）"是用于跟踪研究活动实际给降低成本带来多大效果的指标。"附加价值÷人工工时"是一个不错的指标，它用人工工时替代销售额做除法，根据与下一节所说的"固定费用率"的关系，能够直观地判断赚取利润的效率。以上这些都是很好的**"盈利性指标"**，可以让各企业深入思考为了自己公司的生存与改善应当追求什么。

11-3 IFRS 给生产管理系统带来的影响

列入销售标准的变更影响很大

因采用国际会计准则而改变会计系统

日本的会计准则采用**国际会计准则**（IFRS，**正式名称叫作国际财务报告准则**）。2011 年，以在东日本大地震中工业界遭受了打击为由，金融厅公布了延期引入国际会计准则的决定。

变更下表中的**"列入销售标准"**会给制造业的业务与系统带来很大影响。目前，很多企业都规定要在**"产品的发货时间节点"**列入销售。但是，国际会计准则限定要在**"验收时间节点"**列入销售。也就是说，客户验收正确后才产生利润。由此，业务和系统都需要进行变更。发货标准是从工厂发货时产品仓库库管员等列入销售，但是验收标准则要在得到客户验收信息后再列入销售。

此外，日本会计准则在规则中详细规定了处理方法，而国际会计准则是**"原则主义"**，对于会计方面的处理企业的自由度很高。另一方面，国际会计准则重视**"平衡表（BS：资金平衡表）"**的势头强烈。由此可见，企业的决策也在朝着更加重视 BS 的方向转化。目前，这些还处于讨论阶段，规整细节也是以后的事情。但可以确定的是，对系统灵活性方面的要求将会越来越高。

◉　国际会计准则与日本会计准则的主要区别

项目	国际会计准则	日本会计准则
准则	原则主义	规则主义
重视的财务报表	资金平衡表（BS）	损益表（PL）
利润的概念	综合所得	纯利润
利润的计算	期首与期末净资产的差额就是综合所得	盈利与费用的差额就是纯利润
列入销售标准	验收标准（实现主义）	发货标准也可以
商誉折旧	不计折旧	20年以内等额折旧
带薪休假准备金	需要拨出	没有标准也没有实务惯例
退休金会计	储备金不足即时拨出	10年均等分期处理费用
发行债券费用	过筹集期拨款	发生时处理费用

系统可以忽视季度决算

日本金融商品交易法规定，自 2008 年 4 月 1 日以后开始的事业年度起，上市企业有义务明示季报。也就是说，以往的"半年（中间）决算"、"期末（全年）决算"，再加上每 3 个月进行的决算、明示，都是上市企业应尽的义务。季度报告原则上要在经过各季度后 45 天之内提交。而且，注册会计师或监察法人也有义务进行季度审查。

季度决算时，允许采用简便的方法。例如，没有必要每年进行 4 次实地盘存。

一般认为，管理会计系统和成本管理系统是以月为单位进行构建、运用的，只要考虑有计划、有步骤地按月扩展即可，无须特别关注季度决算。

成本和损益因库存评估方法而异？

以前，允许采用**成本法**进行库存评估，而成本法是按照获取的价格评估的。但是自 2008 年起，强制适用**低价法**，它比较资产的过去成本与时价，以价额低者为期末资产的估定价值。因此，成本与损益会因所适用的库存评估方法而异。本书不叙述会计方面的细节，但是会计处理的方法可以有不同的选择，成本和利润会因要采用的会计处理方法而异，这一点请读者理解。例如，**折旧的方法**包括**固定比率法**与**直线法**，采用不同的方法，成本与利润会有很大的不同。适用国际会计准则的影响也同样如此。管理会计是决策用的系统，所以会发生"成本变化"、"损益变化"，这一点请读者理解。

成本法包括 FIFO（**先入先出法**）、**总平均成本法**、**订单成本法**等。下面我们来了解一下面对进货价格上涨局面，采用先入先出法与后入先出法进行库存评估的差异。

在这种情况下，由于进货价格已经上涨，所以先入先出法发货的是进货价格便宜的货物。也就是说，进货价格高的货物会作为库存继续保留。后入先出法则与之相反。由此可见，先入先出法能使库存评估增大，销售成本降低，利润也增加。根据国际会计准则，自 2010 年 4 月起，日本开始禁止使用后入先出法。

事实上，很多案例似乎都采用了总平均成本法。采用先入先出法计算销售成本时，并非每次出库都要一一计算，而是先求出月末在制品成本再根据差额来计算，这种方法更加务实。

虽然与库存"评估"无关，但库存可以给成本与损益带来若干补偿。如果以为凑批和扩大销售而进行预测型生产等为由，生产的产品数量超出订单数量和销售预测数量的话，那么在销售数量相同的情况下库存会增加，利润会增多。其理由是"固定费用低"，这是与综合成本计算有关的问题。综合成本计算将在第 222 页介绍，请读者结合库存评估问题理解。

11-4 分部门进行损益处理有时会耽误经营

管理会计系统中最重要的是考虑成本魔术

要高度重视各部门损益计算

当生产多种产品的工厂希望把握每一种产品的损益时会进行"分部门损益计算"。分部门损益并非由会计系统自动计算，而是要通过手工作业或设计系统分部门（产品）来计算费用。

分部门计算损益时，应当注意**"跨部门的费用"**。在某工厂厂房中，多个部门进行生产活动时产生的建筑物折旧费就是典型的例子。此时一般会按照各部门所占有的面积分配整个建筑折旧费（**分摊**）。

采用某种按比例分配的标准来分部门计算损益是比较容易的。面积、配置人员、销售额等都可作为按比例分配（分摊）的标准使用。但是，这里请思考一下分部门计算损益的目的。例如，为了做出"选择与集中"的决策而分部门计算损益，其中，"选择与集中"的决策是指"把握高收益部门和不盈利部门，把经营资源集中到高收益部门，撤销、缩小不盈利部门"等经营性判断。

停止生产的利润效果

下面，我们考虑一下在某工厂生产 A 产品与 B 产品的情况。为了分部门计算成本，我们假定"A 产品盈利，B 产品亏损"。此时，经营者一般会考虑"中止生产亏损的 B 产品，避免亏损失控"。可是，中止生产 B 产品后，有可能利润并未增加，反而连累 A 产品也亏损。这是因为中止生产 B 产品后，以往 B 产品经分摊后所负担的建筑物折旧费、办公室人工费和经费等，全都记在了 A 产品的名下。

规避成本魔术的管理会计系统

如上所述，"订单成本包含的（单位）固定费用"、"固定费用的分摊"常常是耽误经营决策的魔术。

构建管理会计系统时，要充分意识到这种**"成本魔术"**，以免耽误经营决策。没有规避成本魔术措施的管理系统有百害而无一利，开发人员必须充分认识这个问题。

ABC（作业成本计算法）是否能够规避成本魔术

ABC（Activity Based Costing，**作业成本计算法**）是这样一种方法，即不使用以往的分摊标准（面积、销售额等），而是根据具体的"作业"，按比例分配分摊对象，即间接费用（固定费用）的方法。ABC 把作业视为"设备保养和修理"、"改善质量活动"、"处理索赔"、"维护安全"等当中的具体的人的投入作业。这些作业能够把"件数"、"次数"、"投入时间"等数字化，相比以往的分摊标准，它可以更准确地计算成本。

此外，ABC 不仅能够解剖固定费用（间接部门的费用），还能够把握哪里有浪费，可以作为削减固定费用的有效方法。但要注意的是，ABC 有 2 个弱点。

- 把握作业的事务工时多。要花时间重新提取此前未处理过的数据（图纸的出图张数等）。
- 会计原则不认可采用 ABC 编制财务报表。

眼睛不能仅盯着分部门计算的损益

采用 ABC 能够在某种程度上消除"成本魔术"，但仍要慎重考虑成本问题。例如，在第 216 页的范例中，中止生产 B 产品后，减少了投入到 B 产品的"作业"人员，除非这些人员在其他业务中获得了有效使用，否则还是解决不了问题。假设 ABC 显示，在"设备保养和修理"作业中浪费了 0.5 人，仅了解这一结果并不能改善间接部门的繁忙度（繁忙率）与生产量不成正比、经营活动要求慎重处理的情况。

⊙ **分部门计算损益的要点**

分摊的必要性	• 费用有跨部门的情况，需要按比例分配（分摊）
分摊的标准	• 分摊的标准可采用人数比例、面积比例、销售额比例等，本来最好是能采用ABC（作业成本计算法），但要考虑需要花费的时间
分部门计算成本的准确性	• 建筑物的折旧费等不一定能够准确地计算 • 需要进一步做些准备工作，如给每个部门都安装电能表等

财会等间接部门人工费等

11–5 采用收支平衡点分析法改善利润

把费用分为"可变费用"与"固定费用"进行分析

收支平衡点分析在会计管理中必不可少

一般来说，收到财务报表（损益表、制造成本明细表）后会立即进行收支平衡点分析。将每个科目分为"可变费用"、"固定费用"后经营方面的行为就会显露出来了。

看损益表中"各项费用除以销售额的比率（结构比）"，如果仅能得出"比上月提高了、降低了"这样的结论是无法与经营方面的行为联系起来的。但如果从可变费用看"（并非绝对金额）比率的升降"，从固定费用看"（并非比率）绝对金额的增减"的话，就比较有用了。由此可见，收支平衡点分析是基本的分析。

收支平衡点的计算方法

收支平衡点（销售额） 表示利润恰好为"0"的销售额。利用公式表示就是"收支平衡点销售额 –（固定费用 + 可变费用）= 0"。把该式稍作变形得"收支平衡点销售额 –（固定费用 + 收支平衡点销售额 × 可变费用比率）= 0"，用符号表示就是"$S0 - (F + S0 \times V/S) = 0$"，进一步关于 S0 求解，可得"$S0 = F/(1 - V/S)$"。

S：销售额，S0：收支平衡点销售额，F：固定费用

V：可变费用，V/S：可变费用比率

关于收支平衡点，可参照下图。

◉ **采用收支平衡点分析法改善利润**

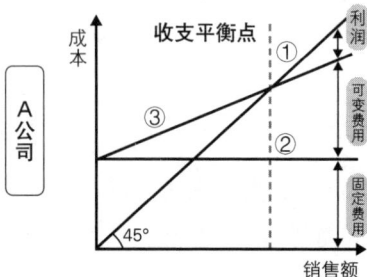

【为了成为强大的盈利公司】

① 减少固定费用

② 降低可变费用比率

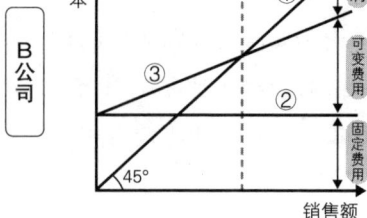

【改善利润】   单位 百万日元

	A公司	B公司
销售额	6240（100%）	6240（100%）
可变费用	3278（52%）	3100（50%）
固定费用	2291（37%）	1870（30%）
利润	671（11%）	1270（20%）
收支平衡点	4773（76%）	3740（60%）

【收支平衡点计算】

可变费用比率＝可变费用 ÷ 销售额 ×100%

收支平衡点＝固定费用 ÷（1－可变费用比率）

　　为了实际计算收支平衡点，首先要根据损益表和制造成本明细表把费用分为"可变费用"、"固定费用"。一般会把大体上与销售额成比例增减的费用规定为可变费用，但是具体把什么规定为可变费用得看具体情况。

　　例如，电费分为基于合同供电的基本电费（除非变更合同否则就固定不变）与使用量部分，所以很多人犹豫能否可以将其断定为完全比例费用。其实，在实际业务上不用考虑得太深，作为可变费用分配是比较妥当的。收支平衡点分析的目的是促进经营决策，所以为了避免决策失

误，精确度越高越好。

改善收支平衡点，有以下 4 种方法。

①提高销售额

销售额可以用公式"销售价格 × 数量"得出。上页图所示的单纯的收支平衡点是销售价格一定时的思路。销售价格上涨（下降）会使得收支平衡点图上的销售额线（与横轴夹角呈 45°向上延伸的直线）上下移动，这一点要注意。

②降低固定费用

固定费用由"正式员工人工费"、"折旧费"、"经费"构成。虽然无论哪一项费用在短期内都是固定不变的，但可以从政策方面彻底根治。费用与销售额相同，也可以用公式"数量 × 价格"求得，并要采取商议减价、降低工资率（价格方面）、削减使用量、减员（数量方面）等措施。

③降低可变费用比率

可以采取增大批量降低进货单价，提高产品成品率和采用通用零件，提高能源效率、降低单位电费和燃料费等措施。

④把固定费用转换成可变费用

可以采取把正式员工换成能够酌情进行雇佣调整的临时工、把技术重要性不高的工序外包、把营业用车辆从公司用车变更为汽车共享等措施。实施这些措施，要考虑持有设备和现有人员的运转率。

这些措施也可以作为应对"设备投资风险"的对策和因聘用人才造成的"增加固定费用风险"的对策。

11-6 全部成本与订单成本

直接成本计算有助于推动经营决策

全部成本与订单成本

订单成本计算适用于按订单生产不同种类产品的生产形态（企业会计审议会《成本计算准则》）。连续生产的量产产品，不适用订单成本计算，而适用综合成本计算。

所谓**综合成本计算**，不是像订单成本计算那样按生产批次求成本，而是按一定时间间隔（通常为 1 个月）求产品成本的方法。量产的产品通常不会在月末时间节点全部生产完成，一般会有"**在制品（生产半截的产品）**"。因此，在综合成本计算中，"怎样对月末在制品进行金额评

◉ **全部成本与订单成本**

> **订单成本计算**
>
> 用于采用订货型生产方式生产那些规格因订单而异产品的行业（机械、造船、建筑业）以及虽然是备货型生产但以生产批次为单位、以进货批次为单位成本会发生变动的行业（电气产品）
> ·按订单计算产品成本的方法
> ※产品成本＝每个产品的费用（材料费＋加工费＋折旧费和经费）

> **综合成本计算**
>
> 用于采用备货型生产方式大量制造相同种类产品的行业（面粉、食品加工、纺织业）
> ·成本计算期间所发生的费用除以在该期间所生产产品总数的方法
> ·制造成本＝1年所发生的全部费用（材料费、加工费、折旧费、经费）÷1年的生产量
> ※相同财年制造的产品成本全都相同

估"就成了一个问题。如果能够评估月末在制品的话，就可以根据公式
"当月制造成本＝月初在制品成本 + 当月制造费用 – 月末在制品成本"
来计算制造成本。

⊙　**综合成本计算中的制造成本结构**

月初在制品	当月制造成本
当月制造费用	
	月末在制品

⊙　**订单成本的计算步骤**

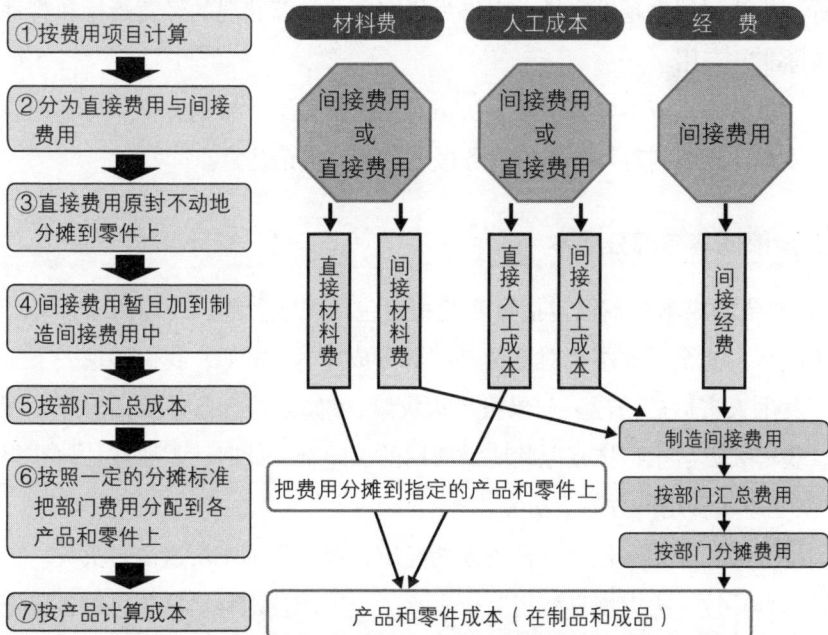

①按费用项目计算

②分为直接费用与间接费用

③直接费用原封不动地分摊到零件上

④间接费用暂且加到制造间接费用中

⑤按部门汇总成本

⑥按照一定的分摊标准把部门费用分配到各产品和零件上

⑦按产品计算成本

材料费　　人工成本　　经　费

间接费用或直接费用　　间接费用或直接费用　　间接费用

直接材料费　间接材料费　直接人工成本　间接人工成本　间接经费

制造间接费用

按部门汇总费用

按部门分摊费用

把费用分摊到指定的产品和零件上

产品和零件成本（在制品和成品）

223

直接成本计算

直接成本计算（Direct Costing）把费用分为可变费用与固定费用，把可变费用分摊到各产品上作为产品成本处理，固定费用则作为当期成本处理。

我的立场是，"进行经营决策采用直接成本计算比较好，综合成本计算（财务会计另说）对于经营决策来说并不充分"。

在直接成本计算中，只有加到产品成本的直接材料费、直接人工成本（含派遣员工的费用）及间接费用（电费、燃气费、燃料费等）当中与当期销售产品相对应的部分才可以加到销售成本中。产生的固定费用（工厂管理的人工费、设备的折旧费等）与生产量和销售量无关，会被当作当期成本处理。

这样一来，单位产品成本固定下来，能够明显表示出随销售额变动的利润额。由此，损益的结构越发明确且按产品和按事业进行利润分析、业绩评估也越发容易，它作为研究事业运营状况的经营指标和管理指标非常有用。

虽然直接成本计算对经营决策有用，但是会计准则并不认可利用直接成本计算编制对外公布的财务报表，这一点请注意。

全部成本与部分成本

"全部成本"不仅包括可变费用也包括固定费用，可以用于计算产品成本。与全部成本相对应的是"部分成本"。例如，我们考虑一下工厂发生火灾后的情况。如果投了火灾险，（如果符合条件的话）那么可以获得火灾后工厂恢复原状所需费用的保险金。此时，需要在如何获得"恢复原状费用"方面下功夫。

下面，介绍一位会计负责人的经历，他工作的工厂遭受过火灾。首先，刻几枚"火灾恢复费用"橡皮章，当生产技术科、总务科等各科把催款单和收据转给会计部门时，如果属于"恢复原状费用"，就请会计人员盖个红戳。

会计部门会根据该催款单和收据创建"火灾恢复费用"这一辅助科目并输入相关数据，以把握"恢复原状费用"。准确地说，保险赔偿金赔偿的部分不是"成本"，而是相当于"从成本中扣除"。

其他的部分成本具有代表性的是上述"直接成本计算"与下一小节的"环境会计"。

环境会计

地球环境问题作为现代社会的重大问题被大力宣传，致力于绿色生产活动的企业越来越多。**环境会计**会定量管理企业致力于环境保护的状况，这也是部分成本的一种。

日本环境省公布了 2005 年版环境指导方针，将环境会计定义为"认识事业活动中的环境保护成本及因开展环境保护活动而获得的效果、尽可能定量（以货币为单位或以物品数量为单位）测定、传输相应数据信息的管理活动"。

环境会计会认识、测定与环境保护有关的投资额和费用额，并对它们进行汇总和分析，把握该投资和费用的效果。目前，全社会都认识到了环境问题的重要性，履行 **CSR**（企业社会责任），致力于谋求提高环境保护效率、合理决策的企业正在日趋增多。

2005 年版《环境会计指导方针》（日本环境省，2005 年 2 月）指出，"据日本环境省 2003 年度调查，引入环境会计的企业在上市企业中占 31.8%，在非上市企业中占 17.2%。环境保护成本可以根据金额定量把握，但环境保护效果不是通过金额评估而是通过物量基础来把握的，这一点要注意"。

物质损耗总成本

　　环境会计中的**物质流成本会计**，会针对投入到制造工序中全部原材料"从投入起点到终点"的迁移进行物质数量追踪。进行物质数量追踪可以发现存在原材料流向合格品的流程与流向物质损耗（浪费）的流程。

　　质量平衡（mass balance）植根于物理学上的质量守恒定律，遵循"所投入的物质要么存储在企业内要么排出到企业外二者选一"的原则。可用公式"（投入的物质＋期首库存）－（构成合格品的物质＋期末库存）＝差额（物质损耗）"来计算。

◉　**物质流成本会计**

- 物质流成本会计是环境会计（成本计算）工具，同时也是能够用于从提高成品率方面削减成本的工具
- 什么是物质流成本会计
  就是指这样一种方法，即按照物质数量（重量等）把握物质（原材料）从投入起到产品发货或者被当作废弃物处理为止的流程、把握物质损耗（残次品等），根据投入物质的进货单价，计算加上了物质损耗成本与处置成本的物质损耗总成本

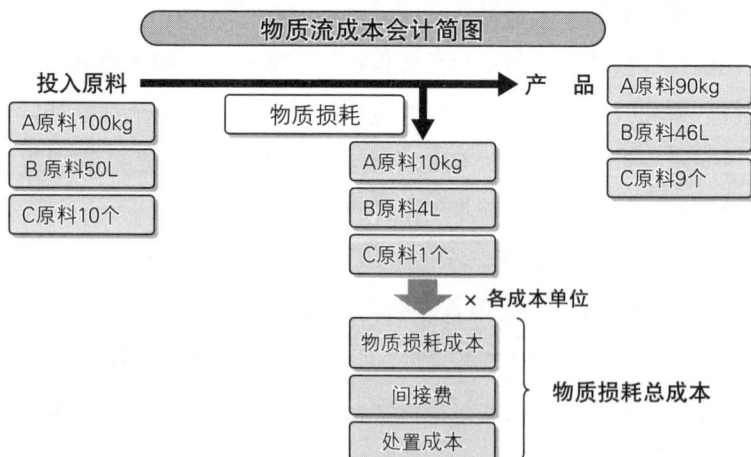

物质流成本会计简图

投入原料 ━━━━━━━━━━━━━━━▶ 产 品

A原料100kg　　　　　物质损耗　　　　　　A原料90kg

B 原料50L　　　　　　　　　　　　　　　B原料46L

C原料10个　　　　　　A原料10kg　　　　C原料9个

　　　　　　　　　　　B原料4L

　　　　　　　　　　　C原料1个

　　　　　　　　　　　× 各成本单位

　　　　　　　　　　　物质损耗成本 ⎫
　　　　　　　　　　　间接费　　　　⎬ **物质损耗总成本**
　　　　　　　　　　　处置成本　　　⎭

11-7 标准成本计算的思路

有效进行成本管理要有"成本标准"

标准成本计算的目的

标准成本计算的目的是，拥有用于有效进行成本管理的成本标准。标准成本由销售价格倒过来计算，可以从作为"目标成本"的特性与作为"理论成本"的特性两个方面设置。前者是为了确保一定利润，而后者要想确保一定利润必须要有效应用现有的设备与人力。此外，还要分析标准成本与实际成本之间的差异，明确改善的关键所在。其中，实际成本要根据实际生产活动的结果计算出来。

但是，常常忽视标准成本的是活性，仅将其用于盘存资产评估的企业比比皆是。而且，还有极少数企业本末倒置，在根据实际标准设置标准成本。对比实际成本与标准成本进行成本差异分析、推进降低成本活动是不可或缺的。

由于介绍标准成本在实际业务当中的设置方法需要 1 本书的篇幅，所以本书筛选出对于开发人员来说特别重要的部分进行说明。

标准成本可以利用以下公式设置。

- 标准成本（SC）＝可变费用 +Σ（各工序 SC 固定费用）
- SC 固定费用＝标准工时 ST× 加工费率 + 准备工序工时 ×
  各品目批量系数 × 准备工序费率

标准加工序列与替代生产线

即使是相同的物品，选择加工机器时也会因订单批次而异。例如，500 个的订单使用加工中心（MC）加工，3 个的订单不使用加工中心，而是使用更灵活的通用机床加工，类似的案例有很多。

加工中心生产率高，但准备工序和调整要花时间，用于小批量生产不合算。因此，有的产品会具有多个加工序列（工顺）。采用 MRP 制订的生产计划是从多个加工序列中选择符合批量条件的加工序列，但标准成本的原则是"一物一价"，所以生产计划要在决定标准加工序列后再用于设置标准成本。为此，要按品名决定该物品的标准批次，把与该批次相符的加工序列规定为标准加工序列。

标准开工率

制造企业的成本因**开工率**（繁忙率）的不同有很大波动。无论怎样加班都完不成生产计划时成本会下降，而人和设备闲着时成本会上升。这是因为单位固定费用（折旧费、人工费、经费等）会上下变动。

因此，一般都把设置标准成本时使用的"**标准开工率**"规定为巡航速度（定时＋可连续加班等级）。从 2008 年下半年到 2009 年春季，各制造企业的开工率跌至 40%～60%。在这种情况下，应当考虑的是如何以开工率为前提设置标准成本的等级。有人认为如果标准成本与实际成本差异太大，就会妨碍库存评估和销售报价等业务。但我认为，应当贯彻以"标准成本"为"理论成本"的理念设置标准成本的等级。

加工费率的设置

人工工时（人小时）与机器工时（机器小时）可以根据各企业的生产形态灵活运用。装配工序等人工作业中心的工厂使用"**人工工时**"，而自动化程度高、机器中心的工厂则使用"**机器工时**"。还有一种有效的工时标准化的方法，那就是统计的方法（**最小二乘法**）。它最适于推测相同产品系列中没有实际生产过的产品和新产品的成本、工时。

　　所谓加工费率，是指按各工时加工每个产品所需要的固定费用（加工费）。因此，可以将加工费率视为是把从最近一期财务报表获得的固定费用按工序分摊的每小时的工资率（费率）。

◉　**依据标准成本的成本管理**

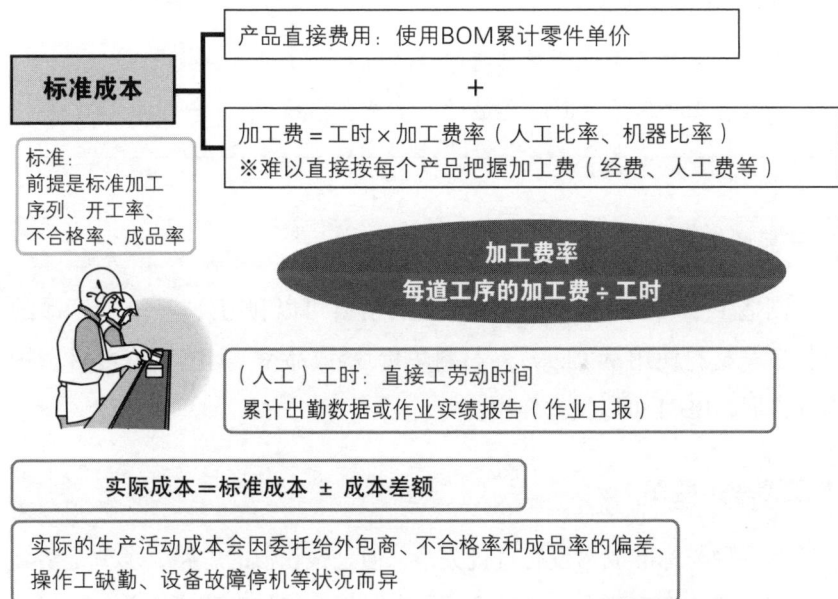

标准成本 ──┬── 产品直接费用：使用BOM累计零件单价

　　　　　　　　　　　　　　　　　　　＋

　　　　　　└── 加工费＝工时×加工费率（人工比率、机器比率）
　　　　　　　　※难以直接按每个产品把握加工费（经费、人工费等）

标准：
前提是标准加工
序列、开工率、
不合格率、成品率

加工费率
每道工序的加工费 ÷ 工时

（人工）工时：直接工劳动时间
累计出勤数据或作业实绩报告（作业日报）

实际成本＝标准成本 ± 成本差额

实际的生产活动成本会因委托给外包商、不合格率和成品率的偏差、操作工缺勤、设备故障停机等状况而异

周期时间

按工序、按品名利用秒表和 Auto-Coach 作业分析软件计测作业时间（周期时间）。还有一种在实际业务中使用的方法可以用来替代上述方法，那就是"从工序管理系统中提取以下实绩进行数据加工，然后把加工的数据当作分工序分品名标准时间"。

〔计测所需数据〕
①品名 ②某工序所需总时间 ③机号 ④拥有台数
⑤准备工序时间 ⑥合格品数 ⑦不合格数等

产品直接费用

制造 1 个产品所需要的材料和零件等。可以利用公式 "1 个产品的材料费＝材料使用量（kg）× 材料单价 × 成品率" 计算。在零件费用累计方面，BOM 可以发挥作用。

工资率（费率）

有一种与标准成本没有直接关系，但是很相似的思路，那就是估算外包加工费。加工费由加工时间（需求时间）与加工费率（单位时间的加工费）、管理和销售费用、利润构成，可用下列公式表示。

加工费＝加工时间（需求时间）× <u>加工费率 ×（1 ＋ 管理和销售费率）×（1 ＋ 利润率）</u>

该公式带下划线的部分叫作工资率（费率、比率），一般来说，外包加工费要用加工时间乘以工资率来估算。生产部门产生的费用是制造产品的加工费，可以利用单位时间的加工费率计算。销售部门产生的销售费用与财务、人事、总务产生的管理费用必须加到加工费率当中去。而且，这些费用要加上利润。

　　这就是被称为工资率的外包加工估算方法。可以说这是一种把合作公司发生的全部费用都转换成单位时间的价格估算方法。

　　笼统来说，工资率（费率）就是"每小时的人工费"。零工和勤工俭学工资按照计时工资制支付，计算起来比较简单。但是，对于月薪制的正式员工来说，支付工资要先把包括人工杂费在内的所有费用换算成每小时的人工费。

◉　**工资率与费率**

- 成本计算把制造成本分为直接费用与间接费用
- 间接费用是哪种产品产生的费用并不明确，所以要制定一定的标准，根据该标准将其分摊到产品上
- 把"加工时间"用于该标准的方法就是"工资率（比率或费率）"

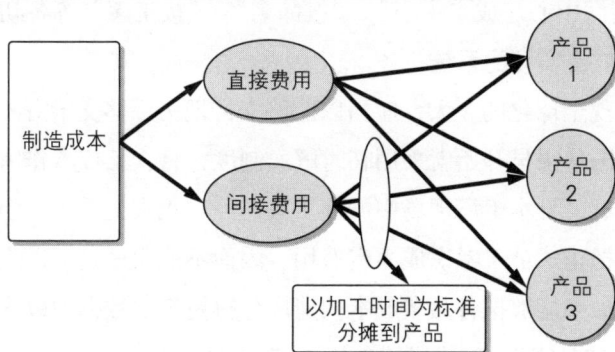

实绩成本的管理

在设计阶段大体决定其成本

实绩成本的作用

成本管理的主流是"从设计阶段开始的成本计划"。而要想在设计阶段大体决定其成本，**并行工程技术**至关重要。它设计了从产品开发初期阶段一直到"商品设计"、"实验评估"、"生产准备"、"制造和发货"的各个流程，并被各生产厂商接纳。但另一方面，必须要有在"全公司"、"利润中心与成本中心"、"按品名"、"按工序"等各切入点都能准确把握成本实绩的系统。

在实现全球化的今天，应当以能够支持把工厂移交给海外的系统为目标。美国从很早开始就采用临时解雇制度，将人工成本作为变动费用处理。最近，日本工厂现场中派遣工人已经占很大比重了，但由于大部分企业都把正式员工考虑成固定费用，因而不能说这是可以应对全球化的系统。如果能够把各品名成本构建成分得更细的数据库以累计"各工序成本"、"各零件成本"明细的话，诸如改善成本、VA/VE、消灭不赚钱产品运动等降低成本活动就容易了。

作业日报的应用

把作业日报纳入系统应用的范例少得令人惊讶。应当把作业日报灵活运用于成本管理。开发人员构建管理会计系统时，应当为顾客提供业务改革（BPR）方案和纳入应用作业日报的系统方案。能够有效使用日报数据的系统不但对经营有用，而且还能提高顾客的满意度。当然，作业日报的格式与记载项目因企业而异，所以这是一项既辛苦又庞大的工作。

分配到工厂管理会计科的新员工，负责的大都是每天从现场回收作业日报并输入到系统的业务。他们要与现场操作工进行沟通，确保记载的准确性，维持、提高作业日报的精度。作业日报至少要有以下项目。

> ①操作工　②工序　③作业的品名（零件名）　④合格品数、不合格品数、发生不合格原因　⑤加工时间　⑥停机时间（计划停机、准备工序和调整、机器故障、等待）及其理由

改善成本与 VA/VE

改善成本永无止境。很多企业把"立即改善"当作口令，每天致力于改善，而另一方面，有些企业却每天只顾忙于采取补救措施处理故障、交货期延误等问题。因此，现场领导必须带头营造一个自觉致力于改善成本的氛围。

VA/VE 是从不降低功能而减少成本的设计阶段便开始的改善成本活动。其方法包括把每位客户类似的产品整合为 1 个产品、改用廉价的材料等等。

消灭不赚钱运动

推进改善成本有一个方法，那就是"**消灭不赚钱运动**"。它的做法是，从亏损金额较大的产品开始依次排序，编制最不赚钱的前 100（1000）名榜单，以榜单产品为对象，重新集中研究"材料进货价格"、"外包加工单价"、"公司内部加工工序"等问题。由此可见，筛选目标改善成本有益于集中力量取得效果。

MRP II 以后的欧美生产管理

　　自MRP II 面世以后的1990年前后起，欧美以有能力的制造业为主，一个接一个地引入了采用TOC（Theory of Constraints，约束理论）的生产管理。所谓TOC，是以色列物理学家兼经营顾问艾利·M.高德拉特（Eliyahu M. Goldratt）博士于20世纪70年代开发的生产理论。

　　他基于TOC编著的工业小说《目标》（钻石公司出版）发行量超过500万册，是名副其实的全球畅销书。该书有一个核心概念，那就是著名的"鼓—缓冲—绳法（DBR）"。它是主人公与儿子一起去参加童子军野营时发现的。故事情节非常有趣，主人公发现整个队伍的速度受到了少年哈维的制约。哈维是儿子的朋友，在队伍中走得最慢，如果哈维前面的孩子停住的话哈维也必须停住。结果，整个队伍的速度还没有哈维的行军速度快。

　　把它置换成工序，那就是整体的进度受瓶颈（鼓）工序左右，要把瓶颈工序的产能最大化，使整体基于瓶颈工序生产。也就是说，分别改善各工序得到的是部分最佳，而不是整体最佳，这样会增加库存。

利用 DBR（鼓—缓冲—绳法）考虑各生产管理

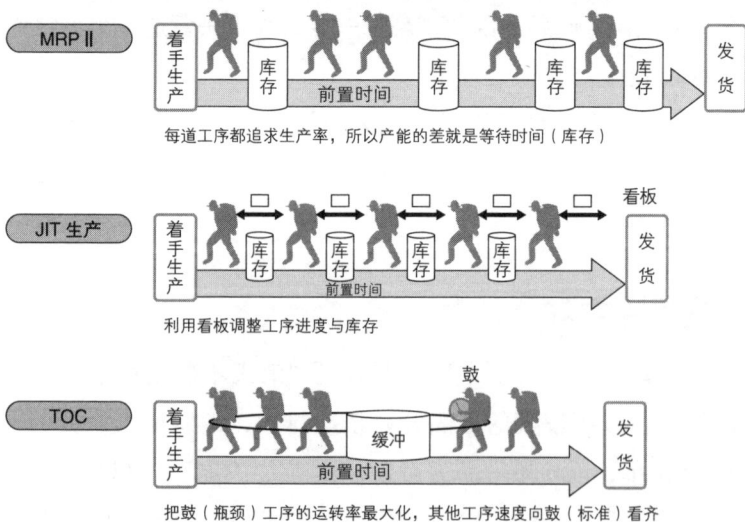

MRP II
着手生产　库存　前置时间　库存　库存　库存　发货

每道工序都追求生产率，所以产能的差就是等待时间（库存）

JIT 生产
看板
着手生产　库存　库存　库存　库存　发货

利用看板调整工序进度与库存

TOC
鼓
着手生产　缓冲　前置时间　发货

把鼓（瓶颈）工序的运转率最大化，其他工序速度向鼓（标准）看齐

基于本书内容的生产管理系统外部设计书

1 销售管理子系统

构建灵活运用各公司专有技术的生产管理系统软件包

本章是基于本书理念的生产管理系统《外部设计书》。这是一种功能组设计，每个子系统都独立。采用本章讲解的方法，计划构建系统的开发人员及承担实际业务的人员不仅可以从整体上把握生产管理系统，还可以进行需求定义查漏。而且，开发时只要组合必要部分就可以将其作为模板应用。

本章介绍的系统是 8 名开发人员自 2008 年秋季起相互讨论 20 多次完成的系统，由主要成员加藤威先生（太平洋系统株式会社 西日本系统 2 部部长）负责归总。

◉ 7 大子系统的功能与联机

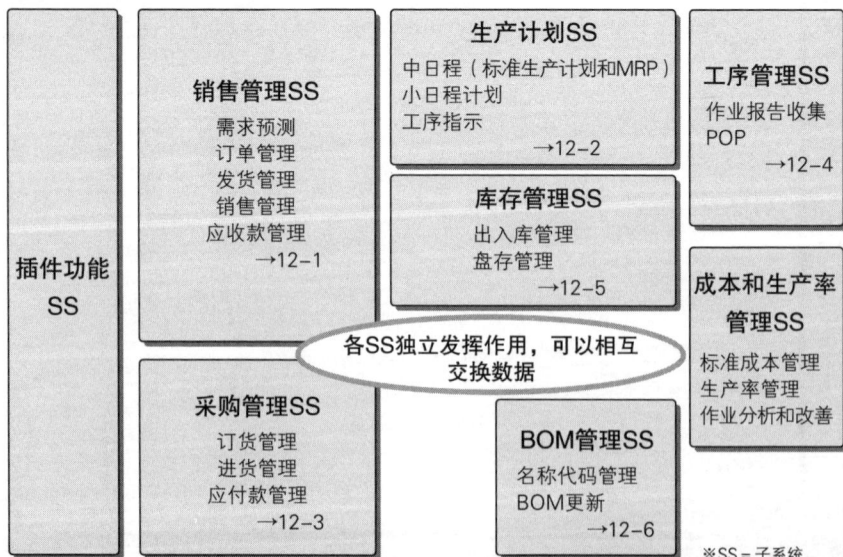

生产计划SS
中日程（标准生产计划和MRP）
小日程计划
工序指示
→12-2

工序管理SS
作业报告收集
POP
→12-4

销售管理SS
需求预测
订单管理
发货管理
销售管理
应收款管理
→12-1

库存管理SS
出入库管理
盘存管理
→12-5

插件功能SS

成本和生产率管理SS
标准成本管理
生产率管理
作业分析和改善

各SS独立发挥作用，可以相互交换数据

采购管理SS
订货管理
进货管理
应付款管理
→12-3

BOM管理SS
名称代码管理
BOM更新
→12-6

※SS＝子系统

系统的功能与范围

销售管理子系统包括以下功能。

- **订单管理**

  ①针对顾客的函询答复交货期的功能

  ②接受订单后，为了进行生产／发货作业而注册和保持该订单的功能

  ③为了在公司内部高效处理客户的订单内容而进行各种转换的功能

  ④确认、管理订单的查询功能、制表功能

- **发货管理**

  ①在交货期发货和装运的事务手续功能

  ②已发货的订单核销功能

  ③列入销售功能

- **应收款管理**

  ①针对应收未收款进行催款和收款的功能

  ②退货处理手续

订单管理

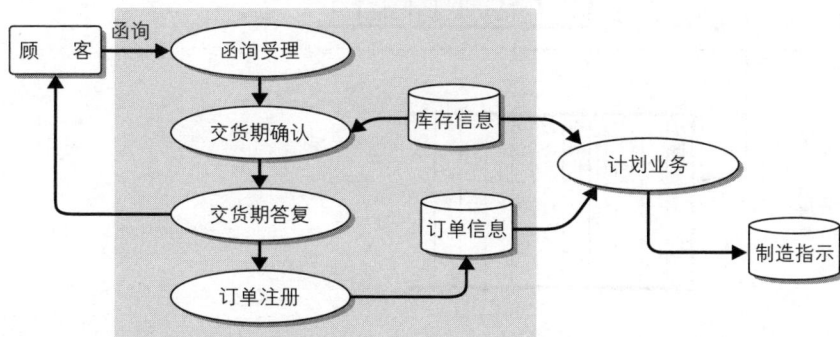

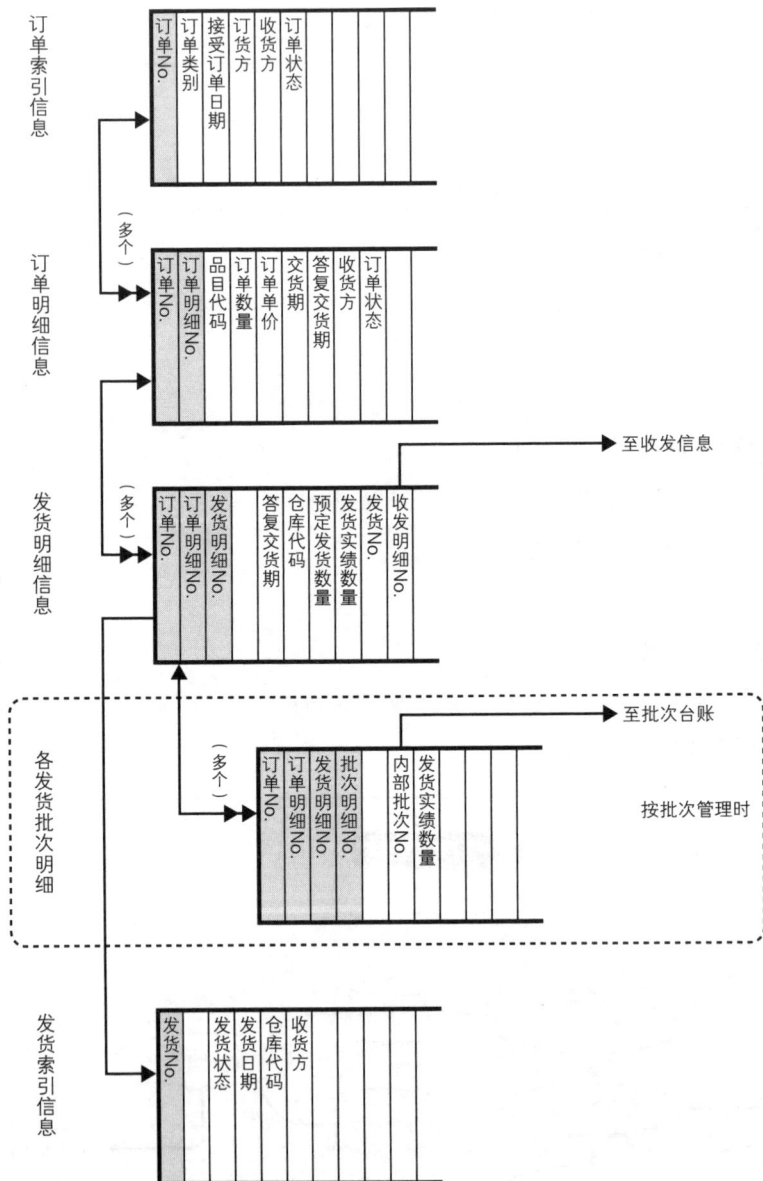

订单索引信息

订单No.	订单类别	接受订单日期	订货方	收货方	订单状态

（多个）

订单明细信息

订单No.	订单明细No.	品目代码	订单数量	订单单价	交货期	答复交货期	收货方	订单状态

→ 至收发信息

（多个）

发货明细信息

订单No.	订单明细No.	发货明细No.	答复交货期	仓库代码	预定发货数量	发货实绩数量	发货No.	收发明细No.

→ 至批次台账

（多个）

各发货批次明细

按批次管理时

订单No.	订单明细No.	发货明细No.	批次明细No.	内部批次No.	发货实绩数量

发货索引信息

发货No.	发货方	仓库代码	发货日期	发货状态	收货方

确认交货期

- 接受顾客订单（函询）后，确认交货期
- 订货型生产的产品按照订单进行订单注册，答复按规定步骤计算出来的交货期
- 品目是顾客的零件号、品名时，转换为公司内部品目名称
- 注册品目后，搜索库存
- 显示搜索结果，即当前的有效库存、单价、金额等
  有效库存不足时，利用红色字等发出警告

确认库存

顾客代码：＿＿＿▼

除	品目	数量	希望交货期	答复交货期	有效库存	单价	金额
☐	XXXXXX	1000	XX/XX/XX		800	XXXX	XXXXXXX
☐					XXXX	XXXX	XXXXXXX
☐					XXXX	XXXX	XXXXXXX
☐					XXXX	XXXX	XXXXXXX
☐					XXXX	XXXX	XXXXXXX
☐					XXXX	XXXX	XXXXXXX
☐					XXXX	XXXX	XXXXXXX
☐					XXXX	XXXX	XXXXXXX

搜索

库存推移
品目搜索

库存不足时，
确认未来库存

输入数据以便进行搜索（品目必填）

显示搜索结果
- 符合希望交货期时，答复交货期栏自动设置
- 希望交货期未指定时，显示可以发货日期

查询库存推移

品目　　　：XXXXXX
当前库存：XXXXXX　　有效库存：XXXXXX　　单价：XXXXXX
标准批次：

返回

以可以发货日期答复

日期	收发类别	收发数量	有效库存
XX/XX/XX	完成入库	2000	2300
XX/XX/XX	销售发货	−1500	800
09/09/10	销售发货	−1000	−200
09/09/20	完成入库	2000	1800

把最早可以发货的日期
设置到答复交货期栏

知道预定09月20日生产结束，根据该计划答复

虽然在新订单的希望交货期内持有有效库存，但如果影响到之后已经确认交货期的订单的话，就会发出警告

日期	收发类别	收发数量	有效库存
XX/XX/XX	完成入库	2000	2300
XX/XX/XX	销售发货	−1500	800
09/09/10	销售发货	−600	200
09/09/15	销售发货	−500	−300
09/09/20	完成入库	2000	1800

新函询

以前确认的订单。如果接受新函询，有效库存就会不足

确认库存

除	品目	数量	希望交货期	答复交货期	有效库存	单价	金额
☐	XXXXXX	1000	XX/XX/XX	＿＿＿	800	XXXXX	XXXXXXXX
☐	＿＿＿				XXXX	XXXXX	XXXXXXXX
☐	＿＿＿				XXXX	XXXXX	XXXXXXXX
☐	＿＿＿				XXXX	XXXXX	XXXXXXXX
☐	＿＿＿				XXXX	XXXXX	XXXXXXXX
☐	＿＿＿				XXXX	XXXXX	XXXXXXXX
☐	＿＿＿				XXXX	XXXXX	XXXXXXXX
☐	＿＿＿				XXXX	XXXXX	XXXXXXXX

搜索

复选"除"以把注册订单除外

- 利用进行了库存确认的输入数据来注册订单
- 给因"无库存"、"交货期延误"等无法接受订单的品目标注"除外"标记后再注册订单

注册订单

注册订单

接收订单日期：XXXXXX　订货方：＿＿＿＿▼　销售部门：＿ ＿ ＿ ＿ ＿▼

顾客订单编号：＿ ＿ ＿ ＿ ＿ ＿ ＿ ＿

收货方：＿ ＿ ＿ ＿ ＿▼　收货方部门：＿ ＿ ＿ ＿ ＿ ＿　经办人：＿ ＿ ＿ ＿

可否分批交货：可▼

注册

注册订单索引信息

注册订单

接收订单日期：XXXXXX

订货方：XXXXXX　○○………㈱　部门：○○………

顾客订单编号：XXXXXXXXXX

品目C	品目	数量	单价	金额	交货期
P0001	○○○………	200	300	50,000	XX/XX/XX
P0013	○○○………	30	300	60,000	未回答
P0022	○○○………	150	300	70,000	XX/XX/XX

返回

- 注册完订单索引信息后显示明细
- 有时也暂缓答复交货期而接受订单
- 此时，状态规定为"未答复交货期"

发货业务

选择一个按钮

发货和销售指示

发货日期：_____ 以前 ●
　　　　　　　　　　当天 ○

仓　库：_____

搜索

● 以一览表的形式显示"发货日期"是当天的订单，下达发货通知
● 在发货场所，根据"发货通知单"准备发货产品、附上"产品标签"等，进行发货作业

发货和销售通知对象订单一览表

	发货日期	客户	品名	数量	单位	收货地址	顾客订单No.
☐	XX/XX/XX	○○……	品目1	200	个	××××	○○○……
			品目2	300	个		
			品目3	110	个		
☐	XX/XX/XX	□□……	品目3	150	个	××××	○○……
☐	XX/XX/XX	○○……	品目5	130	个	×××	○○○……

发货通知单开单

发货通知单

仓库：××……　　　发货日期：XX/XX/XX

SEQ	发货No.	收货方	品目	数量	单位	实绩
001	S0110	○○……	品目1	200	个	＿ ＿ ＿ ＿
002			品目2	300	个	＿ ＿ ＿ ＿
003			品目3	110	个	＿ ＿ ＿ ＿
004	S0111	□□……	品目3	150	个	
005	S0112	○○……	品目5	13		

发货作业结束后，把实绩数量记入"发货通知单"中，移交给负责结束注册的经办人

货签和产品标签

发货通知No.：S0110

品名	个数
品目1	200
品目2	300
品目3	110

※ ⬇ 指点击按钮后切换界面

列入发货实绩

注册发货实绩

发货日期：＿＿＿＿　以前　●
　　　　　　　　　　当天　○

仓　库：＿＿＿＿

搜索

● 负责结束注册的经办人根据发货通知单注册实绩
● 显示发货报告一览表，记入匹配品目的发货实绩
　 数量并进行注册

注册发货实绩数量

报告发货和列入销售对象订单一览表

除	日期	发货No.	品名	数量	单位	实绩数	收货地址	批次No.
☐	XX/XX/XX	S0110	品目 1	200	个	＿＿＿＿	○○……	
☐			品目 2	300	个	＿＿＿＿		
☐			品目 3	110	个	＿＿＿＿		
☐	XX/XX/XX	S0111	品目 3	150	个	＿＿＿＿		
☐	XX/XX/XX	S0112	品目 5	130	个	＿＿＿＿		

产品批次No.

批次No.　个数

＿＿＿＿　＿＿
＿＿＿＿　＿＿
＿＿＿＿　＿＿

更新

报告发货实绩数量、列入销售除外的复选框栏

根据注册的发货实绩，
进行"交货单开单"和
"列入销售"

交 货 单

○○……　公启

×××……
×××……

ＡＡＡＡ株式会社
×××……

	品名	单价	数量	单位	金额	备考
001	品目 1	30	200	个	6000	
002	品目 2	40	300	个	12000	
003	品目 3	50	110	个	5500	

23500

243

从催款到收款的业务流程按下图的
编号顺序走

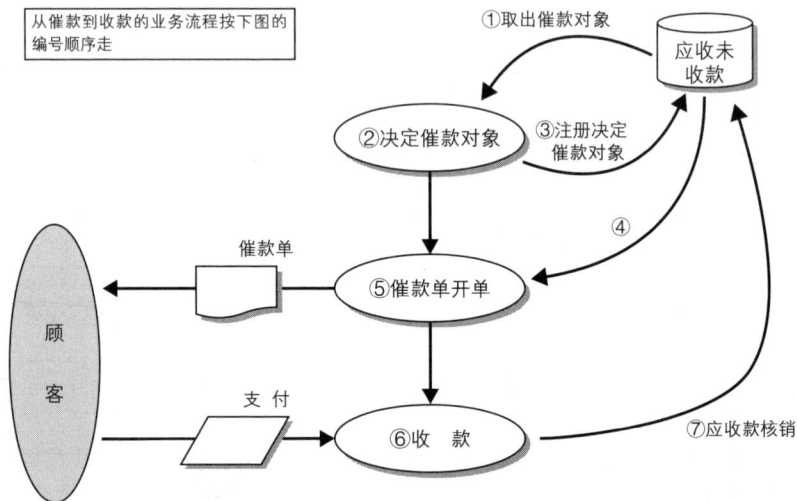

①取出催款对象

应收未
收款

②决定催款对象

③注册决定
催款对象

④

催款单

⑤催款单开单

顾

客

支 付

⑥收 款

⑦应收款核销

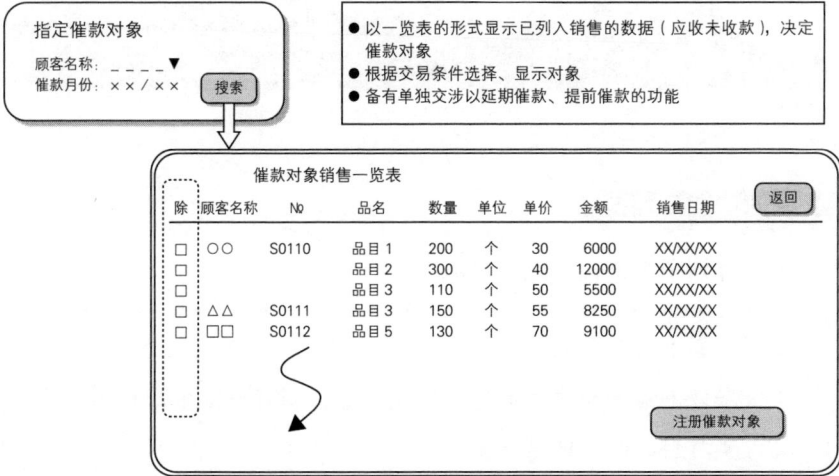

指定催款对象

顾客名称：＿ ＿ ＿ ＿ ▼
催款月份：× × ／ × ×　　搜索

● 以一览表的形式显示已列入销售的数据（应收未收款），决定催款对象
● 根据交易条件选择、显示对象
● 备有单独交涉以延期催款、提前催款的功能

催款对象销售一览表　　　　　　　　　　　　　　　　返回

除	顾客名称	No	品名	数量	单位	单价	金额	销售日期
□	○○	S0110	品目 1	200	个	30	6000	XX/XX/XX
□			品目 2	300	个	40	12000	XX/XX/XX
□			品目 3	110	个	50	5500	XX/XX/XX
□	△△	S0111	品目 3	150	个	55	8250	XX/XX/XX
□	□□	S0112	品目 5	130	个	70	9100	XX/XX/XX

注册催款对象

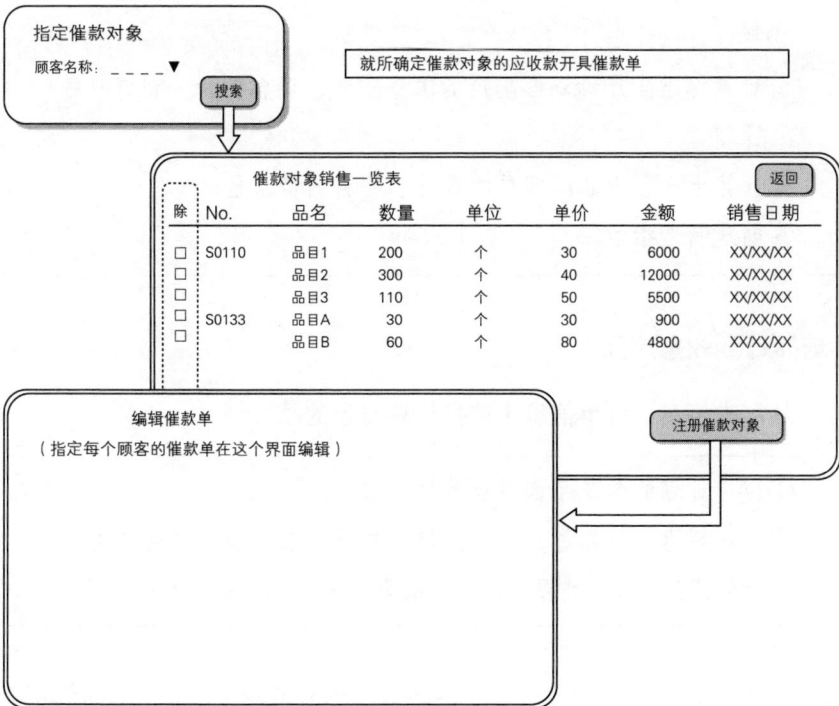

指定催款对象

顾客名称：＿ ＿ ＿ ＿ ▼　　搜索

就所确定催款对象的应收款开具催款单

催款对象销售一览表　　　　　　　　　　　　　　　　返回

除	No.	品名	数量	单位	单价	金额	销售日期
□	S0110	品目1	200	个	30	6000	XX/XX/XX
□		品目2	300	个	40	12000	XX/XX/XX
□		品目3	110	个	50	5500	XX/XX/XX
□	S0133	品目A	30	个	30	900	XX/XX/XX
□		品目B	60	个	80	4800	XX/XX/XX

编辑催款单

（指定每个顾客的催款单在这个界面编辑）

注册催款对象

2 生产计划子系统

系统的功能与范围

生产计划子系统包括以下功能。

①制订标准生产计划

　　根据订单信息和库存信息计算生产量，制订标准生产计划。

②计算材料、物料的需求量

　　计算标准生产计划各生产所需要的材料、零件、物料等。

③制订日程计划

　　计算标准生产计划各生产的工序作业，调整负荷，制订日程计划。

④计算生产各产品所需要的零件、物料的需求量。

⑤创建制造指示。

选择计划对象产品

从需求信息、订单信息中选择计划对象的品目。

①应当计划的各产品都需要计划窗口。

②按计划窗口计算每种产品的计划数量。窗口最大宽度取决于计划产品的最大前置时间（标准为 N + 12 周：N 为计划当周）。

拟订生产计划的步骤

生产计划按照以下步骤拟订。

①根据订单生产

②为了补充库存而生产

③设置每个作业区的运转计划

④制造指示

⑤制造工序明细

⑥制造物料明细

⑦调整作业顺序

⑧均衡负荷

⑨制造通知单开单

决定生产计划对象的思路

计划分类属于"订货型生产"的产品，以计划前置时间所示交货期的"订单"为对象。生产数量为订单数量、计划分类属于"补充库存"的产品，以"计划前置时间所示时间的可用数量低于标准库存量的产品"为对象。生产数量规定为达到标准库存量的数量（比最小批量数少时为最小批量数）。

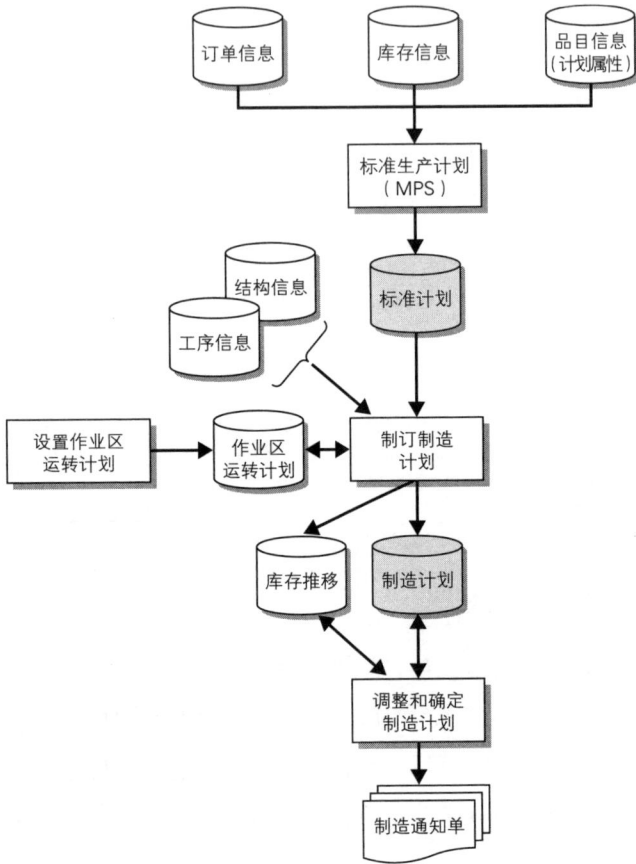

生产计划子系统流程图

订单信息　库存信息　品目信息（计划属性）

标准生产计划（MPS）

结构信息　工序信息　标准计划

设置作业区运转计划　作业区运转计划　制订制造计划

库存推移　制造计划

调整和确定制造计划

制造通知单

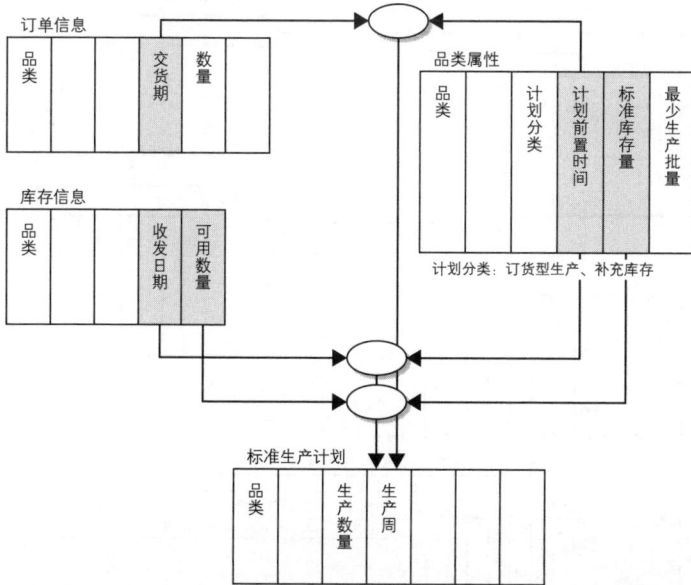

生产计划图

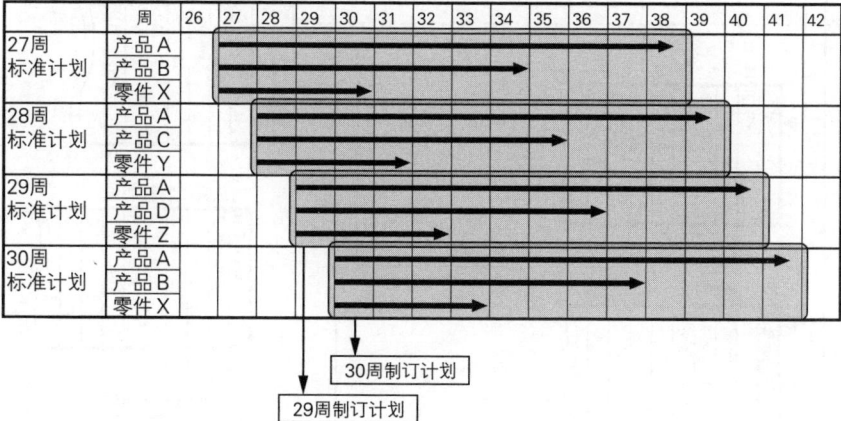

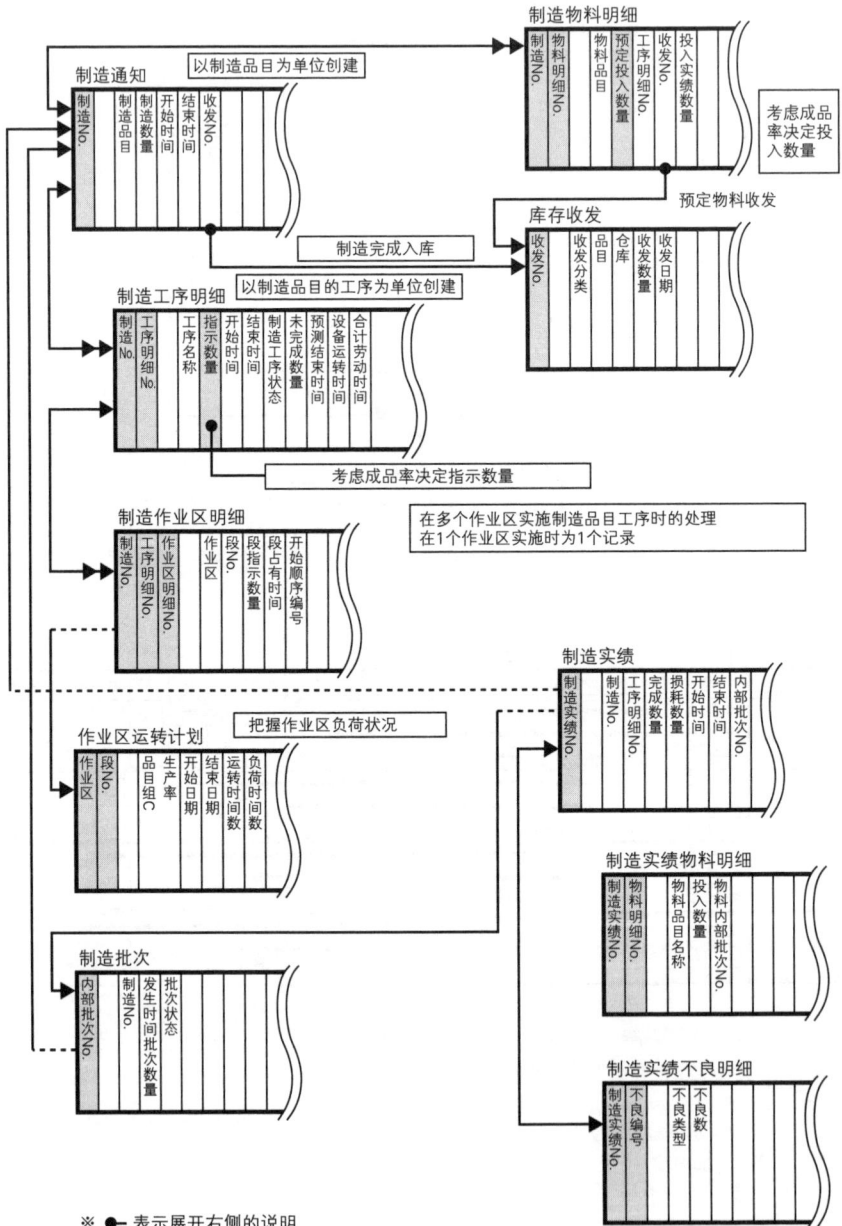

制造物料明细

制造No.	物料明细No.	物料品目	预定投入数量	收发No.	投入实绩数量

考虑成品率决定投入数量

制造通知

以制造品目为单位创建

制造No.	制造品目	制造数量	开始时间	结束时间	收发No.

预定物料收发

库存收发

制造完成入库

收发No.	收发分类	仓库	品目	收发数量	收发日期

制造工序明细

以制造品目的工序为单位创建

制造No.	工序明细No.	工序名称	指示数量	开始时间	结束时间	制造工序状态	未完成数量	预测结束时间	设备运转时间	合计劳动时间

考虑成品率决定指示数量

制造作业区明细

在多个作业区实施制造品目工序时的处理
在1个作业区实施时为1个记录

制造No.	工序明细No.	作业区明细No.	作业区	段No.	段指示数量	段占有时间	开始顺序编号

制造实绩

制造实绩No.	制造No.	工序明细No.	完成数量	损耗数量	开始时间	结束时间	内部批次No.

作业区运转计划

把握作业区负荷状况

段No.	作业区	生产率	品目组C	开始日期	结束日期	运转时间数	负荷时间数

制造实绩物料明细

制造实绩No.	物料明细No.	物料品目名称	投入数量	物料内部批次No.

制造批次

内部批次No.	制造No.	批次状态	发生时间批次数量

制造实绩不良明细

制造实绩No.	不良编号	不良类型	不良数

※ ●— 表示展开右侧的说明

250

【按生产形态处理】

①定制型生产（ETO）、订货型生产（MTO）

- 把生产所需品目作为"订单信息"注册，规定为生产计划的对象；
- 如果是定制型生产，则增加先期工序，即设计工序。

②装配型生产（ATO、BTO）

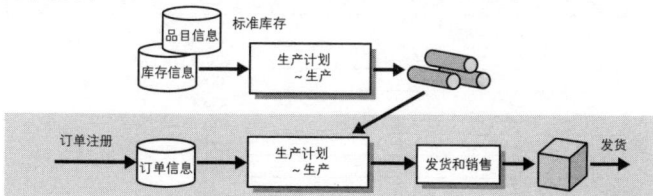

- 把生产事先准备的零件、组件以备货型生产的形式（设置标准库存）纳入生产计划；
- 产品进行订单注册，规定为生产计划的对象。

③备货型生产（MTS）

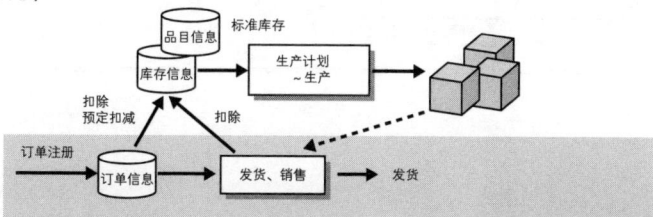

按照以下任何一种方法规定生产计划对象：

a．设置标准库存，其库存量下降时把库存增加到规定库存量，这样的产品规定为生产计划的对象。此时，要注册发货信息（扣除库存），或注册确认订单；

b．把预测数量作为"订单信息"注册，规定为生产计划对象（ATO）。

①定制型生产（ETO）与订货型生产（MTO）

②装配型生产（ATO、BTO）

③备货型生产（MTS）

制订标准生产计划界面

┌─────────────────────────────┐
│ 制订标准计划　　　设置 │
│ │
│ 周No.　：XXXX │
│ 工作岗位：_____ ▼ │
│ │
│ 　　　　　　　　　[设置计划] │
└─────────────────────────────┘

- 指定要创建计划的"周No.",进行计划设置
- 根据库存信息、订单信息,对标准生产计划方案进行初始设置
- 在下一个界面显示所设置的标准计划一览表
- 必要时,修正标准计划、添加计划

制定标准计划　　　　　　　　　　　　　　　[搜索]

制定周：XX
品目名称：_____　　　品目代码：_____

计划No.　品目代码　发货日期　发货数量 订单No.　计划分类　最小批量　生产号
....
XXX　　　XX…　　　XX/XX　　XX　　　XXX　　XXXX　　　XXX　　　　[更新] [删除]

以一览表形式显示已注册的计划内容

[创 建]

除根据库存状况、订单信息自动设置以外,还要备有添加的功能

制订标准计划

制定周：××

除　　品目代码　发货日期　发货数量　订单No.　生产号　计划分类　最小批量
□　___ ___ ___ ___ ___ XXXX　　XXX
□　___ ___ ___ ___ ___ XXXX　　XXX
□　___ ___ ___ ___ ___ XXXX　　XXX
□　___ ___ ___ ___ ___ XXXX　　XXX
□　___ ___ ___ ___ ___ XXXX　　XXX
□　___ ___ ___ ___ ___ XXXX　　XXX
□　___ ___ ___ ___ ___ XXXX　　XXX

[注册]　　[清除]　　[返回]

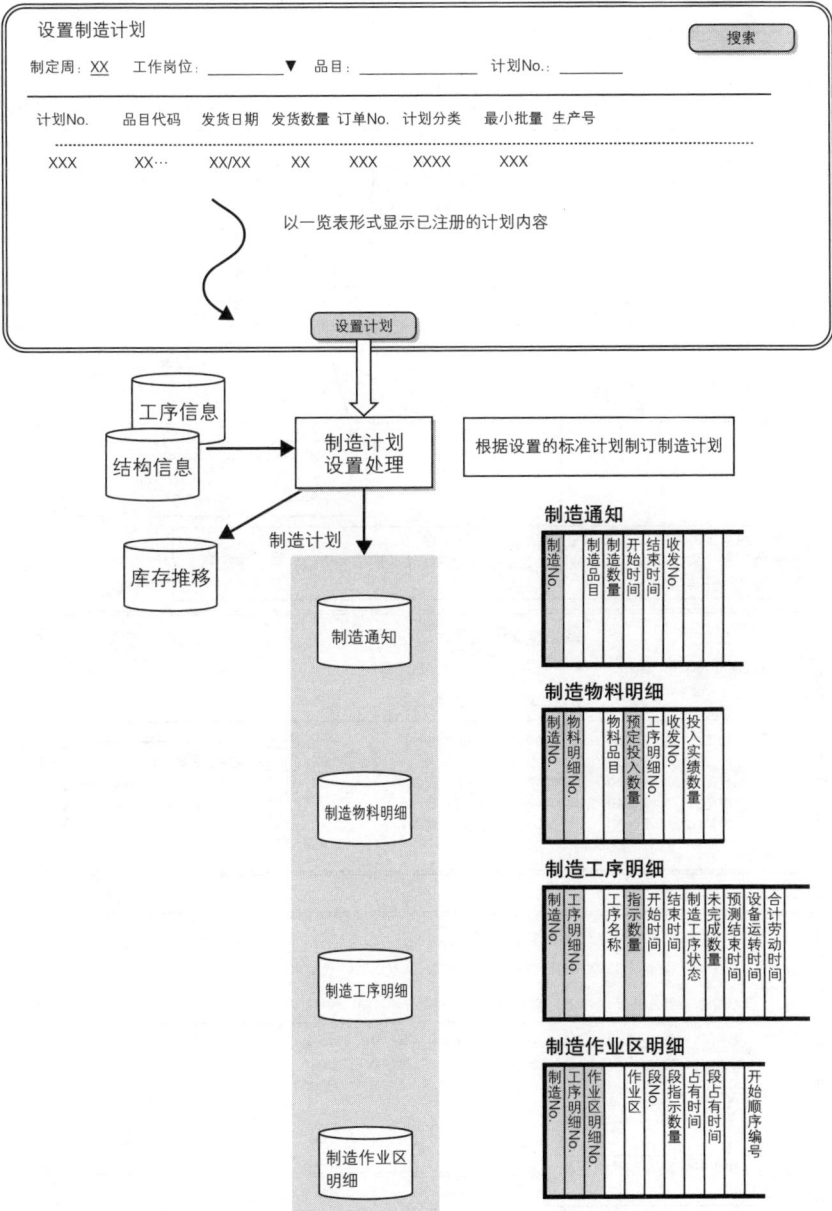

设置制造计划

搜索

制定周：XX　　工作岗位：＿＿＿＿＿▼　　品目：＿＿＿＿＿＿＿　　计划No.：＿＿＿＿＿

计划No.　　品目代码　发货日期　发货数量　订单No.　计划分类　最小批量　生产号

XXX　　　　XX…　　XX/XX　　XX　　　XXX　　　XXXX　　　　XXX

以一览表形式显示已注册的计划内容

设置计划

工序信息

结构信息

制造计划
设置处理

根据设置的标准计划制订制造计划

库存推移

制造计划

制造通知

制造通知

制造No.	制造品目	制造数量	开始时间	结束时间	收发No.	

制造物料明细

制造物料明细

制造No.	物料明细No.	物料品目	预定投入数量	工序明细No.	收发No.	投入实绩数量

制造工序明细

制造工序明细

制造No.	工序明细No.	工序名称	指示数量	开始时间	结束时间	制造工序状态	未完成数量	预测结束时间	设备运转时间	合计劳动时间

制造作业区明细

制造作业区明细

制造No.	工序明细No.	作业区明细No.	作业区	段No.	段指示数量	段占有时间	段占有时间	开始顺序编号

253

段 工序	254	255	256	257
A		制造 指示A		
B	制造 指示B	制造 指示A		
		制造指示B	4小时	作业顺序
C 约束工序			制造指示A	
			制造指示B	
D		3小时		制造 指示A
				制造指示B

工序保有时间：设为10小时
已占有时间 ：4＋3＝7小时
负荷率 ：7/10×100%＝70%

● 以约束工序为中心，用引线连接上工序、下工序
● 为了在约束工序当中调整顺序，上工序从即将结束的段末尾引线，下工序从紧接
　着的段开头引线

维护作业区运转计划

搜索

作业区：XXXXXX▼　　段No.：＿＿▼

作业区	段No.	开始日期	结束日期	负荷率
加工01	B0010	XX/XX/XX	XX/XX/XX	55%
加工03	B0010	XX/XX/XX	XX/XX/XX	70%
装配05	B0010	XX/XX/XX	XX/XX/XX	90%
装配07	B0010	XX/XX/XX	XX/XX/XX	50%
装配10	B0010	XX/XX/XX	XX/XX/XX	80%

变更计划
输入顺序
制造通知单开单
：

设置作业顺序

作业区：加工03　段No：B0010　开始：XX/XX/XX　结束：XX/XX/XX　负荷率：70%

开始顺序	制造№	品目	数量	需求时间	开始日期	时间
0010	P00200	品目AA	1500	4.0	09/05	09:00
0020	P00250	品目AC	2000	5.0	09/05	14:00
0030	P00300	品目AX	800	2.5	09/05	20:00

更新

通过变更开始顺序编号变更作
业顺序

设置作业区运转计划

各作业区的运转计划在制订制造计划之前进行初始设置

维护约束工序作业区运转计划

搜索

初始设置

作业区：XXXXXX▼　段No.：__▼

作业区	工序	段No.	开始日期	结束日期	负荷率
加工01	加工	B0010	XX/XX/XX	XX/XX/XX	XX%
加工03	加工	B0010	XX/XX/XX	XX/XX/XX	XX%
装配05	装配	B0010	XX/XX/XX	XX/XX/XX	XX%
装配07	装配	B0010	XX/XX/XX	XX/XX/XX	XX%
装配10	装配	B0010	XX/XX/XX	XX/XX/XX	XX%

计划变更
输入顺序
制造通知单开单
　:

变更作业区运转计划

作业区：加工03　段No.：B0010

段开始时间：XX/XX/XX▼ XX:XX▼
　结束时间：XX/XX/XX▼ XX:XX▼
生产率组　：品种R
运转时间　：XXXX 小时

【作业区、工序图】

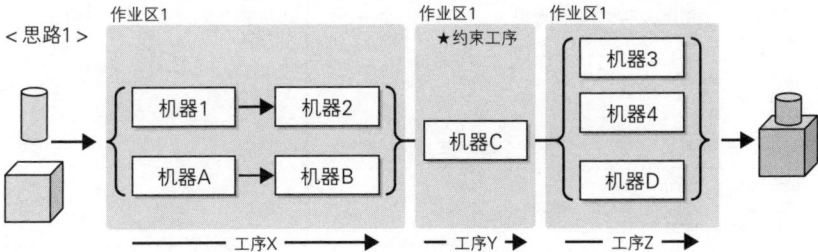

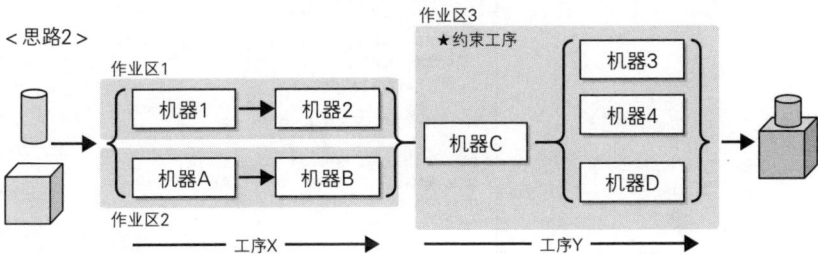

<思路1>

作业区1　作业区1　作业区1
★约束工序

机器1 → 机器2
机器A → 机器B
机器C
机器3
机器4
机器D

— 工序X → — 工序Y → — 工序Z →

<思路2>

作业区1
作业区3
★约束工序

机器1 → 机器2
机器A → 机器B
作业区2
机器C
机器3
机器4
机器D

— 工序X → — 工序Y →

※作业区：可实施单一工序制造物品的场所

维护作业区运转计划

作业区：XXXXXX▼　段No.：__▼

搜索

批量开单

作业区	段No.	开始日期	结束日期	负荷率
加工01	B0010	XX/XX/XX	XX/XX/XX	55%
加工03	B0010	XX/XX/XX	XX/XX/XX	70%
装配05	B0010	XX/XX/XX	XX/XX/XX	90%
装配07	B0010	XX/XX/XX	XX/XX/XX	50%
装配10	B0010	XX/XX/XX	XX/XX/XX	80%

变更计划
输入顺序
制造通知单开单
：

制造通知单开单

作业区：加工03　段No.：B0010　开始：XX/XX/XX　结束：XX/XX/XX　负荷率：70%

选	开始日期	时间	制造No.	品目	数量	需求时间
☑	09/05	09:00	P00200	品目AA	1500	4.0
☑	09/05	14:00	P00250	品目AC	2000	5.0
☑	09/05	20:00	P00300	品目AX	800	2.5

开单

制造通知单（工序明细）

制造No.：P00200
品目　：品目AA
指示数量：1500

SEQ	开始时间		工序	作业区	指示数量
001	09/03	09:00	装配01	—	1500
002	09/05	09:00	加工02	加工03	1500
003	09/05	14:00	精细加工	—	1500

制造通知单（分工序物料明细）

制造No.：P00200
品目　：品目AA
指示数量：1,500
工序　：装配01　作业区：—

SEQ	物料名称	需求数量	单位	仓库
001	物料R	1510	个	仓库A
002	物料W	100	ml	仓库B
003	物料Z	400	cm	仓库B

3 采购管理子系统

系统的功能与范围

采购管理子系统包括以下功能。

- 物料、材料的订货管理
  ①订货研究功能
  ②订货内容注册功能
  ③订货单开单功能
  ④已订货量的确认
- 所订购货物的收货和验收
  ①到货实绩注册功能
  ②验收结束注册功能

物料准备研究～订货

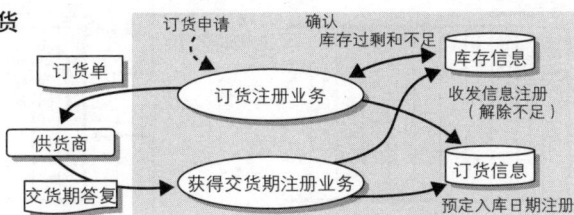

物料到货～验收

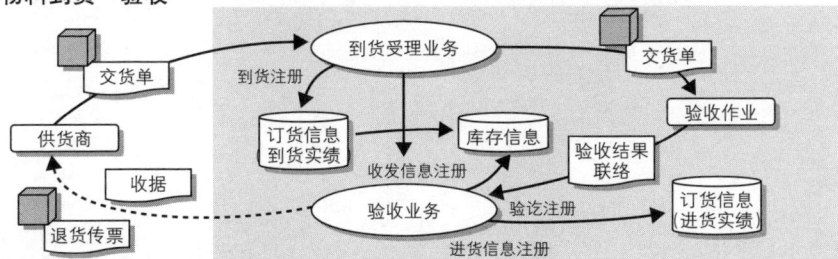

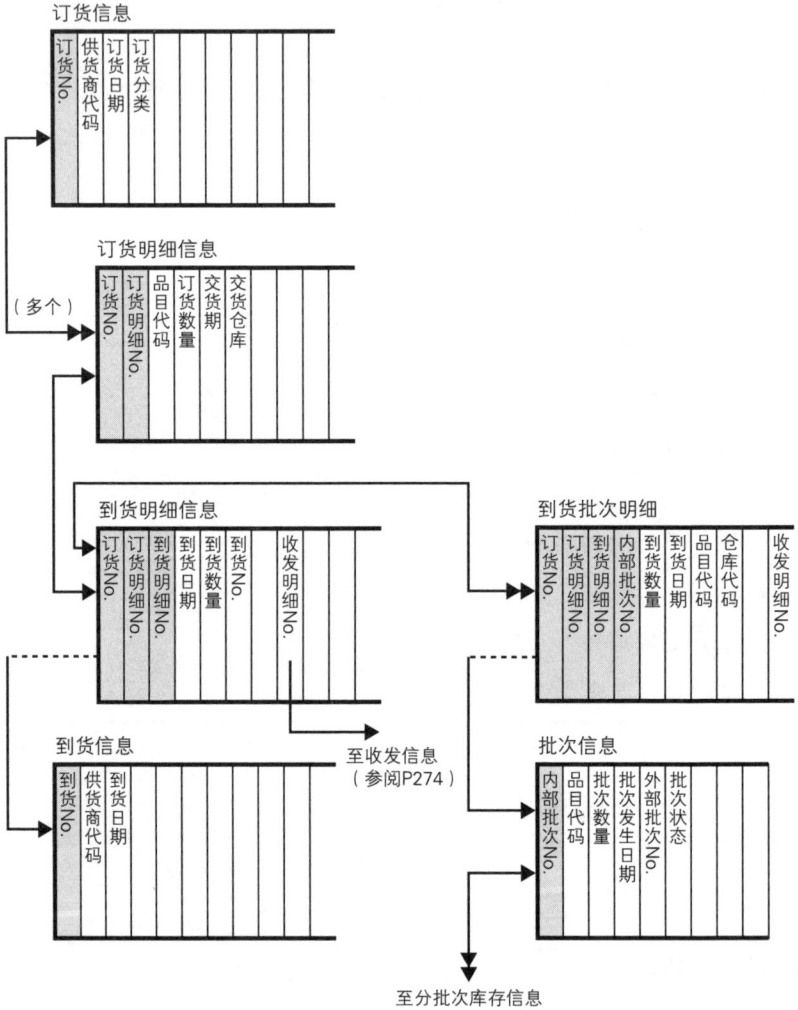

订货信息

订货明细信息

（多个）

到货明细信息

到货批次明细

到货信息

至收发信息
（参阅P274）

批次信息

至分批次库存信息

258

确认库存过剩和不足

利用基于生产计划的收发信息计算未来的库存推移，以一
览表的形式显示在该库存推移中库存不足与过剩的品目

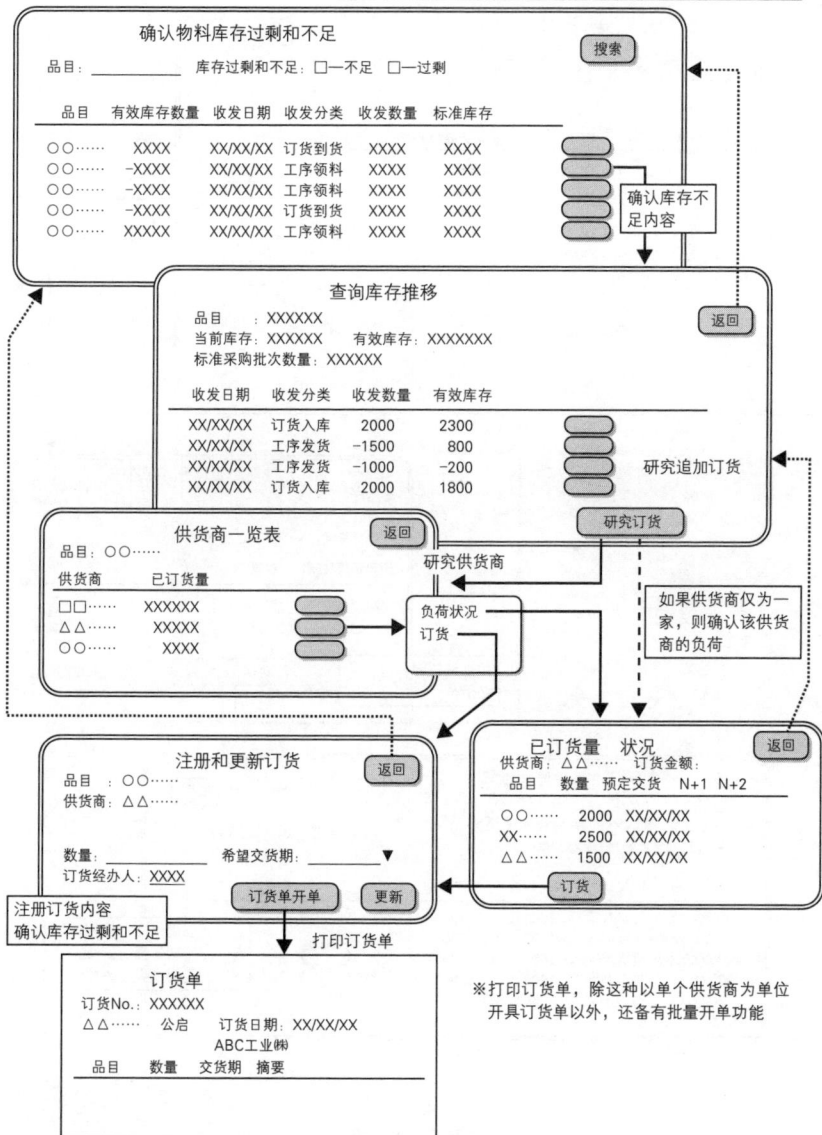

确认物料库存过剩和不足

品目：＿＿＿＿＿　　库存过剩和不足：□—不足　□—过剩

搜索

品目	有效库存数量	收发日期	收发分类	收发数量	标准库存
○○……	XXXX	XX/XX/XX	订货到货	XXXX	XXXX
○○……	−XXXX	XX/XX/XX	工序领料	XXXX	XXXX
○○……	−XXXX	XX/XX/XX	工序领料	XXXX	XXXX
○○……	−XXXX	XX/XX/XX	订货到货	XXXX	XXXX
○○……	XXXX	XX/XX/XX	工序领料	XXXX	XXXX

确认库存不
足内容

查询库存推移

品目　：XXXXXX
当前库存：XXXXXX　有效库存：XXXXXXX
标准采购批次数量：XXXXXX

返回

收发日期	收发分类	收发数量	有效库存
XX/XX/XX	订货入库	2000	2300
XX/XX/XX	工序发货	−1500	800
XX/XX/XX	工序发货	−1000	−200
XX/XX/XX	订货入库	2000	1800

研究追加订货

研究订货

供货商一览表

品目：○○……

返回

供货商	已订货量
□□……	XXXXX
△△……	XXXXX
○○……	XXXX

研究供货商

负荷状况
订货

如果供货商仅为一
家，则确认该供货
商的负荷

注册和更新订货

品目　：○○……
供货商：△△……

返回

数量：＿＿＿＿＿　希望交货期：＿＿＿▼
订货经办人：XXXX

注册订货内容
确认库存过剩和不足

订货单开单　　更新

已订货量　状况

供货商：△△……　订货金额：

品目	数量	预定交货	N+1	N+2
○○……	2000	XX/XX/XX		
XX……	2500	XX/XX/XX		
△△……	1500	XX/XX/XX		

返回

订货

打印订货单

订货单

订货No.：XXXXXX
△△……　公启　　订货日期：XX/XX/XX
　　　　　　ABC工业㈱

品目	数量	交货期	摘要

※打印订货单，除这种以单个供货商为单位
　开具订货单以外，还备有批量开单功能

● 如果从供货商那里获得了交货期，就作为"预定到货"注册
● 显示订货信息一览表，针对被注册对象的订货，注册预定到货

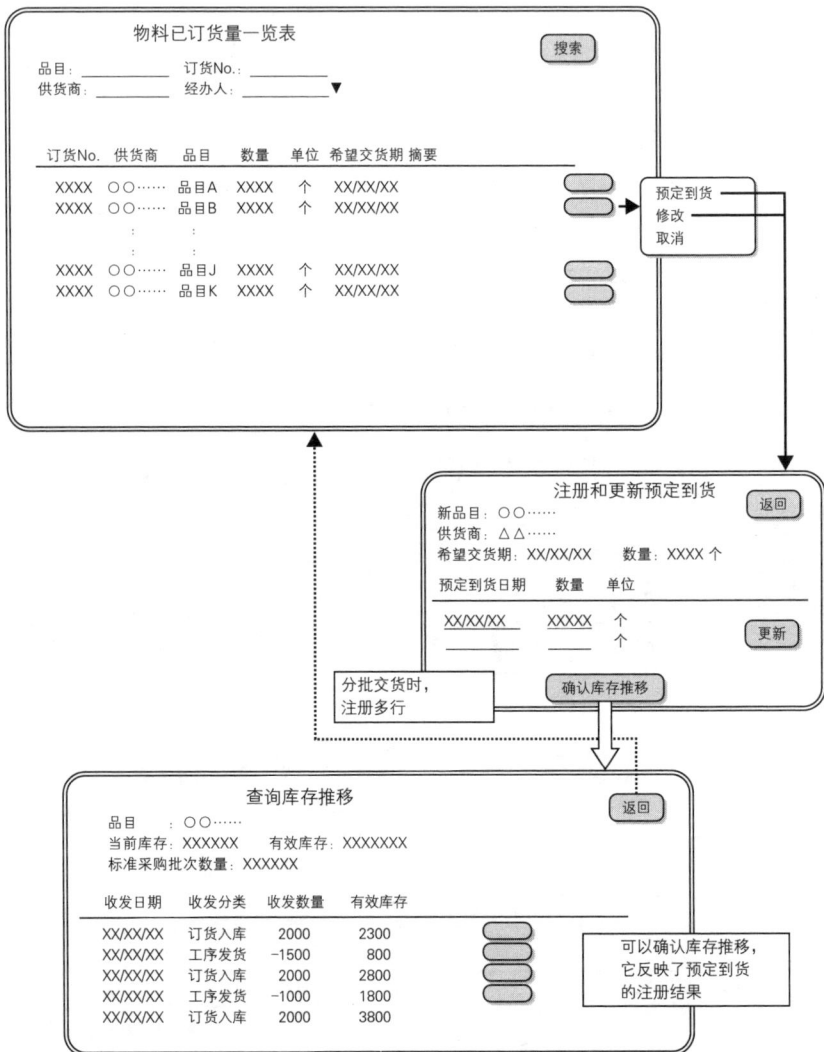

物料已订货量一览表

搜索

品目：＿＿＿＿＿　订货No.：＿＿＿＿＿
供货商：＿＿＿＿＿　经办人：＿＿＿＿＿▼

订货No.	供货商	品目	数量	单位	希望交货期	摘要
XXXX	○○……	品目A	XXXX	个	XX/XX/XX	
XXXX	○○……	品目B	XXXX	个	XX/XX/XX	
:	:					
:	:					
XXXX	○○……	品目J	XXXX	个	XX/XX/XX	
XXXX	○○……	品目K	XXXX	个	XX/XX/XX	

预定到货
修改
取消

注册和更新预定到货

返回

新品目：○○……
供货商：△△……
希望交货期：XX/XX/XX　　数量：XXXX 个

预定到货日期	数量	单位
XX/XX/XX	XXXXX	个
＿＿＿＿	＿＿＿	个

更新

分批交货时，
注册多行

确认库存推移

查询库存推移

返回

品目　　：○○……
当前库存：XXXXXX　　有效库存：XXXXXXX
标准采购批次数量：XXXXX

收发日期	收发分类	收发数量	有效库存
XX/XX/XX	订货入库	2000	2300
XX/XX/XX	工序发货	-1500	800
XX/XX/XX	订货入库	2000	2800
XX/XX/XX	工序发货	-1000	1800
XX/XX/XX	订货入库	2000	3800

可以确认库存推移，
它反映了预定到货
的注册结果

列入到货实绩、验收报告

● 如果订购的物料"到货"，就进行到货实绩注册
● 显示订货信息一览表，针对匹配的订货信息，进行入库报告

物料到货和验收报告

搜索

供货商：_____　预定入库：_____▼
品　目：_____　订货No：_____
经办人：_____▼

订货No.	供货商	品目	预定数量	到货数量	单位	到货实绩	摘要
XXXX	○○……	品目A	XXXX	XXXXX	个	XX/XX/XX	
XXXX	○○……	品目B	XXXX	XXXXX	个	XX/XX/XX	
:	:						
:	:						
XXXX	○○……	品目J	XXXX	XXXXXXX	个	XX/XX/XX	
XXXX	○○……	品目K	XXXX	XXXXX	个	XX/XX/XX	

详细报告

要进行批次管理的产品，利用详细报告注册"批次No."及其个数

更新

● 收货和验收结束后，针对等待验收的到货实绩注册"验收"
● 有不合格（批次）时，该到货物料办理退货手续，注册其内容
● 仅将验收完毕的品目列入库存和进货
※退货在验收前进行，不发生返库存、返进货

注册到货实绩

返回

品目：○○……
供货商：△△……
预定到货：XX/XX/XX　数量：XXXX个

到货批次No.	数量	单位
XXXXXX	XXXXX	个
_____	_____	个
_____	_____	个

更新

物料验收报告

搜索

供货商：_____　验收：未验● 验讫○
品目：_____　外部批次No.：_____
内部批次No.：_____　经办人：_____▼

到货日期	品目	到货数量	单位	批次No.	验收状况		
XX/XX/XX	品目A	XXXXX	个	A0001-1	未验收	验收	退货
XX/XX/XX	品目A	XXXXX	个	A0001-1	未验收	验收	退货
:	:						
XX/XX/XX	品目A	XXXXX	个	A0001-1	未验收	验收	退货
XX/XX/XX	品目A	XXXXX	个	A0001-1	未验收	验收	退货

返回

4 工序管理子系统

本子系统具有制造工序中进行以下实绩采集及作业管理的功能。

①生产工序的作业实绩管理

- 根据制造通知单列入作业实绩
- 列入工序的作业实绩，以把握各工序领出物料库存的扣减情况和所制造的在制品库存情况
- 需要进行批次管理的产品按批次列入实绩
- 注册各工序的物料投入实绩

②工序作业进度状况的可视化

- 实现明示工序进度、总产量信息的功能

采用 POP 时，要及时输入为下一次列入作业实绩采集的数据。

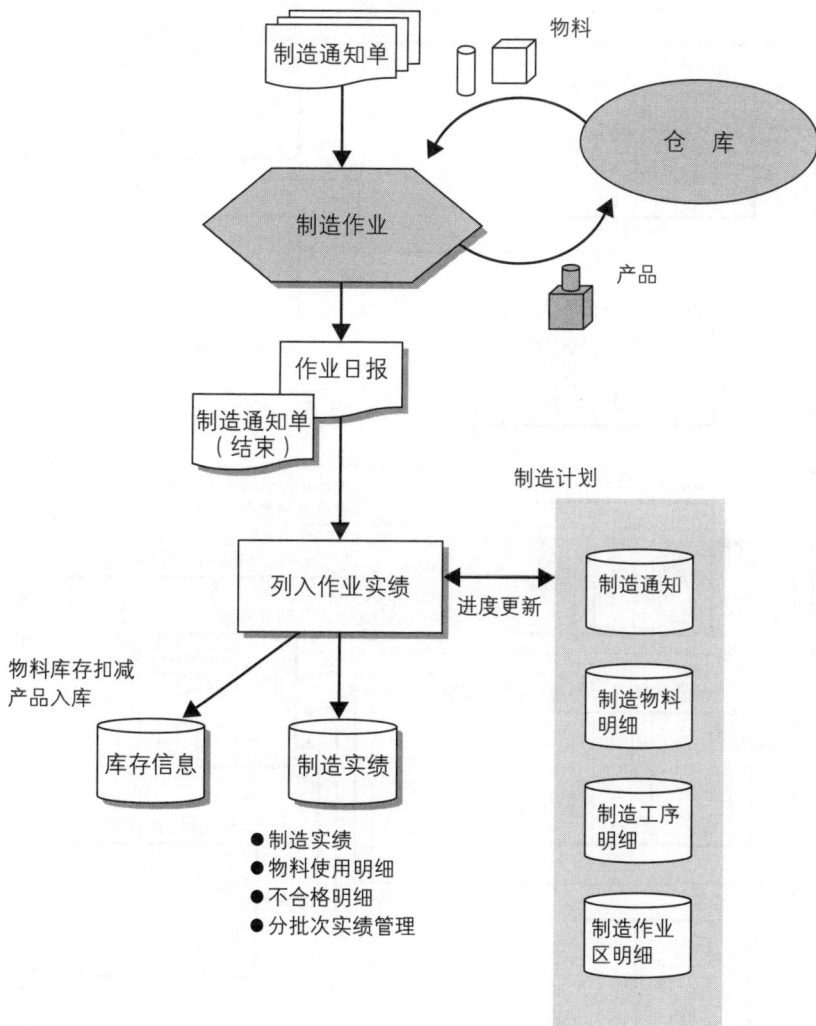

功能结构

制造通知单

物料

仓　库

制造作业

产品

作业日报

制造通知单
（结束）

制造计划

列入作业实绩

进度更新

制造通知

物料库存扣减
产品入库

库存信息

制造实绩

制造物料
明细

● 制造实绩
● 物料使用明细
● 不合格明细
● 分批次实绩管理

制造工序
明细

制造作业
区明细

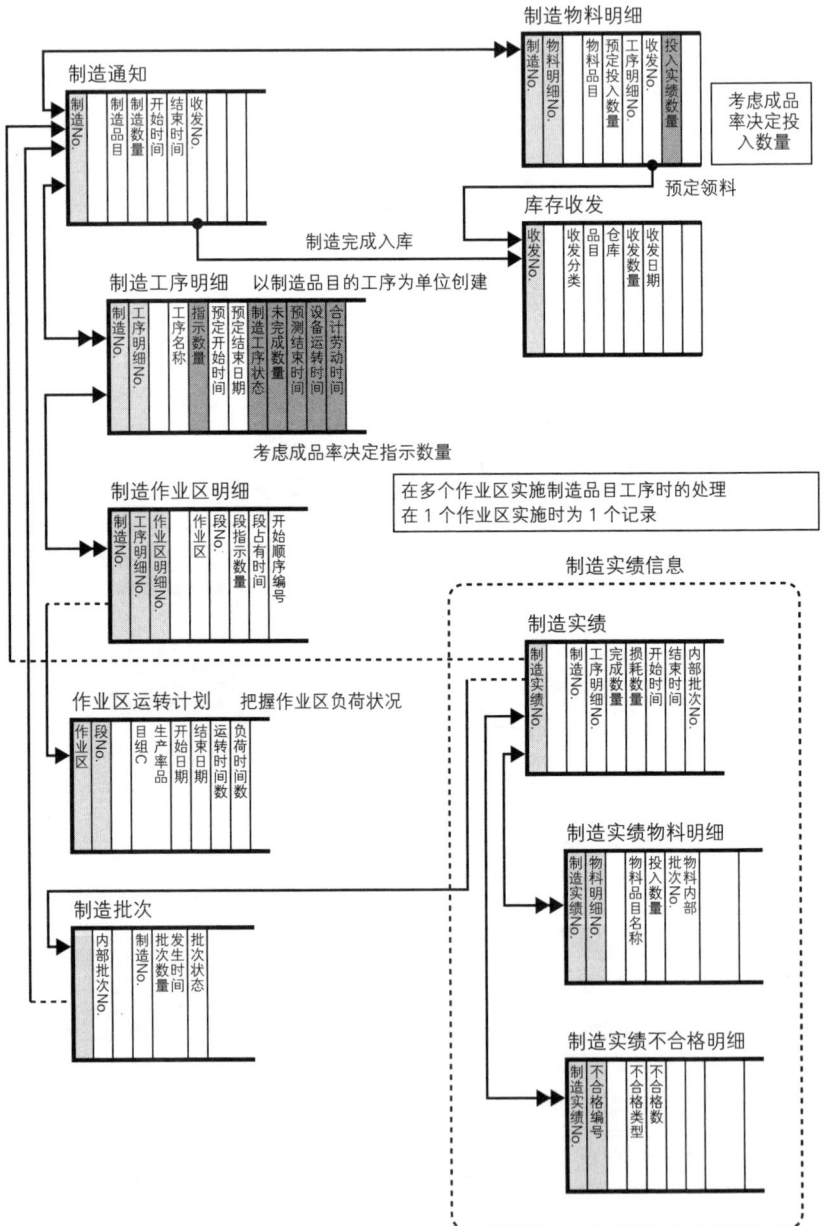

制造物料明细

制造No.	物料明细No.	物料品目	预定投入数量	工序明细No.	收发No.	投入实绩数量

考虑成品率决定投入数量

制造通知

制造No.	制造品目	制造数量	开始时间	结束时间	收发No.

预定领料

库存收发

收发No.	收发分类	仓库品目	收发数量	收发日期

制造完成入库

制造工序明细　　以制造品目的工序为单位创建

制造No.	工序明细No.	工序名称	指示数量	预定开始时间	预定结束日期	制造工序状态	未完成数量	预测结束时间	设备运转时间	合计劳动时间

考虑成品率决定指示数量

制造作业区明细

制造No.	工序明细No.	作业区明细No.	作业区	段No.	段指示数量	开始顺序编号	段占有时间

在多个作业区实施制造品目工序时的处理
在1个作业区实施时为1个记录

制造实绩信息

制造实绩

制造实绩No.	制造No.	工序明细No.	损耗数量	完成数量	开始时间	结束时间	内部批次No.

作业区运转计划　　把握作业区负荷状况

作业区	段No.	目组C	生产品	开始日期	结束日期	运转时间数	负荷时间数

制造实绩物料明细

制造实绩No.	物料明细No.	物料品目名称	投入数量	批次内部	物料内部批次No.

制造批次

内部批次No.	批次No.	制造No.	批次发生时间	批次数量	批次状态

制造实绩不合格明细

制造实绩No.	不合格编号	不合格类型	不合格数

264

批次管理的结构

制造作业的状况与投入物料的内容
※灰色度表示作业日的单位

工序	结构物料	物料批次个数	（个数）L：批次
A	物料01 +		
B	物料02 +	M200　2　0　0　M230　8　0　0	
	物料03 +	N2400　4　0　0	
C	物料04 +	N2450　6　0　0	
D	物料05		
	产品批次　S001	1　0　0　S003　6　0　0　S005	L-01(100) L-02(200) L-03(300) L-04(100) L-05(300)

作业日报的内容

工序	×月3日	×月4日	×月5日	×月6日	×月7日
A	制造数量：350 物料01：350	制造数量：500 物料01：500	制造数量：150 物料01：150		
B		制造数量：200 L-01 物料02：200 M200 物料03：200 N2400 制造数量：100 L-02 物料02：100 M230 物料03：100 N2400	制造数量：100 L-02 物料02：100 M230 物料03：100 N2400 制造数量：500 L-03 物料02：500 M230 物料03：500 N2450	制造数量：100 L-02 物料02：100 M230 物料03：100 N2450	
C			制造数量：200 L-01 物料04：400 制造数量：200 L-02 物料04：400 制造数量：150 L-03 物料04：300	制造数量：450 L-03 物料04：900	
D			制造数量：70 L-01 物料05：70 S001	制造数量：30 L-01 物料05：30 S001 制造数量：100 L-04 物料05：100 S003 制造数量：200 L-02 物料05：200 S003 制造数量：300 L-03 物料05：300 S003 制造数量：200 L-05 物料05：200 S005	制造数量：100 L-05 物料05：100 S005

批次的内容

批次	L-01 100个	L-02 200个	L-03 300个	L-04 100个	L-05 300个
结构 物料02 物料03 物料05	M200 N2400 S001	M230 N2400 S003	M230 N2450 S003	M200 N2400 S003	M230 N2450 S005

注册作业日报

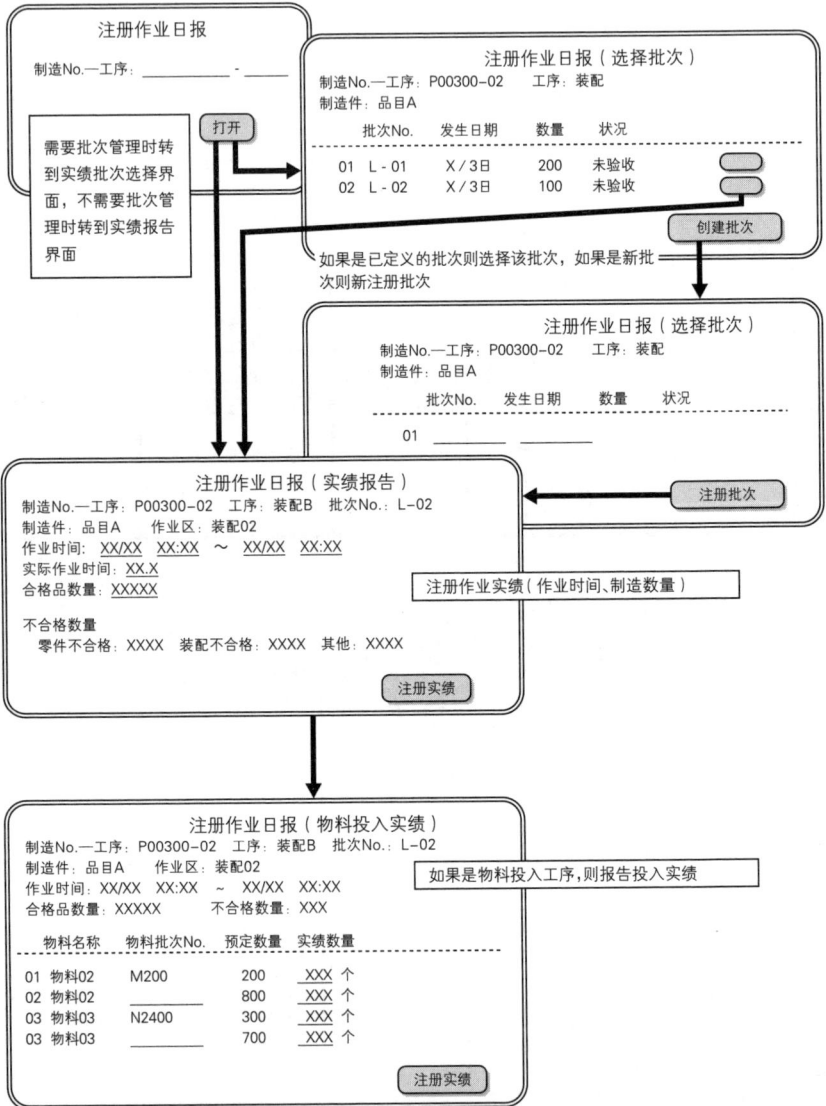

制造No.—工序： _____ - _____

打开

需要批次管理时转到实绩批次选择界面，不需要批次管理时转到实绩报告界面

注册作业日报（选择批次）

制造No.—工序：P00300-02　工序：装配
制造件：品目A

批次No.	发生日期	数量	状况
01　L‑01	X／3日	200	未验收
02　L‑02	X／3日	100	未验收

创建批次

如果是已定义的批次则选择该批次，如果是新批次则新注册批次

注册作业日报（选择批次）

制造No.—工序：P00300-02　工序：装配
制造件：品目A

批次No.	发生日期	数量	状况
01	_____	_____	

注册批次

注册作业日报（实绩报告）

制造No.—工序：P00300-02　工序：装配B　批次No.：L‑02
制造件：品目A　　作业区：装配02
作业时间：<u>XX/XX　XX:XX</u>　～　<u>XX/XX　XX:XX</u>
实际作业时间：<u>XX.X</u>
合格品数量：<u>XXXXX</u>

不合格数量
　零件不合格：XXXX　装配不合格：XXXX　其他：XXXX

注册作业实绩（作业时间、制造数量）

注册实绩

注册作业日报（物料投入实绩）

制造No.—工序：P00300-02　工序：装配B　批次No.：L‑02
制造件：品目A　　作业区：装配02
作业时间：XX/XX　XX:XX　～　XX/XX　XX:XX
合格品数量：XXXX　　　不合格数量：XXX

如果是物料投入工序,则报告投入实绩

物料名称	物料批次No.	预定数量	实绩数量	
01　物料02	M200	200	XXX	个
02　物料02	_____	800	XXX	个
03　物料03	N2400	300	XXX	个
03　物料03	_____	700	XXX	个

注册实绩

制造实绩报告与物料明细图

	制造实绩No.	制造No.	工序明细	完成数	开始日期	内部批次No.
制造实绩	M00001	P00300	01	350	×/3日	
	M00002	P00300	01	500	×/4日	
	M00003	P00300	02	200	×/4日	L-01
	M00004	P00300	02	100	×/4日	L-02
	M00005	P00300	01	150	×/5日	
	M00006	P00300	02	100	×/5日	L-02
	M00007	P00300	02	500	×/5日	L-03
	M00008	P00300	03	200	×/5日	L-01
	M00009	P00300	03	200	×/5日	L-02
	M00010	P00300	03	150	×/5日	L-03
	M00011	P00300	04	70	×/5日	L-01
	M00012	P00300	02	100	×/6日	L-03
	M00013	P00300	03	450	×/6日	L-03
	M00014	P00300	04	30	×/6日	L-01
	M00015	P00300	04	100	×/6日	L-04
	M00016	P00300	04	200	×/6日	L-02
	M00017	P00300	04	300	×/6日	L-03
	M00018	P00300	04	200	×/6日	L-05
	M00019	P00300	04	100	×/7日	L-05

2.915 mm

	制造实绩No.	物料明细No.	物料品目	投入数量	批次No.	投入日期
制造实绩物料明细	M00002	01	物料01	350		×/3日
	M00002	01	物料01	500		×/4日
	M00005	01	物料01	150		×/5日
	M00003	01	物料02	200	M200	×/4日
	M00003	02	物料03	200	N2400	×/4日
	M00004	01	物料02	100	M230	×/4日
	M00004	02	物料03	100	N2400	×/4日
	M00006	01	物料02	100	M230	×/5日
	M00006	02	物料03	100	N2400	×/5日
	M00007	01	物料02	500	M230	×/5日
	M00007	02	物料03	500	N2450	×/5日
	M00012	01	物料02	100	M230	×/5日
	M00012	02	物料03	100	N2450	×/5日
	M00008	01	物料04	400		×/5日
	M00009	01	物料04	400		×/5日
	M00010	01	物料04	300		×/5日
	M00013	01	物料04	900		×/6日
	M00011	01	物料05	70	S001	×/5日
	M00014	01	物料05	30	S001	×/6日
	M00015	01	物料05	100	S003	×/6日
	M00016	01	物料05	200	S003	×/6日
	M00017	01	物料05	300	S003	×/6日
	M00018	01	物料05	200	S005	×/6日
	M00019	01	物料05	100	S005	×/7日

5 库存管理子系统

系统的功能与范围

本子系统包括以下功能。

①把握并管理产品、物料现货库存数量的功能

- 把握现有库存数量、可用库存数量
- 把握各保管场所（仓库、货架）数量
- 把握各产品批次、各物料（进货）批次数量
- 盘存

②把握并管理产品、物料的库存金额

- 先入先出法评估、移动平均法评估

③适当维持并管理产品、物料库存数量和内容的功能

- 把握预定收发、库存推移
- 把握滞留状况
- 一般出入库操作、废弃处理

库存管理子系统与有关系统

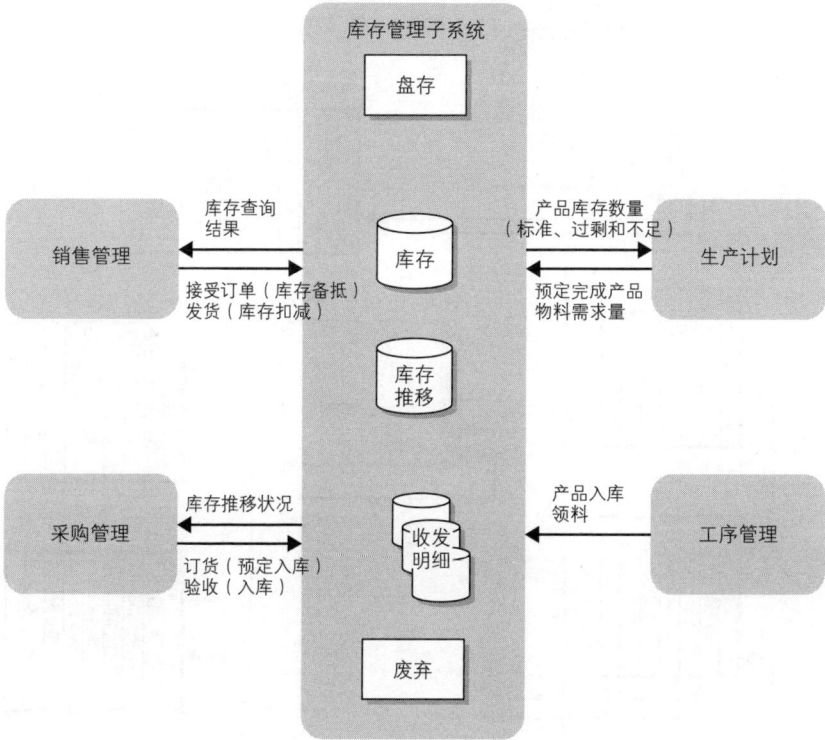

库存管理子系统

盘存

库存查询
结果

销售管理

接受订单（库存备抵）
发货（库存扣减）

库存

产品库存数量
（标准、过剩和不足）

生产计划

预定完成产品
物料需求量

库存
推移

库存推移状况

采购管理

订货（预定入库）
验收（入库）

收发
明细

产品入库
领料

工序管理

废弃

品目库存属性

品目代码	上月末库存数量	现有库存数量	备抵合计数量	可用数量	每个占有数量	现有库存占有数量	存放处占有率	移动平均单价

分年月品目库存

品目代码	会计月度	上月末库存数量	当月出库数量	当月入库数量	当月末库存数量	当月出库金额	当月入库金额	当月末库存金额

批次信息

内部批次No.	品目代码	初期数量	当前数量	质保截止日期	外部批次No.	入库到货日期

收发明细信息

收发明细No.	收发分类 ※	仓库代码	品目代码	预定收发数量	预定收发日期	可用库存数量

制造指示台账

制造指示No.	收发明细No.	制造指示品目代码	指示数量	预定开始日期	预定结束日期	状况

库存批次明细信息

内部批次No.	仓库代码	品目代码	现有库存数量

发货明细信息

订单No.	订单明细No.	发货明细No.	销售品目代码	预定发货数量	预定发货日期	状况

一般出入库信息

一般出入库No.	源仓库代码	目的仓库代码	往来日期	往来时间	往来分类	往来状态

收发履历信息

收发明细No.	仓库代码	内部批次No.	出入库日期	出入库时间	数量	品目代码

制造物料明细信息

制造指示No.	物料明细No.	收发明细No.	物料品目代码	投入数量	预定投入日期	状况

一般出入库明细信息

一般出入库No.	累计号	源数量	目的数量	出入库金额	目的品目代码	源品目代码	收发明细No.

分仓库库存明细信息

品目代码	仓库代码	理论库存数量	现有库存数量	实地盘存检查数量

入库明细信息

订货No.	收发明细No.	进货品目代码	预定到货数量	预定到货日期	状况

仓库代码	仓库名称	仓库容量

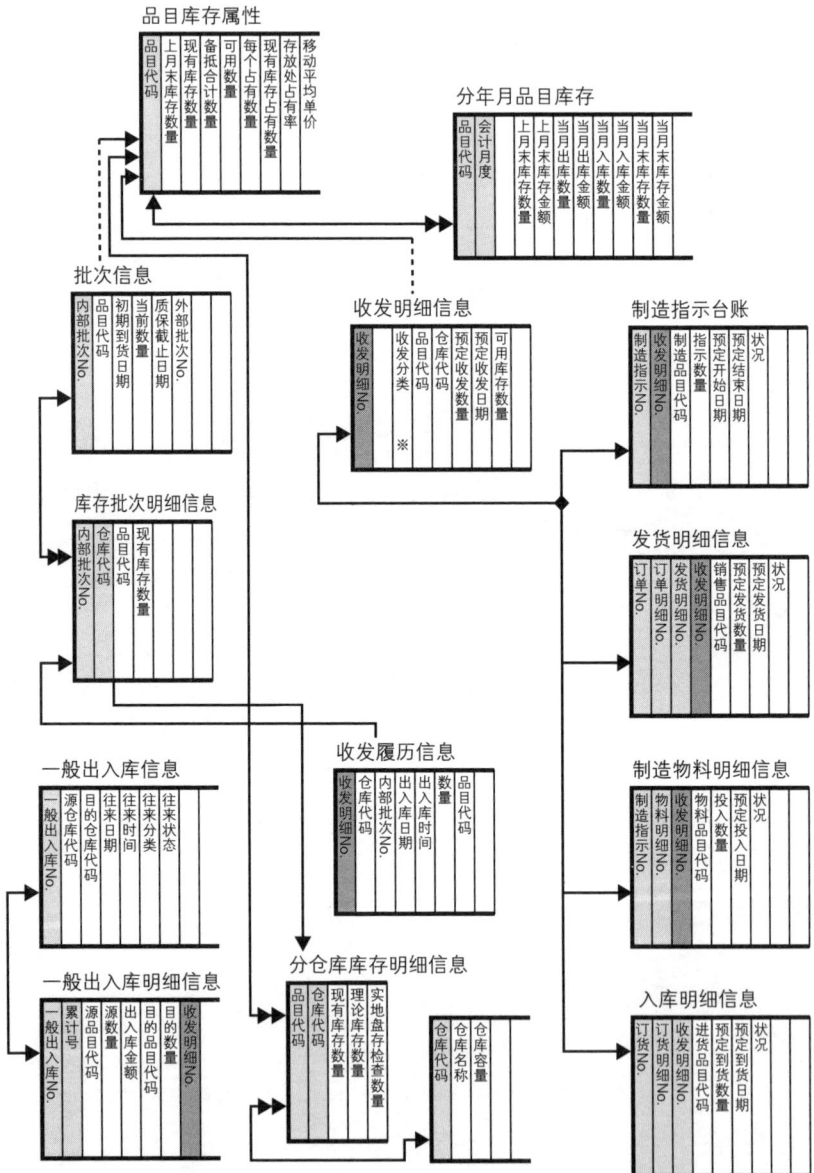

※表示读入的信息因数据内容而异

270

库存推移信息范例

。7月10日时间节点制造销售品目"A100"的库存推移→8月2日发生缺货

<品目库存属性>

品目代码	上月末库存数量	现有库存数量	合计扣除数量	可用数量
A100	1000	2000	1500	500

<收发明细>

	收发明细No.	收发分类	品目代码	预定收发数量	预定收发日期	可用数量
①	10282	发货领出	A100	0	07／10	500
②	10322	完成收货	A100	2000	07／15	2500
③	10390	发货领出	A100	−2000	07／24	500
④	10421	完成收货	A100	1000	07／28	1500
⑤	10485	发货领出	A100	−2000	08／02	−500

<制造指示台账>

	制造指示No.	收发明细No.	制造品目代码	指示数量	预定开始	预定结束	状况
②	M2034	10322	A100	2000	07／14	07／15	未列入
④	M2098	10421	A100	1000	07／20	07／28	未列入

<发货明细>

	订单No.	订单明细No.	发货明细No.	收发明细No.	销售品目代码	预定发货数量	预定发货日期	状况
①	J010	02	D3102	10282	A100	1500	07／10	已备抵
③	J013	04	D3189	10390	A100	2000	07／24	未备抵
⑤	J015	05	D3240	10485	A100	2000	08／02	未备抵

★7月10日时间节点进货物料品目"B200"的库存推移

<品目库存属性>

品目代码	上月末库存数量	现有库存数量	备抵合计数量	可用数量
B200	150	40	10	30

<收发明细>

收发明细No.	收发分类	品目代码	预定收发数量	预定收发日期	可用数量
10254	工序领料	B200	0	07／20	30
10345	到货收货	B200	50	07／20	80
10390	工序领料	B200	−20	07／30	60
10521	到货收货	B200	50	08／05	110

<制造物料明细信息>

制造指示No.	物料明细No.	收发明细No.	物料品目代码	投入数量	预定投入	状况
M2453	04	10254	B200	10	07／11	已备抵
M2632	04	10390	B200	20	07／30	未备抵

<到货明细信息>

订货No.	订货明细No.	收发明细No.	进货品目代码	预定到货数量	到货日期	状况
P12329	01	10345	B200	50	07／20	未列入
P13621	01	10521	B200	50	08／05	未列入

确认分品目库存推移 ＜检测异常＞

检测类型
● 缺货（按开始缺货日期排序）
○ 过多（按库存额排序）
○ 过多（按保管空间排序）

检测范围：~ 99/99/99 ▼
缺货标准数量：___0
品种组：XXXXXX ▼

搜索

	开始缺货日期	品名	缺货数量	U/M
01	07/02	品目AA	-3,500	PC
02	07/19	品目BB	-1,700	PC
03	08/10	品目CC	-1,400	PC
04	08/28	品目DD	-3,800	PC
05	09/18	品目EE	-3,300	PC

库存推移
收发履历
分仓库库存

确认库存推移   09/06/30

品目：X00101   品目CC   品种：品目组C   返回

标准批次大小：100个   当前库存：2000个   有效库存：700个

	收发日期	收发分类	收发数量	有效库存	
01	07/02	销售出库	1300	700	PC
02	07/19	完成入库	500	1200	PC
03	07/20	销售出库	900	300	PC
04	08/10	销售出库	1700	-1400	PC
05	08/18	完成入库	1500	100	PC

一般出入库操作

一般出入库管理功能是适当地维护、管理库存数量和内容的功能，其内容如下。

往来分类	内容
仓库间移动	把库存从当前所在的仓库移动到其他仓库的处理 例：销售发生库存不平衡，从有过多库存的仓库送到库存少的仓库
转换品目	把当前库存品目名称变更为其他品目名称的处理 例：把1箱20个装的产品变更为以个为单位的产品
重估	变更重估库存估定价值的处理 例：库存时间加长、新鲜程度下降，所以估定价值降低
盘盈、盘亏	账簿（数据库）中的数量与实际数量不符时的调整 例：盘明数据库中应有100个的产品只有99个了
废弃	库存因某种理由而废弃的处理 例：为了空出保管场所，废弃没有可能销售出去的库存

仓库间移动的界面范例

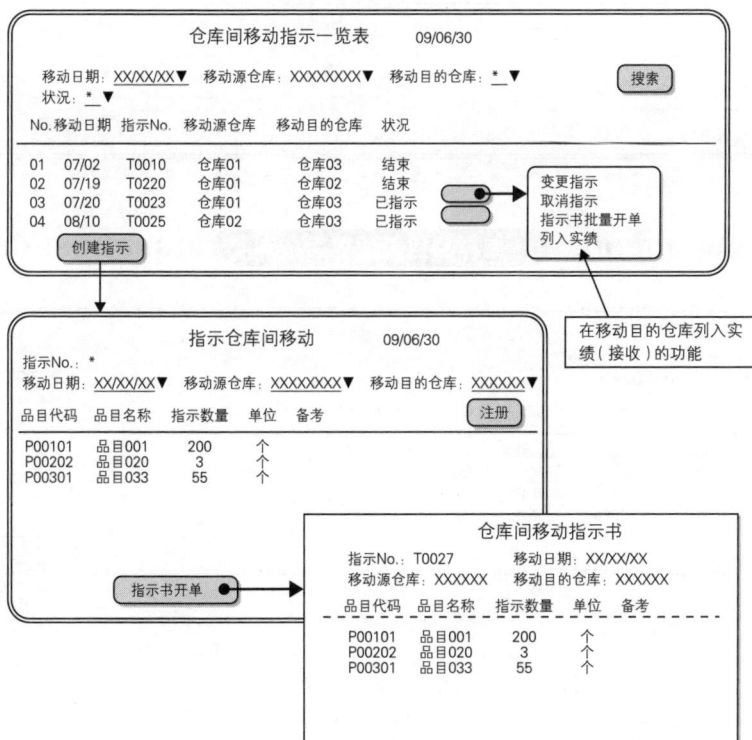

仓库间移动指示一览表　　　09/06/30

移动日期：XX/XX/XX▼　移动源仓库：XXXXXXXX▼　移动目的仓库：*▼　　　搜索

状况：*▼

No.移动日期　指示No.　移动源仓库　移动目的仓库　状况

01　07/02　T0010　仓库01　仓库03　结束
02　07/19　T0220　仓库01　仓库02　结束
03　07/20　T0023　仓库01　仓库03　已指示
04　08/10　T0025　仓库02　仓库03　已指示

变更指示
取消指示
指示书批量开单
列入实绩

创建指示

在移动目的仓库列入实绩（接收）的功能

指示仓库间移动　　　09/06/30

指示No.：*
移动日期：XX/XX/XX▼　移动源仓库：XXXXXXXX▼　移动目的仓库：XXXXXX▼

品目代码　品目名称　指示数量　单位　备考　　　　　注册

P00101　品目001　200　个
P00202　品目020　3　个
P00301　品目033　55　个

仓库间移动指示书

指示No.：T0027　　　移动日期：XX/XX/XX
移动源仓库：XXXXXX　　移动目的仓库：XXXXXX

品目代码　品目名称　指示数量　单位　备考

P00101　品目001　200　个
P00202　品目020　3　个
P00301　品目033　55　个

指示书开单

转换品目　　　　09/06/30

仓库：XXXXXXX▼　　转换日期：XX/XX/XX

搜索

No.	转换日期	传票No.	仓库	金额
01	07/02	F0010	仓库01	2300
02	07/19	F0220	仓库01	1800
03	07/20	F0023	仓库01	5500
04	08/10	F0025	仓库02	3800

创建指示

转换品目　　　　09/06/30

传票No.：*

仓库：XXXXXXX　　转换日期：XX/XX/XX

No.	当前品目代码	当前品目名称	数量	金额		转换品目代码	转换品目名称	数量	金额
01	P0010	品目01A	1	2300		P0010	品目01	20	2300
02	___	___	___	___		___	___	___	___
03	___	___	___	___		___	___	___	___
04	___	___	___	___		___	___	___	___

注册

库存品目重估　　　　09/06/30

重估日期：XX/XX/XX▼　　品目组：_____▼　　品目代码：_____

搜索

No.	仓库	品目代码	品目	数量	库存评估单价	新评估单价
01	仓库01	H002022	品目22	100	300	_____
02	仓库01	H002033	品目33	20	340	_____
03	仓库01	H002044	品目44	5	280	_____
04	仓库02	H002046	品目46	8	420	_____

注册

盘存功能界面范例

```
盘存单开单          09/06/30

仓库          盘存状况      上次结束日期

仓库01        结束         XX/XX/XX
仓库02        结束         XX/XX/XX
仓库03        未实施        XX/XX/XX
仓库04        正在盘存       XX/XX/XX
```

开单

重新开单

● 决定盘存对象仓库，开
具调查单
● 开具调查单，当前个数
设置为理论库存数量，
仓库盘存状况为"正在
盘存"

```
            实地盘存调查单

仓库：仓库03      盘存标准时间：XX/XX/XX

货架号    品名     理论数量   实地盘存数量   单位   备考

10      品目001   200      _____     个
10      品目002   300      _____     个
10      品目003   20       _____     个
10      品目005   13       _____     个
10      品目006   150      _____     个
10      品目007   130      _____  目  个
10      品目008   5        _____     个
10      品目009   23       _____     个

11      品目011   100      _____     个
11      品目012   240      _____     个
```

6 BOM 管理子系统

利用系统处理的信息

本子系统包括以下功能。

主数据	内 容	
品目主数据	A）规定为统一管理制造中所用以下品目的结构 · 商品：该公司销售的物品 · 进货商品：销售的货物当中，进货后直接销售的物品 · 产品：该公司制造的物品 · 最终产品：制造的物品当中，再也没有下一道工序的成品（⇔半成品） · 装配件：制造的物品当中，进一步"组装"到其他上层物品上的物品（=零件） · 中间件：制造的物品当中，进一步加工成为其他上层物品的物品（=在制品） · 材料：进货的物品当中，加工后依然保持原状的物品 · 原料：进货的物品当中，加工后不保持原状的物品 · 外购件：进货的物品当中，"组装"到产品上的物品 B）各品目信息按处理分类具有以下详细信息；各处理属性独立，可以同时具有多个属性信息 · 制造件处理：具有作为制造件的属性信息 · 销售件处理：具有销售用的属性信息 · 外购件处理：具有进货用的属性 C）品目信息具有1个表达对象品目形态的属性 　例：品目A：长宽高尺寸、重量…… 　　　品目B：外径、内径、宽度尺寸、密度、检验…… 　　　品目C：净含量、袋形式、保质期限……	锻件 轴 密封圈 水 树脂材料 螺栓 螺母
物料结构主数据 （P/S）	D）品目的物料结构信息	
交易对象主数据	是管理公司交易对象用的信息，可视为管理以下信息的结构。有的交易对象同时具有两种属性 · 采购方信息：采购所销售商品顾客的信息 · 供应方信息：供应所购入物料、原材料供货商的信息	
员工	为了对系统用户进行认证而保持、管理以下项目 员工姓名、员工代码、所属工作岗位、权限、职责、认证信息、邮箱地址	
工作岗位和组织	为了进行系统运用管理而保持、管理以下项目 组织名称、组织代码、上级组织、下级组织、组织属性	

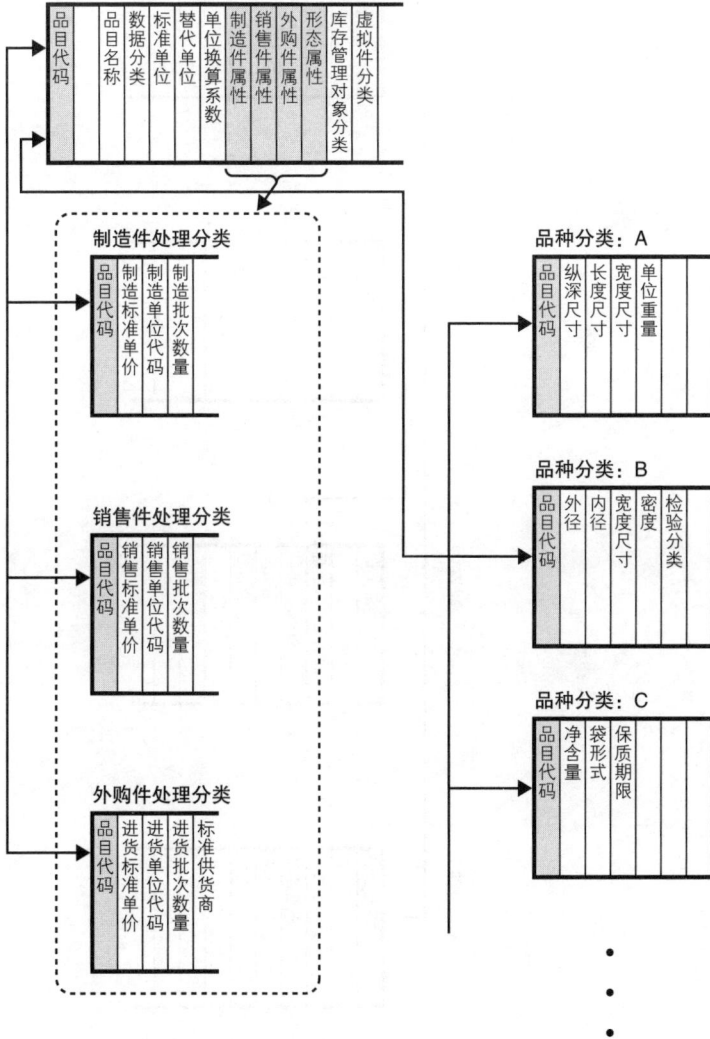

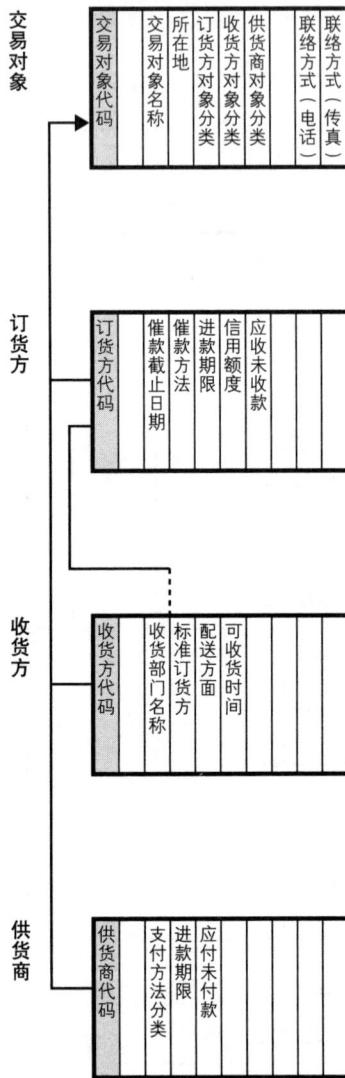

物料结构主数据（P/S）

物料结构主数据是一种阶层式结构，具有以下项目与功能。

---

①**注册和更新结构信息**

- 设置结构信息的注册、更新以及它们的有效日期、失效日期

结构信息

```
              ┌─────┐
              │  A  │
              └──┬──┘
          ┌──────┴──────┐
       ┌──┴──┐       ┌──┴──┐
       │  B  │       │  C  │
       └──┬──┘       └──┬──┘
      ┌───┴───┐         │
   ┌──┴──┐ ┌──┴──┐   ┌──┴──┐
   │  D  │ │  E  │   │  D  │
   └─────┘ └─────┘   └─────┘
```

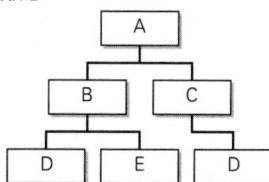

②**引用零件展开**

- 按照以下形式，参照注册结构信息

- 单级展开

- 引用指定父品目的下层零件

单级展开

```
┌────────────────────┐
│ 品目: A             │
│ 零件    数量         │
│  B ······ 1         │
│  C ······ 1         │
└────────────────────┘
```

```
┌────────────────────┐
│ 品目: B             │
│ 零件    数量         │
│  D ······ 2         │
│  E ······ 1         │
└────────────────────┘
```

- 层次展开

- 按照层次引用指定父品目全部下层零件

层次展开

```
┌────────────────────┐
│ 品目: A             │
│ 零件        数量     │
│ 1 B ······  1       │
│  2 D ······ 2       │
│  2 E ······ 1       │
│ 1 C ······  1       │
│  2 D ······ 1       │
└────────────────────┘
```

- 汇总展开
- 汇总、引用指定父品目全部下层零件

汇总展开

品目：A

零件	数量
1 B …… 1	
2 D …… 3	
3 E …… 1	
4 C …… 1	

③引用用途

- 引用单级用途
- 引用指定零件全部直接父零件

引用单级用途

品目：D

父零件
1 B ……
2 C ……

- 引用最终用途
- 引用指定零件全部最终父品目

引用最终用途

品目：E

父零件
1 A ……
2 ……

品目：B

父零件
1 A ……
2 ……

品目主数据：结构信息概要

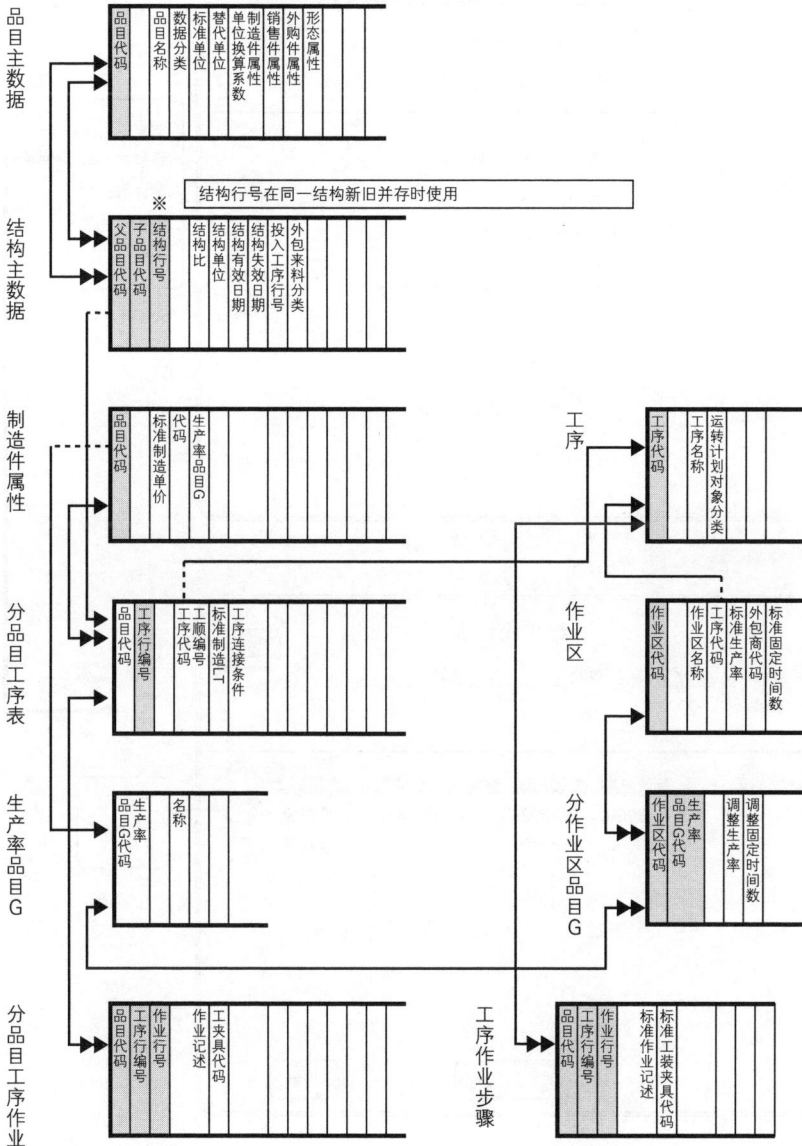

品目主数据

| 品目代码 | 品目名称 | 数据分类 | 标准单位 | 替代单位 | 单位换算系数 | 制造件属性 | 销售件属性 | 外购件属性 | 形态属性 | | |

结构主数据

※ 结构行号在同一结构新旧并存时使用

| 父品目代码 | 子品目代码 | 结构行号 | 结构比 | 结构单位 | 结构有效日期 | 结构失效日期 | 投入工序行号 | 外包来料分类 | | |

制造件属性

| 品目代码 | 标准制造单价 | 生产率品目G | 代码 | | |

工序

| 工序代码 | 工序名称 | 运转计划对象分类 | |

分品目工序表

| 品目代码 | 工序行编号 | 工顺编号 | 工序代码 | 标准制造LT | 工序连接条件 | | |

作业区

| 作业区代码 | 作业区名称 | 工序代码 | 标准生产率 | 外包商代码 | 标准固定时间数 | |

生产率品目G

| 生产率品目G代码 | 名称 | | |

分作业区品目G

| 作业区代码 | 生产率品目G代码 | 生产率 | 调整生产率 | 调整固定时间数 | |

分品目工序作业

| 品目代码 | 工序行编号 | 作业记号 | 作业记述 | 工夹具代码 | | |

工序作业步骤

| 品目代码 | 工序行编号 | 作业记号 | 标准作业记述 | 标准工装夹具代码 | | |

※G = 组
LT = 前置时间

（品目一览表）

品目: 品目A   品目代码: _____   品种: _____

品目名称	品目代码	品种	产	销	购
品目A	P12345	品目组A	○	○	X
品目AA	P12456	品目组A	○	X	X
品目AB	P12131	品目组B	X	X	○
品目B	P13110	品目组B	X	X	○

变更
维护物料表
零件展开
维护工序表
删除

维护物料表   返回

品目: 品目A   品目代码: _____   品种: _____
标准批次: XXXX   品种: 品目组A

结构品目	行号	有效日期	失效日期	结构比	投入工序	来料分类
B	1	000000	999999	1	XX	非对象
C	1	000000	999999	1	XX	非对象

对象
非对象

添加结构行   更新

※通常变更"有效日期"（变更为999999）以进行"删除"

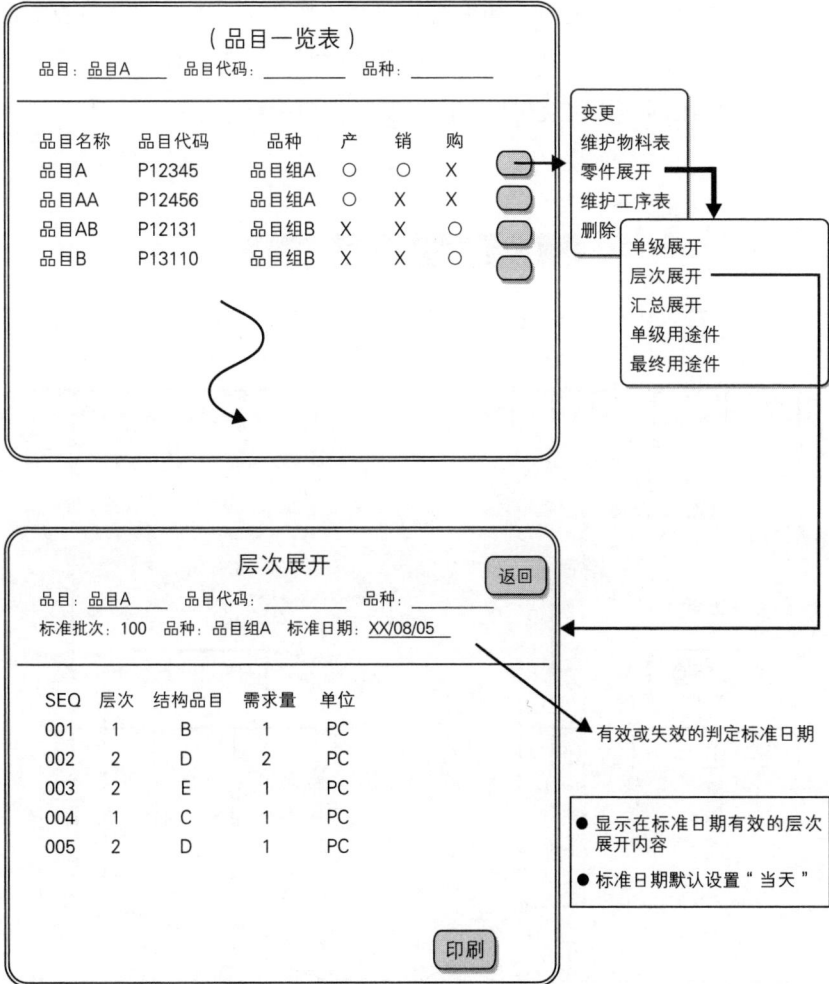

■■■■■■■■■■■■■■■■■■■■■■■■■■■■■■■■ **展开物料表** ■■■■■■■■■■■■■■■■■■■■■■■■■■■■■■■■

（品目一览表）

品目：<u>品目A</u>　　品目代码：＿＿＿＿＿＿　品种：＿＿＿＿＿＿

品目名称	品目代码	品种	产	销	购
品目A	P12345	品目组A	○	○	X
品目AA	P12456	品目组A	○	X	X
品目AB	P12131	品目组B	X	X	○
品目B	P13110	品目组B	X	X	○

变更
维护物料表
零件展开
维护工序表
删除

单级展开
层次展开
汇总展开
单级用途件
最终用途件

层次展开

返回

品目：<u>品目A</u>　　品目代码：＿＿＿＿＿＿　品种：＿＿＿＿＿＿
标准批次：100　品种：品目组A　标准日期：<u>XX/08/05</u>

SEQ	层次	结构品目	需求量	单位
001	1	B	1	PC
002	2	D	2	PC
003	2	E	1	PC
004	1	C	1	PC
005	2	D	1	PC

有效或失效的判定标准日期

● 显示在标准日期有效的层次
展开内容

● 标准日期默认设置"当天"

印刷

283

包装材料的处理

作为最终产品发货时，如果需要包装（发货产品的品目名称表示包装后的状态），则结构中也含包装材料。此时，因包装标准化，几乎全部产品都使用同一种包装材料，所以实际注册手续采用以下方法。

含包装材料的产品结构

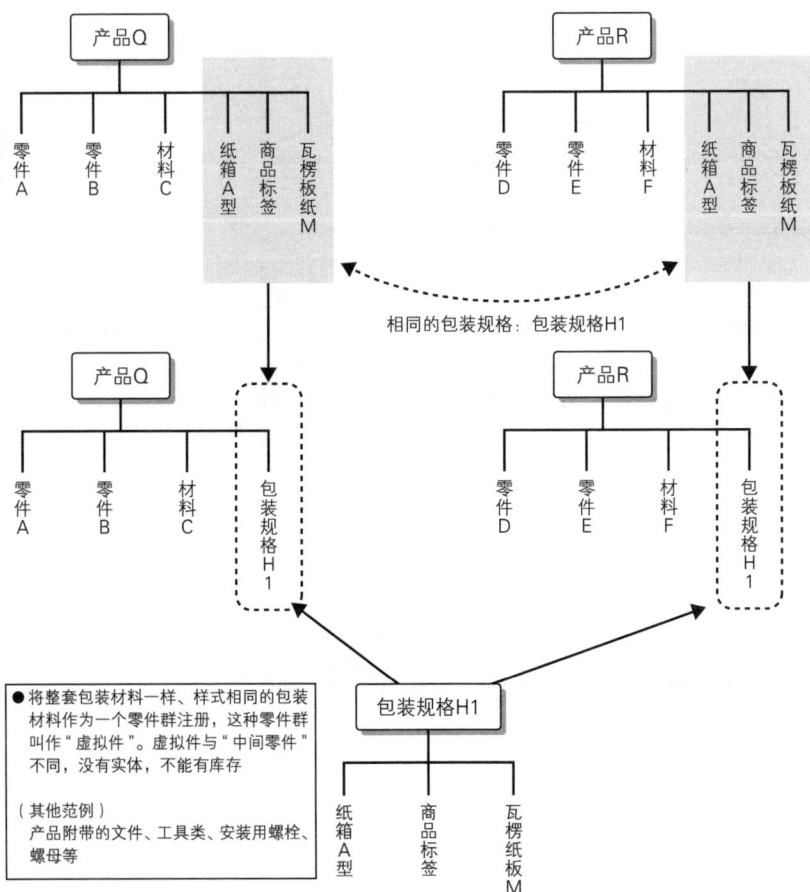

```
        产品Q                              产品R

零件   零件   材料   纸   商   瓦      零件   零件   材料   纸   商   瓦
 A     B     C    箱   品   楞       D     E     F    箱   品   楞
                  A   标   板               A   标   板
                  型   签   纸               型   签   纸
                          M                          M

                相同的包装规格：包装规格H1

        产品Q                              产品R

零件   零件   材料   包                 零件   零件   材料   包
 A     B     C    装                   D     E     F    装
                  规                                   规
                  格                                   格
                  H                                   H
                  1                                   1

                          包装规格H1

● 将整套包装材料一样、样式相同的包装
  材料作为一个零件群注册，这种零件群      纸   商   瓦
  叫作"虚拟件"。虚拟件与"中间零件"       箱   品   楞
  不同，没有实体，不能有库存            A   标   纸
                                型   签   板
（其他范例）                          M
 产品附带的文件、工具类、安装用螺栓、
 螺母等
```

工序表

工序表具有以下项目与功能。

① **注册、更新工序信息**

　设置工序信息的注册、更新

② **注册、更新标准作业明细**

　注册、更新各工序的作业明细信息

③ **注册、更新作业区**

　注册、更新作业区一览表

④ **注册、更新投入品目**

　注册、更新投入到工序中的投入品目（零件）

工序图

（品目一览表）

品目：<u>品目A</u>　　品目代码：＿＿＿＿　品种：＿＿＿＿

品目名称	品目代码	品种	产	销	购
品目A	P12345	品目组A	○	○	X
品目AA	P12456	品目组A	○	X	X
品目AB	P12131	品目组B	X	X	○
品目B	P13110	品目组B	X	X	○

变更
维护物料表
零件展开
维护工序表
删除

维护工序表　　　　　返回

品目：<u>品目A</u>　　品目代码：P12345　品种：＿＿＿＿
标准批次：XXXX　　品种：品目组A

SEQ	工顺	工序名称	制造L/T（h）	上工序连接条件
1	010	装配	3	无上工序
2	020	加工	5	上工序结束时开始
3	030	精细加工	4	上工序开始时开始

添加工序行　　　　　更新

维护工序表

品目：品目A　　　品目代码：P12345　　　品种：_____
标准批次：XXXX　　品种：品目组A

返回

SEQ	工顺	工序名称	制造L/T（h）	上工序连接条件
1	010	装配	3	无上工序
2	020	加工	5	上工序结束时开始
3	030	精细加工	4	上工序开始时开始

维护作业明细
作业区一览表
投入品目一览表
删除

添加工序行　　　更新

维护作业标准明细

品目：品目A　　　品类代码：P12345　　　品种：_____
标准批次：XXXX　　品种：品目组A

返回

SEQ	作业顺序	作业记述	工夹具
1	010	XXX……	无
2	020	XXXX……	工具A
3	030	XX……	工具B

添加明细行　　　更新

维护工序表

品目：品目A　　　品目代码：P12345　　　品种：_____
标准批次：XXXX　　品种：品目组A

返回

SEQ	工顺	工序名称	制造L/T（h）	上工序连接条件
1	010	装配	3	无上工序
2	020	加工	5	上工序结束时开始
3	030	精细加工	4	上工序开始时开始

维护作业明细
作业区一览表
投入品目一览表
删除

添加工序行　　　更新

可用作业区一览表

品目：品目A　　　品目代码：P12345　　　品种：_____
标准批次：XXXX　　品种：品目组A

返回

SEQ	作业区名称	企业（外制时）	调整生产率
1	加工区1	内制	0.0
2	加工区2	内制	1.0
1	外制1	XXX株式会社	0.0

添加明细行　　　更新

██████████████████████████████ 展开为投入品目一览表信息 ████████████████████

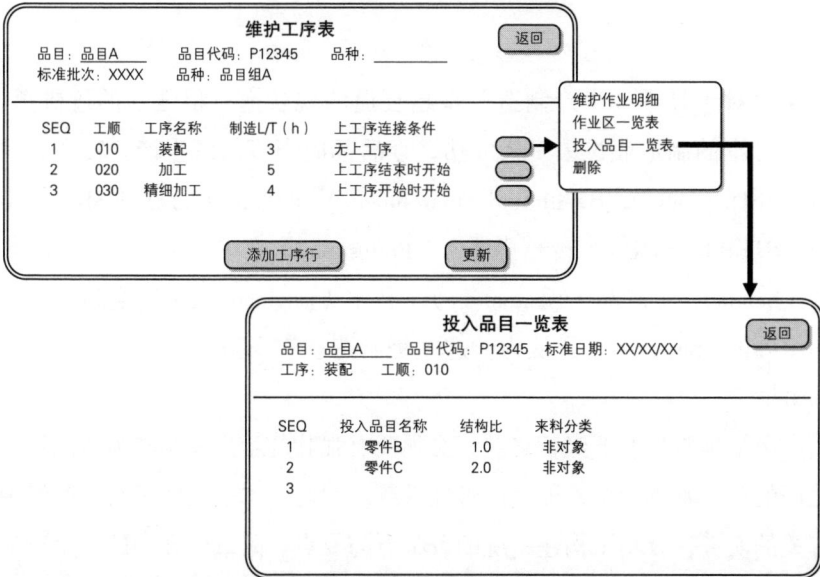

维护工序表

品目：<u>品目A</u>　　品目代码：P12345　　品种：_____
标准批次：XXXX　　品种：品目组A

返回

SEQ	工顺	工序名称	制造L/T（h）	上工序连接条件
1	010	装配	3	无上工序
2	020	加工	5	上工序结束时开始
3	030	精细加工	4	上工序开始时开始

维护作业明细
作业区一览表
投入品目一览表
删除

添加工序行　　　　　更新

投入品目一览表

品目：<u>品目A</u>　　品目代码：P12345　　标准日期：XX/XX/XX
工序：装配　　工顺：010

返回

SEQ	投入品目名称	结构比	来料分类
1	零件B	1.0	非对象
2	零件C	2.0	非对象
3			

结束语

我对于日本"生产制造"日趋衰退的现状抱有很强烈的危机感。无论日本的制造业过去多么成功，今后都应当迈出以生产"安全、健康和环保（Safety，Health and Environment）"的产品为目标的 SHE 的步伐（STEP for SHE），转经营理念（Philosophy）之舵，将自己公司的科学（Science）+ 产品（Technology）+ 技术（Engineering）转换到这个方向（Philosophy）上。我认为，这才是制造业应当努力去做的、最重要的事情。

灵活地掌控企业经营之舵，必须要有强壮的生产体制与为达此目的使用的工厂基础设施，即生产管理系统。因此，本书网罗了与生产管理有关的实务，收集了构建系统的着眼点与要点。附章所介绍的"生产管理系统外部设计"，可供计划根据本书介绍的思路构建系统的制造业以及系统集成商（SIer）参考。

岛根产业振兴财团的诸位人士为我创造了很多与岛根县内制造业各位人士接触的机会，如往年的生产管理系统构建研修等，这成了我动手编写本书的契机。此外，IT 协调员太平洋系统部部长加藤威先生、工程师近畿职业能力开发高等教育学院副教授库本笃先生、经营顾问土田润先生也为我提供了许多专业领域珍贵的专有技术。并且，我还从培养我的工程师 NTN 铃木泰信会长那里学习到了"三现"的重要性。本书能够出版，得益于各方人士提供的帮助，我在此向大家表示衷心的感谢。

工程师（信息工学）北村友博

索　引

东方出版社助力中国制造业升级

定价：28.00 元

定价：32.00 元

定价：32.00 元

定价：32.00 元

定价：32.00 元

定价：32.00 元

定价：30.00 元

定价：30.00 元

定价：32.00 元

定价：28.00 元

定价: 28.00 元

定价: 36.00 元

定价: 30.00 元

定价: 32.00 元

定价: 32.00 元

定价: 32.00 元

定价: 38.00 元

定价: 26.00 元

定价: 36.00 元

定价: 22.00 元

定价：32.00 元   定价：36.00 元

定价：36.00 元   定价：36.00 元

定价：38.00 元   定价：28.00 元

定价：38.00 元   定价：36.00 元

定价：38.00 元   定价：36.00 元

定价：36.00元

定价：46.00元

定价：38.00元

定价：42.00元

定价：49.80元

定价：38.00元

定价：38.00元

定价：38.00元